高中时代当如此

三年之后，你们将何去何从……

人生规划，始于高中。此时的你需要寻找自己的方向，
人们的决心往往是类似的，而人与人的差距就体现在恒心的强度上。

奋斗在北京四中的幸福日子

FendouzaiBeijingsizhong
deXingfu
Ruci

叶长军◎主编

中国言实出版社

图书在版编目（CIP）数据

高中时代当如此：奋斗在北京四中的幸福日子 / 叶长军主编.
—北京：中国言实出版社，2012.6
ISBN 978-7-80250-723-4

Ⅰ. ①高…

Ⅱ. ①叶…

Ⅲ. ①高中生－学生生活

Ⅳ. ①G635.5

中国版本图书馆 CIP 数据核字(2012)第 005038 号

出版发行	中国言实出版社	
地　址	：北京市朝阳区北苑路 180 号加利大厦 5 号楼 105 室	
邮　编	：100101	
电　话	：64924716（发行部）	64924735（邮　购）
	64924880（总编室）	64928661（二编部）
网　址	：www.zgyscbs.cn	
E-mail	：zgyscbs@263.net	
经　销	新华书店	
印　刷	三河市祥达印装厂	
版　次	2012 年 6 月第 1 版	2012 年 6 月第 1 次印刷
规　格	787 毫米×1000 毫米　　1/16　　20 印张	
字　数	318 千字	
定　价	35.00 元　　ISBN 978-7-80250-723-4 / G·179	

本书编委会

目录

序

有个成长的地方叫做北京四中

　　许多学生都感到，在北京四中学习，有两项能力格外重要。一是自我激励的能力。学生努力学习的动机，可能来自于某些外部原因，如为获得好的评价——荣耀和赞赏，或为避免因成绩不佳而在人前难堪。我承认这是学习动力的重要来源。然而我常想，对于那些顶尖级人物、那些一生不断学习和追求的人、那些成为大师或是摘取诺贝尔奖的人来说，什么才是驱使他们达到如此境界的动因呢？我必须承认，那肯定不是外在的、因生活或职评所迫、或因挣得薪水或因满足虚荣的行为，那必是一种与信仰、理想和责任相关的、在精神世界不断追求自我满足与自我完善的行为，是一种追求在心灵层面获得意义与价值的行为，是一种追求内心幸福的行为。精神动力才是真正持久的动力，它与外界无关，与利益无关，不受名利诱惑，甚至与生命个体的存在形式无关。然而今天，对于全世界的教育者来讲，如何激发人在精神信仰层面的动力源泉，仍还是一个所知甚少的问题。自古以来，真正的教育家必在此有所建树。

　　二是做出适当选择的能力。这是一种在多样化和多变的环境中生活所必需的能力。在这里，我有意不用"正确"而是用"适当"的字眼儿，因为选择能力说到底是一种价值判断的能力，其结果常无绝对的对错之分。首先是学习内容的选择。学校里的任何活动都是学习，不仅限于课堂，他们需要在课内学习和课外活动之间要做出合适的安排。丰富的活动不仅能发展他们的多种能力，也是他们学习动力的来源。正如一位作者所讲的，"你三年后的成就很大程度上取决于你如何利用这课后时光（苗菁）"。其次是学习方向的选择，最典型的问题就是学文还是学理；再有就是对未来道路的选择，比如是在国内考学还是出国留学，等等。我很羡慕他们今天有了如此多样的选择与可能，但这同时又给他们带来了许多内心的纠结。这正说明了价值判断能力的重要。书中的每一个作者都曾面临过这样的选择，我们从他们的选择中可以体会他们的心路历程。

将这两种能力归并于一体，其实就是人的自我管理能力。当然，人的自我管理能力还应当包括慎独自省、自我完善等其它方面。我始终认为这是人成熟的标志。一个人具有了自我管理的能力，才能说是真正完成了"让心灵由匍匐而直立，由蒙昧而光明（王舒墨）"的过程。这个过程就叫做成长，这个过程的结果就叫做成人。成长的过程并非一定要一帆风顺，经历得越多，人的精神就越丰富，人格就越成熟。"一杯用虎跑甘泉沏开的龙井，不仅要尝表面的清香，更要细嚼茶叶的苦涩。只有苦涩才能给人更深层的触动（刘里欧）"。

如果仅用考上某所大学作为衡量标准，他们也许并不是个个成功。但是，从成长和成人的方面讲，他们在北京四中度过的三年是有意义的，因为他们找到了动力、找到了方向，如同"一个徘徊在十字路口的孩子找到了自信的源泉，去全力以赴开向自己向往的地方（张瀚宇）"。仅以考试为目标的教育，严格地讲不是教育，只是训练。凭个人的经验和认识，我认为，选择一种生活要比选择一所学校更加重要；选择一种生活的态度要比选择一种生活的方式更加重要。因为人生是一个爬坡的过程，最终达到的高度不是取决于一次跳跃，而是取决于爬坡的过程持续了多久，这是生活态度的问题。

在我的印象中，这是北京四中高三毕业生编写的第四本书。曾听人说，年龄相差三年就会产生代沟的感觉，于是我将前两本书又重新拿来翻阅，试图体会其中的差异。我隐隐感觉到，这些孩子与他们的师兄师姐相比，更多地触及了精神与信仰的话题，这也许正是成长与进步的标记，当然这也反映了他们的成长环境——北京四中教育的变化与发展。我喜欢他们这样说，"有个成长的地方叫做北京四中（胡笑雷）"。我希望母校留给他们的记忆像一杯美酒，越久品味，越感醇香。

（作者系全国政协委员）

郑 静 蓓

Zheng jing pei

2011 届高三（5）班班长。荣誉：市级"三好"称号，加 10 分

高考以 615 分考入北京工业大学城市与建筑规划学院工业设计专业。

原因：本人喜欢与设计相关的东西，并富有创造力。喜欢用自己创造出来的东西去改变他人的生活，希望自己能成为一个对社会有用的人。

生涯规划：在大学争取修双学位，考研时考一个自己梦想的学校。毕业后希望可以从事设计方面的工作，比如说广告设计或者包装设计。或许也可以从事管理方面的工作，如人力资源管理等等。

三载韶光贵　愿君自奋蹄

高中三年，从十五岁到十八岁，是青春中闪烁着最耀眼光芒的一段岁月。北京四中，是一个一经人提起便怎么也忘不了、放不下的名字。我的青春，便在北京的"后奥运时代"中，烙下了四中的印记。还记得当初考入四中时对自己说的豪言壮语；记得那时，自信满满的我，憧憬着人生旅途上标志着成长里程碑的路标牌，脑海中一下子就浮想联翩；记得穿上了校服后走路都有些昂扬的神态；记得……

这三年，微笑、泪水、汗水、温暖、幸福，都一字字地记录在我的人生传记中，这些章节，从清晰如数码相机中放大的影像，到朦胧如透过毛玻璃的阳光，一丝丝、一缕缕地照亮我的脸颊，温暖着与那些岁月有关的记忆，也给我力量，伴我走向路的远方。

3

人生大概就如电影《阿甘正传》里的一句台词所说：人生就像一块巧克力，你永远不知道下一块会是怎样的味道。我在四中，并未得到那块最美味的巧克力，或许我这块还有些苦涩；然而，当我怀着强烈的好奇心一层层撕开包装时，从中体悟到的，便与旁人不一样。这大概就是我所"品尝"到的青春的味道，独特而美好。

一、学习

四中的教学特点，是众所周知的"学生当家作主"，我在这里学到了如何去自己通过看书才弄明白一件事情，如何与同学从讨论中解决一个难题，如何利用身边的教学资源来丰富头脑。这里，虽然有许多既定的知识，但那些并不既定的方法，让我从一个接受者，转变成了一名学习者，并且能将之应用在今后的日子里，加固自己的知识库。从这里学到的，是远远高于知识本身的东西；但那些知识本身的学习，也是我十分享受的方面之一。

那些夹携在一打打的练习卷子中，那些藏身于一页页群蚁排衙似的字迹中，那些穿插在我们或遗憾或释怀的叹息声中，那些纷扰于已经充斥着代数几何、力电磁、有机无机的几近饱和的思维中的那些过去的日子，却清晰而又长久地留下了。或许它将成为日后之于"高中"这个名词的些许回忆，然而除却这些，那些已经逝去的时间之于现在的我们，是有着十分重要的借鉴意义的。我们可以从其中找到自己初现或是遗留的问题，从而在今后的学习中，得以更加从容。这也便是高中学习能带给我们的收获。

以下便是我之于学习的理解：

木之生长：自悟、自律

在《种树郭橐驼传》中，郭橐驼以"橐驼非能使木寿且孳也，能顺木之天以致其性焉尔。"回复了旁人对于其植树技巧的问询。在生活中、学习中，这般"养树之道"依然适用。

若是把每一科的学习比作一棵我们正在培育的树——事实上，始学于幼，我们已经苦心经营了很久。那么，扪心自问，自己给养的这些昔日的树苗，是否在今日都已长成了参天大树，不畏风雨？它们的主干是否遒劲有力，能抵御任何憾摇；它们的茎叶是否碧绿饱满，足以"极视之娱"；它们的枝条是否交错得恰到好处，让看似并未相关的树与树之间、枝干与枝干之间，形成类似诗文中字与字的叶韵？

也许这听起来并不很分明，其实我们正在培育着的，是我们的知识树——它不应仅仅适用于现阶段，而是通过现阶段的训练，使之成为一生之用。有了这一点认识，除去心中那一点功利色彩，在学习时真正投入到这些知识中来，或许真的能做到所谓"顺木之天性"了。

实际上，想要让自己已学的知识融会贯通并非易事——或许在此之前，我们听到这个词，还不置可否。然而历经了那么多次大大小小的考试的"洗礼"，可能大多数同学都发现了自己存在多多少少知识上的漏洞或是不连贯、不贯通之处。"融会贯通"一词，也成为了我们征服这诸多看似细碎的知识的不二法门。

那么，我们首先要做到自悟。自悟，即要有一个自我的认识。了解自己，便要善于发现自己的问题。曾有学长说：高三时则是一个不断发现自己的过程。确是如此。在高中，不同于初中较为基础的学习，你要更深入地了解自己，包括适合于自己的学习方法、学习模式，等等。

台之垒筑：熟练、技巧

当你培育好了你的"栋梁之材"，下一步，便该是用之建造成坚实的高台，供己之用。

这即是指在彻底掌握知识的基础上要熟练地运用它。这不仅需要知识上的融会贯通，更要有做题的丰富经验与技巧。或许这正是我们所欠缺的。经过这一学期的练习，在这方面想必大家都有所收获。知道再见到某类题之后应该首选什么样的方法，应该遵循什么样的思路。

当你已经适应了高强度的集中用脑后，就会渐渐地学会自检：做一道对一道，学会调整心态，学会统观试卷，并且在必要的时候，适时放弃以求大局了。

这就意味着你已经拥有了一座坚固的高台，而且你也学会了淡定地观望下面的"风景"。当然，你也可以选择边种树边削木头边筑台。只要有恒心做下去，也会收获不小。

路之拓行：心态、目标

拥有了高台，也并不等于可以"坐吃山空"。在已有了一定的能力的基础上，就要适当去涉足外界世界了。就好比有的题目，并不仅仅针对于已学知识的考察，而是在此基础上加以拓展，引入你所能接受的新的知识，让你利用它来解决问题。然而既是以课内知识作为"引子"，便大可不必慌张，新题有时仅仅是旧知识的映射，换句话说，新题就是出题人以一种拐弯抹角的方式将原来的知识又描述了一遍。只要找到其背景，这类题便可迎刃而解了。所以不要学死知识。

经历了那么多风雨，我们脚下的路，会越走越宽阔。所以要对自己有信心。一次两次的失利只是预告着你今后的成功，当然，只要你肯努力的话。因此我们要摆正心态。不怕错题，但不能轻视；不计较于分数，分数于我如浮云，但不能让它在你的头顶漫无目的地飘得太久，你总要想办法抓住它；不要觉得这努力的终点遥遥无期，因为你要认识到就算高中过完了，也不是结束，而是一个新的开始。再长的路，我们也会一步步脚踏实地地将之走完。

如今，我们走在同一条路上，但不要过于关注其他人，要放注意力于自己身上，因为每个人都有各自的走路方式，他人的方式，我们学不来。

那么大家要加油，学着在高中不断发现、完善自己，不要觉得枯燥与无望，学着欣喜于对自己有一点之前不曾有过的发现吧，我们，都还只是，在路上。

二、工作

我身为一班之长，自是将很多时间都投入到了班级建设当中，但我并不觉得有什么。相反，当看到自己的班在班委的努力下一天天变得越来越好，我就由衷地觉得自己的付出都是值得的。

工作上，在这三年里我确实学会了很多。本以为高中的班长于初中相比大同小异，然而事实并非如此，用大相径庭来形容也并不夸张。管理一个近50人的班级，工作量可想而知。而且，与初中最大的区别就是很多事情老师不再作为参与者，而仅仅是指导者，因此很多事情要我们自己解决。从运动会的班牌设计到每次班会的筹划与协调，都是我们班委共同策划的活动，我们，都在为丰富同学们的学习生活而努力着。

记得高一自愿竞选上班长的我，对于还并不熟悉的同学们的信任与鼓励，是多么欣喜和激动。一向喜欢为大家做些什么的我，自是希望通过班长这一职务，奉献更多。渐渐地，我便适应了近乎每周一次的班长例会，听着叶老师的各种细碎的"指示"，心里盘算着自己的时间规划和优先事项；适应了班中大到参加年级活动，小到卫生检查，都需要班长的参与，提意见或是统摄全局；适应了在校的每一个月，每一周，每一天都为同学们而忙忙碌碌着，不时做着大家难见到的"义务劳动"；适应了随时顶替其他班委或是活动负责人，从下午一直忙到晚上校园的夜灯亮起，终于在最后期限之前做完了本不用自己插手的事情……当然，在这个岗位上，有其他同学所不了解的快乐，我会常常欣喜于同学们在开玩笑时也"班长""班长"地叫着，音调中有一种永不消失的信任感；欣喜于老师不时肯定一下自己的工作；欣喜于同学们十分感激地说"要是没有你这事情就完不成了"时自身的价值感；欣喜于就算班主任不在时，大家都很有序很自觉的自习课；欣喜于听到别的老师夸奖我们班最近的进步有多大多大……我原本就是个对生活中点滴小事十分敏感的人，常常会因某一个细节而改变心情，每一天当我发现了班级的又一点进步时，我便会充满了自豪感，之前的那些辛苦、抱怨、犹疑便一下子烟消云散了。

做了三年的班长，我与同学们，与我管理的这个班，都在一起成长。我学会了怎样更好地协调班级的各项事务，怎样使众口难调的举措做到真正益于每一位同学，怎样规划自己的时间……周围会要很多声音，说工作多少都会影响学习，特别是对于责任心不是一般重的我来说。然而，我并不觉得担任班级工作弊多于利，我始终坚信自己的选择。当三年前我张罗着为自己画竞选的宣传海报时，心中便已明了：未来的三年里，我走得或许会比他人辛苦，可人生之路也会比他人精彩而灿烂。

我在班中还担任美术课代表，经常会帮着宣传委员制作板报、壁报。记得有一期的壁报需要画太阳和向阳花。那天因为做壁报连午饭都没来得及吃，下午课间的时候，还有同学跑去小卖部帮我买吃的，觉得好温暖呀。

数学、英语分班后，被老师选为课代表的我，虽然算不上十分勤劳的课代表，但每次都是很认真地尽快收发作业，尽职尽责。

这些我所担任的"社会工作"，不仅提高了我的能力，还或多或少促进了我的学习。在这三年中，我曾担任的这些职务丰富了我的生活，提高了我的能力，令我在不断地为他人付出的同时感受到收获的乐趣与满足。

三、生活

四中的课外生活可谓是同类校中最丰富多彩的了。我们有包括天文社、文学社、摇滚社、芭蕾社、话剧社、辩论社、模联等的各种各样的社团，拥有老师同学们的支持，使得大家十分有新意的点子得以成型于脑海之外——

成为现实。

　　各个社团在团内会组织很多有意义且有意思的活动，当然，其中许多活动也是面向全校同学的。大家积极地参与其中，使得在校生活除却书本与课桌又有了更加富有绚丽色彩的一笔。

　　我是学校天文社的成员之一，也是仅有的唯一一名在其成立之初就加入的，至今仍未离开的女社员。惭愧的是，我并没有社长们的博学，我仅仅因为对于天文对于星空的爱好与好奇，便每周都和大家凑在一起，共同探索这浩瀚天穹的奥秘。

　　天文社，可以说是最有情调的一个社团。

　　不妨想想看，一群热爱天文的孩子每周有那么几个小时聚在一起，共同探索宇宙的奥秘——这蕴含着无数未知的空间。或是利用周末到郊区熬夜观测头顶上墨蓝得让人迷醉的星空，在星星点点中寻找自己的那份梦幻。

　　这是一件十分美妙的事。

　　用天文望远镜观测数光年以外的天体时，总觉得自己像是穿越了时间与空间的阻隔，这样近距离地欣赏宇宙缔造出的绚丽。原来科学也可以是艺术的。科学也拥有艺术的灵魂。

　　这本就是，离天空最短的距离。

　　我在为社团开学迎新时，校刊刊登的特版（各社团的介绍）中这样介绍我们的天文社。

　　记得又一次周末在石塘路的观测，大概是秋天吧，郊区一到夜里冷得让人心生畏缩，可我们这群爱星星的孩子，仍旧仰着脑袋望向远方无垠的天幕，从天穹中悬挂着的星星点点中，感受着未知的宇宙带给我们的惊喜与震慑。面对无数的星座，无数的星云和无尽的银河，我们就像是朝圣者，充满崇敬与慨叹，谦卑地远望着，看着这闪烁着的璀璨的许多光年之前的星光。那一次的心底的震颤，让我明了了什么是自然雄奇的力量：她可以用看不见的手臂，将你托起，让你感到仿佛自己可以触得到这漫漫绚烂的夜空。

　　这就是我们的天文社。

　　四中的特色不仅仅在于缤纷的社团，也在于耀目得十分吸引人的社刊。

　　《流石》便是四中引以为傲的校刊，也是文学社的社刊。我就曾参加过文学社组织的"流石文学奖"评选活动，还有幸获得了这一奖项，这对于我在文学道路上的摸索实在是一个极大的肯定。记得这还是高二的时候我利用课余时间整理了自己的文学足迹作为申请的材料，在材料的扉页上还自己撰写了个人介绍：

鄙人姓郑名静蓓，乃五班群英之中一凡人也。喜好无他，唯文墨也。闲暇之时以文记心，以景寄情，聊以自慰而已矣。取姓氏'郑'之形以为笔名，乃'右耳非开'也。

予性静，好宁静清逸之所，每观自然之风常生几多感慨。情郁于中，必发之于外，故借笔以记之。如此累得几本文思之簿，为予最为珍爱之物。长此以往，拙笔益熟，予心益说也。

予嗜书，无所谓何时何地也，必有书于侧。自是无法比于欧阳文忠公之"三上"，然予之爱书易见也。予常求佳书于市井巷陌，每逢心仪之物，必市之，是以书以数百于居宇。予深知世事难全遂，而书页之中尚可放心而行，不必有所顾虑，徒以修饬。常慕其文人翩翩之态，故自幼始为文，望能及其一二足矣。

文字之清丽乃予所往，文字之气度为予所慕。他者以形貌之映丽以干他人之誉，予以文墨之脱俗以舒己之怀，神形皆备焉。

此外，四中独有的五四灯火晚会让大家能在夜幕降临后感受到被闪烁绚烂的灯光照射的操场有着不同于平日的另一种无以言表的魅力。灯火晚会上，有摇滚社的倾情表演，有学生会组织的各种十分好玩的活动。大家在这一天，可以穿着自己喜欢的衣服尽情地享受大家在一起的乐趣。

当然，在这些丰富多彩的活动之外，和同学们在教室里一起上课，一起学习，一起进步的时光是我在四中这三年最最宝贵的财富。我们会因为发现了一道题的又一种解法而拍案而起，充满了满足感；会因为一道难解的题而埋头苦算，大家安静地坐在那里一俩个小时……课间时，班里时刻充满着欢笑声，一进教室就觉得十分温馨，让人不想走出去。我们会因为一个人的某一个奇怪的动作而笑得前仰后合，会因为上一堂课老师的一句"经典名言"而讨论许久，会因为某一个话题的发散而惹得周围一大圈子的同学加入"论坛"直到上课铃声响起……

这便就是在四中宽松的环境下我们丰富多彩的生活。

这三年，我在四中，很满足，很快乐。

我收获了许多许多，是其他地方所不能给予我的，唯有这里，唯有四中，可以。

即将踏上新的征程了，不论未来将会怎样，回首这段青春岁月，我想对自己说，你来过，经历了，享受着，便是最好的结果。

韶光贵，自奋蹄。

在 路 上

郑群　王亚萍

高中三年转瞬即逝，回首这三年，作为四中学生家长，我们有努力，有收获，有欢乐，有泪水……通过在四中的这三年的学习生活，我们家长也与女儿在一起成长着，历经了孩子青春中这三年最美好的时光。

下面我从以下几个方面来说一说高中这三年的真实感受。

养成教育

养成教育即为在学生做人、求知、生存、健体等方面给予成年人应给的帮助及良好价值观、世界观的灌输。教育的次要目标是帮助学生养成良好的学习习惯，正像四中老师说过的，做人是第一位的，学习是第二位的。作为家长的我们从小学开始就注重孩子的品德教育与智力培育，使得孩子从小学到初中、高中一直都是好学生。四中更是一个注重品德教育与知识教育相结合的学校，她的班主任秦老师也是常常教导学生们要有健全的身心，要有四种人应有的责任感及使命感。记得在高一刚开学前，班主任秦老师与每一位同学和家长进行交流和沟通，问到孩子是否想当班干部时，孩子由于在初中时就担任班长，在高中也想继续为同学们服务，所以说想当班长。但是秦老师说来到四中的孩子曾经都是班干部，班长已有人选，所以可能无缘担任。回到家的路上，孩子和我说一定会通过自己的努力争取班长这一职务，实现自己在学校的价值。或许在这个年龄的她看来，担任一定的班级职务，为同学做贡献，是体现自身价值的一种切实可行的方式。这想法或许有些浮于表面，但出发点很好，我们家长自然是给予了鼓励与支持。我想孩子内心深处潜在的责任心便是在这一刻被唤醒、被激发。也就是从这一刻起，孩子有了自己的目标。开学后孩子处处为班集体为同学着想，学习上认真、努力，时时刻刻以班长的标准来要求自己。开学 2 个月后，班里举行班干部竞选，孩子通过自己的努力竞选上了班长，一当就是三年。这三年中有为同学、班集体服务后的快乐，也有因事务繁忙甚至没来得及吃午饭而产生的一些抱怨，虽然有时做事情的过程中会有这样或那样的困难，孩子在家时会不时和我交流一下，发发牢骚，但最终她都会通过自己的努力跨越阻碍，圆满地完成任务，做到了尽职尽责。三年中孩子学会了担当，学会了如何面对挫折，学会了合理安排时间。

记得是在高三第一学期期末考试结束之后，学校要开学生、家长联席会。年级组长让我们的女儿和 3 班的一名学生做发言，内容是联系这次考试应如何总结经验、吸取教训，在今后的学习中减少不必要的失误。从讲稿的初写、修改、最终定稿到发言所需的幻灯片的制作、整个流程的排练，连续几天孩子一直干到晚上 10 点多才回家，到家后还一直拿着发言稿一遍遍地朗诵，力求其准确与流畅。孩子的这种认真对待所交给自己任务的态度，我们家长看在眼里虽然对孩子的晚睡有些心疼，但很高兴她身上所具有的四中人的责任感与担当。有时我们也会做她的观众，模拟一下当时会场的氛围，提一些如何消除怯场等紧张心理的建议。在这次年级会的准备过程中，我们虽未直接地参与其中，但都能很明显地感受到，孩子从中学到了很多东西，她内心中那股子韧性也被激发出来了。虽然这项任务牺牲了她不少的课余时间，但是有了这一份难忘的经历相信她会有巨大的收获。

学习方面

谈到学习，我们感觉养成良好的学习习惯和学习方法非常重要。

学习习惯一直还不错的她，学习态度自然也是没有问题的。踏实、认真是她一贯的表现。于高中阶段各种诱惑非常之多，如果不把握住自己，没有自我控制能力，那将是很麻烦的一件事。好在她能不错地抵制诱惑，是非观十分分明，很清楚什么事情是自己该做的，什么是现阶段要放一放的。在高中时她的班级一直在做关于好习惯养成的系列班会，我想孩子的良好学习习惯和班级影响是分不开的。

同样重要的一点还有学习方法的完善与转换。由于初中与高中所学习的知识在深度和广度上都有很大的区别，仅仅是死记硬背就远远不够了，必须融会贯通。知识的掌握需要抓住其本质，自然需要对之前的学习方法有所改进与完善。孩子放学回家会不时与我们讨论学习方法的选择等问题，虽然我们更多的只是倾听，偶尔会提出一些我们认为合适的建议，但在讨论中，孩子似乎总能够获得些新的东西，这大概便是人与人交流的重要吧，我们很高兴孩子愿意对我们敞开心扉，把家长当做好朋友。

通过在四中这三年的学习，最大的收获是提高了自主学习的能力。高一时我们的孩子被分到了平行班，当时我们都担心实验班与平行班在教师配备方面会不会有或多或少的偏重，担心孩子在平行班会不会对其发展有影响。然而在开学初的家长会上，四中老师的一番发言让我们的疑虑顿时消散了。四中的教学特色是不会因班而异的，这一点令我们十分放心，也有信心孩子在四中优秀的氛围中能获得更多成长中必要的东西。

四中教育提倡以自主学习为主，提倡自我控制和管理。这为将来的大学学习奠定了很好的基础。开始还有些不适应，看着别的同学周六时学校都有课外班且平时留很多作业，感觉好像孩子无事可做，于是就看一些课外书，写点随笔。时间一长孩子感觉开阔了眼界，增长了知识，且写作水平也有了提高。有时还向社会上一些优秀刊物投稿，《中华活页文选》上还刊登了她的文章。在《21世纪英语》报纸上也刊登过英文文章。并且在四中校刊《流石》上也展示过她的佳作，并获得了校刊一年一度评选出的"流石文学奖"这一殊荣。这次小小的成功给了她极大的信心，使她养成了闲暇时间记随笔的习惯，此外她用来记录自己的生活及感悟的日记也一直坚持写到现在。

心态

来到四中的孩子大多都是从重点学校考来的优秀学生，实力都很强，所以我们家长心理压力一直很大。每一次的考试都担心自己孩子的排名。孩子的压力也很大，所以在学习上一直不敢放松。高中的每次期中期末考试中，孩子会因为上一次的成功而沾沾自喜，思想上也就放松了对自己的要求，随后的考试就会落的很远。之后就会用很长一段时间来调整心态，并且越是到临近考试时，那种想赢怕输的心理越发严重，考试也就很难正常发挥。孩子的心态不时会起起伏伏。鉴于此，学校给同学们配备了心理咨询导师，目的在于调整孩子的心理状态，指导孩子如何面对挫折，如何战胜困难，愈挫愈勇。通过导师的心理辅导，孩子在大大小小的考试中才能够正确面对，正是由于具备了这种自我调节的能力，这次高考由于差几分没有被第一志愿录取，而上了二志愿的一所学校，她也能够正确地面对。毕竟高考只是人生漫长路中的一个驿站，是成长中的一个过程。

我们需要一辈子的时间，才能够知道自己到达了什么地方；我们需要每一天的努力，才能够知道自己这一辈子能走多远。人生的道路很漫长，它要我们不轻言放弃，坚持不懈、坚定不移地朝着自己的目标坚持下去，我们一定会有别样的人生，一定会得到自己想要的未来。

后记

我们要感谢四中的每一位老师，正是您们的辛勤付出使得孩子拥有了知识、经验与多彩的人生。这三年的学习生活，在孩子的人生之路上是十分重要的一段旅程，它也为孩子今后指明了应走的道路与奋斗的方向。虽然孩子获得的并不是大众所通常认可的那份因分数而得来的荣耀，但我们坚信她在四中这三年，学到了在其他地方所不能够学到的关乎人生的知识——这才是一所高中所应该教授步入成人世界的孩子的最重要也最必要的东西。也很感谢我们能有这个机会在这里向老师们表示最衷心的感谢。我们选择了四中，无疑是很正确而明智的。希望孩子带着老师们的教导，走向更广阔的天地，去创造属于自己的美好人生。

李新浩
Li xin hao

2011届（4）班学委。参加物理竞赛小组学习，曾获全国高中生物理竞赛北京赛区二等奖。在校期间曾获校级优秀学生，西城区优秀团员，北京市优秀学生干部称号。高考成绩裸分656分并获清华大学自主招生加分40分。最终考入清华大学航空航天学院工程力学专业（钱学森力学班）。

在高中的学习过程中，我对数学、物理很感兴趣，乐于研究问题，而又自认为适合工科学习，故选择钱学森力学班这一范围广、基础性强的工科专业。将来计划继续深造，之后从事研究工作，但具体方向还需在未来对专业对自己了解更深之后再作决定。

会心不远，欲登绝顶莫辞劳

高中总结

高中三年已经过去，最近几天收拾东西，发现这三年里我经历的事物比我记忆中的还多，有些事情已是必须努力回忆才能记起的，高中三年是我到现在为止最充实的一段时间。那些遗忘的回忆，其实仍在我的心中，四中已在我身上留下不可磨灭的印记。在此也只选几个重要的事情作为我高中三年的总结。

有人说人生就是在不断地遇到与错过之中度过的。我想，在遇到与错过之间，有人用不懈的努力来奔向那个目标，如推巨石的西西弗斯，坚定地走向那悲剧的结局。这必定是痛苦的，而过程本身也困难重重，真正的勇士便是在这个过程中，历练了自己，他们坚强的是自己的精神与意志，而这会给其带来失败后的重生。

在这三年里，我便经历过如此。高一高二，没怎么想过玩，课余的时间也给了物理竞赛。你不会知道两年的时间里，我们做过多少题目，发过多少卷子，老师牺牲了多少自己的休息时间。在这过程里，竞赛小组从50多人渐渐减到了10多人，能坚持下来的，都是勇士。两年的积累，带给人的是希望，但希望越大，失望往往也越大。在这里我也不得不说，我没有真正的大气，与别人的比较也会给我带来压力。高二那年，我弟弟参加全国竞赛，就已经保送到北大，我想我高三还有机会，但努力过后，得到的也是一个哭笑不得的结果。我清楚地记得，考试分笔试与实验，笔试成绩出来的那个晚上，我便有一种要失败的预感，想想一年里背负着一个已经保送的弟弟的压力而做出的努力，自己哭得很伤心，妈妈在一旁安慰我。笔试与实验之间有两周的准备时间，那是最后的八个人一起在实验室度过的，每天从早上到校一直干到晚上9、10点钟。回想一边听着命运交响曲一边摆弄实验仪器，那一段日子真的很单纯很美好。如西西弗斯，我推着我的巨石，直到那悲剧的终点。最后的成绩出来后，我与分数线只差0.2分，我最后两周的努力得到了回报，虽结局不完美我倒是十分淡定，最后是我在安慰我妈妈。

回到班里，大家已经开始高三复习一个月了（感谢帮我收拾卷子的同学），我要重新开始，这时我弟弟已经在北大上课了，压力加骤。我已经快忘记那段时间是怎么过来的了，应该是在不断地追赶之中，而在这个过程中，我也对困难有了更深刻的认识。生命本是悲剧的，因为一个生命的诞生就意味着其有终结的一天，而在这两点之间是无穷无尽的困难；但生活不是悲剧的，因为人是在面对苦难之中才找到自己生命的意义，而真正的勇士都是含泪奔跑的人。在那段时间，我想的便是找回那单纯的心理，为了一个目标而努力奋斗。我在最近整理高三的卷子，我发现在这一年里，我被激发出了多少的能量，这份力量支撑着我，来面对成功与失败。四中要培养杰出的中国人，我想一个杰出的人必是要去面对苦难，承担痛苦的。在失败的灰烬中涅磐，从痛苦之中汲取营养，只为最后的重生。

四中的学风是以苦为乐的，每一个在四中学习生活过的人都会理解这份辛苦之中的快乐。我的初中是一所老师管教比较严格的学校，进入四中之后，在学习上一下子失去了原来严格的管理，似乎是十分轻松的。在四中，下午不到4点就放学，没有老师的催促，甚至没有每次大考前的复习，一切都要靠自己。但这并不意味着轻松与放纵。真正能在这里学有所成的人，都明白四中轻松的氛围其实是在给学生创造自己的空间，而只有利用好这份自由，苦中作乐才能真正的学习好。每天，你都能在四中的校园里发现一个个修行的人，他们在食堂排队时会专心得看手中书本或是写满背诵内容小纸条，他们会在中午下课铃刚响起时就冲向自习室，他们会在你还想和别人打球放松一下时安静地坐在位子上。说他们在修行，因为他们能真正的从这辛苦的学习之中获得快乐，或是能坐得住忍受这份寂寞。我的一个同学，在高三时是这样的一种状态，他的家里墙上贴满了各种纸条，每张上面都写着不同学科的知识点或是易错点，你知道他高三时的休息方式是什么吗？就是抬头看一看墙上的纸条，活动一下脖子，或是作一篇英语阅读，放松一下。我曾经去过一次他家，发现连厕所里都贴着这样的纸条。只有真正以苦为乐才能耐得住寂寞的学习。如果没有吃苦的准备，也就不要谈什么学习了。

高中三年，我认为自己解决得最好的，是自己学委的工作。学委的工作都是十分细小的方面，从每天的作业到每学期的注册，从找老师谈论班级的学习情况到帮助同学解决问题，责任其实都体现在小事上面。进入高二之后，我们班的学习成绩在年级中有些下滑，特别是在物理、化学方面。班中同学也十分着急。我主动联系物理、化学老师分析同学的学习状况，找出大家的问题所在，并与同学多多交流，了解大家在学习上的困难，和大家对老师教学的意见。再反馈给老师，使老师了解同学们的想法，也给老师提出了许多意见与建议。尽管直到最后，学习成绩上我们班依旧落后于年级中的优秀班级，但我觉得我们的努力有了回报。

责任不仅仅是一个口号，不仅仅只是三分钟的热度，而是在小事之中，点滴之间积累起来到，厚积薄发，才是一个人尽自己责任的最佳方式。

有人说在学校只要学习就好了，但我觉得不是，工作与学习并不矛盾。担任学委，主要管理的就是班级学习的事务，要是没有一个好的成绩，怎么能获得同学的信赖？承担班级工作，是对自身学习的一种鞭策。记得老师跟我说过，高三时一定要成为班里学习的领军人物，这时我同样担任着班里学委的工作，要出班里的板报，负责高考报名时的一部分工作，但我发现，这些工作并没有影响我的学习成绩。相反，学委的工作激励我在学习方面做到最好。我的学习成绩也在这一阶段稳步上升。任何的事务都会占用你的时间和精力，但只有你投入其中，才会真正利用好你的时间和你的精力。在工作上投入的时间是不可能找回的，但这同时也要求我的学习更有效率。在高三之前，时间比较充裕，一般考试前我的复习工作都是要做两轮的，这也慢慢的演变成复习时的一种侥幸心理，总觉得还有时间。但进入高三后，又要复习，又要工作，真的没有时间复习两遍，但我发现效率反而提高了，因为那种侥幸心理没有了。

工作中更多的是对自己的锻炼。高三最后的一次联欢会是我主持的，之前根本没有类似的经历。记得在准备时大家一起写串词，编节目，做 PPT，一直干到晚上很晚，虽然第二天的联欢会不是那么尽如人意，但这次经历真的锻炼了我，而且给我留下了十分快乐的回忆。

四中在这三年中为我们提供了很多的机会，有的我把握住了，有的则没有。要说这三年里最遗憾的事情，就应该是忙于学习，没有真正体验四中其他方面的生活吧。这里不是说简简单单的玩，而是真正能提高综合素质的活动。而我参加的为数不多的活动，也成为我极其珍视的。高一时的话剧节，高三时最后的一次新年联欢会，这些活动都是能真正锻炼我们的。遗憾的事情是多数，本来参加的科技俱乐部活动也因为地点太远，于周六日的物理小组活动冲突而没有坚持下来。本来很想参加的志愿者活动，也因为时间的冲突而不得不放弃。总之，在这三年里，我似乎把时间都投入了学习之中，而在学习之外的事情上投入的很少，这是最大的遗憾。

有人说现在四中过分重视所谓的素质教育，而轻视了功利的学习，在素质教育上也没有想到合适的办法，所以近几年在分数上比不过一些学校。但我想说，素质教育与追求知识或分数并不冲突。四中这三年，交会给我们的，不仅是课本上的知识或是应试的方法，更多的是独立思考与解决问题的能力。这时要从素质教育中得到的。我自己对这两方面的学习，却主要是在简单的学习课本知识，应付考试之中，这当然没有从参加一些活动，面对真正的实际困难之中学到的深刻具体，因此是我比较遗憾的。我们还应坚持四中原有的教育方式，而不是去单纯的追求分数，但是要由一种单纯的风气，而更多的则是引导学生找到适合自得的思考问题解决问题的方式。

我高中最大的三个收获，是在四中交到的朋友，学到的知识，与养成的生活习惯。这里说的朋友，不仅仅是同学，还有老师。其实人与人之间的关系与感情也是一个学校应该对其学生重点培养的。我们这个年级，特别是我们班，特别是我们班的男生之间，关系都是十分融洽的，这是很难得的一件事情。平时的互相帮助，互相鼓励，一起玩闹，甚至互开玩笑，在这之中我们学会了宽容，学会了对他人的理解与支持，也明白作为朋友应有的相互付出。与老师的朋友关系则更为珍贵，我现在比较遗憾的正是三年里没有与老师多多的交流。不论是平时学习上的问题，或是生活上的疑惑，还是其他任何事情，与老师的交流都能使你受益匪浅。与老师成为朋友，则要你能为老师着想，毕竟他们为学生付出的太多，而你不能只知索取。英语霍老师，可以说是我见到过的最敬业的老师，她家里还有一个小 BABY 要照顾，但她却总在学校待到 7、8 点钟，给学生解决问题。每次和她约时间，她总是有时间，不管你是中午去还是晚上去，她总会按时出现。高三复习时修改英语作文是很费时间的一件事，况且我的英语基础不是很好，每次找老师都能有一堆问题，但老师都会十分耐心的解答。四中的老师都对学生投入了十足的感情，我的一位老师说过，支持他工作到现在的唯一力量就是每年教师节毕业的学生回去看他时带给他的快乐。真的很感谢四中的老师。

在四中，学到的知识可以说是方方面面的。有课本中的知识，有从博学的同学老师那里习得的，更有你在四中生活感悟来的点点滴滴。每天课堂上的听讲，是来学校学习的一大享受。不仅是主科，副科也同样重要，其实本就不应分什么主副。高一高二，我听讲最认真的，恰恰是历史地理和政治。特别是冀老师的政治课上的讨论与演讲，和石老师堂堂经典的历史课，还有为数不多的李老师的地理课，都是我每一节课认真听下来的，收获的知识也很多。这更多的集中在对人生社会的思考，对自己的反思，和对一些必需应当了解的常识的知晓。四中的图书馆是另一个知识的宝库，可惜我三年里没有真正进去几次，也是比较遗憾的一件事情。我的同学也是学习的对象，有的通晓诗文，有的投身科技，有的是学习上的大牛，有的是体育上的精英，有的善于与人沟通，有的则是班级的领袖，从他们身上我都能或多或少的学到一些。其实一个人只要每天都在学习，每天都比前一天强，就会进步。

在四中，你能体会到她的风格，三年后，这风格会给你以深刻的影响，这可能就集中表现在四中人的生活习惯上。刚进四中，总觉得一切都是那么快，没有给你考虑的时间。一开学便是各种活动，每遇到问题，时间逼着你说"处理它"，没有时间犹豫，这也是四中一贯的特色，这也锻炼了我们解决问题能力，四中的学生很从容。记得刚刚入学时，大家还没有互相认识，就要进行第一次的比赛，是以班级为单位的校歌比赛，又要学唱校歌，又要排练、选指挥，没有可以浪费的时间，没有犹豫的机会，只能立刻行动。行动也是四中人的风格之一。四中人对时间的利用则更值得学习。每天中午，都能看到在连廊里一边吃午饭，一边看书的同学，高三时，我们班的同学更有一到中午就直奔自习室，老师办公室的，还有的同学，甚至把一天的计划订到每个早晨，每个课间。在四中这三年，我养成了定期作计划，果断地分析问题处理问题的习惯，这时我这三年里重要的收获之一。

四中对我们的教育，还有一方面是在对未来的规划上面的。刚进校，听到的便是叶老师的"三年之后，何去何从"。到高二，又有职业规划，通过日本游学，来进一步深化我们的职业意识与对未来的规划。到了高三，这种规划则更加明显，不管是短期的复习，还是填报志愿等长期的考虑，我们始终都在做着有计划的工作。这也是三年高中生活给我的财富。

在家长、学校的教育下，加之自己的学习与思考，我为自己今后的学习定下了目标，这也是我人生的最初规划。在学习过程中，我逐渐发现自己对科学知识有着浓厚的兴趣，喜欢钻研思考问题，这不仅体现在我的课程学习之中，也体现在我参与许多研究性学习的过程之中。进入高中后，我对物理产生了浓厚的兴趣，在了解与学习物理学的过程中，我逐渐形成了希望从事与物理有关研究的愿望。经过我自己的思考，我认为自己并不适合纯粹的理论研究，而更适合于工科偏研究性的工作。要能在工科中有大局观与领导力，必须有广泛的基础知识。在大学四年打好基础，确定细致的方向，并尽早进入实际研究，为出国作准备，这是我大学四年的基本目标大学之后，我目前计划的事出国上研究生。这又要涉及到大学时期英语学习与为出国作准备的事情，具体的计划还没有定好，还要先对这方面有个大体的了解之后再进行计划。

老有人说学物理累呀，苦呀什么的，今后也不一定能出什么成绩。但我想说，每一次科学的进步，必然需要大量的基础工作者与少数的天才，科学工作者庞大的基数是保证其不断前进的必要条件。再说，学什么知识，干什么工作，要做到最好，必然是累的苦的，没有随随便便就能实现自己价值的事情。否则那样的生活又有什么意义呢？而且我相信，只要我尽自己最大的努力，就一定能够做出一定的成绩。有能力者，必须承担其他的责任。

最后说一下高中三年我最大的特色，与其说是特色，不如说是我高中三年的感受。那就是在被周围的人、事物不断的同化着。高一入学时，我有一些不爱说话，可以说性格里有些软，但我们班的男生，都是很宽容，很阳光，很有男孩子的特点，人际关系也十分融洽。三年里，我便被不断的同化着，也渐渐的与他们打成一片。后来他们说我变"坏"了，其实是更能与人交流，性格里也有了更男孩子的一点东西。初中时，我不太擅长交朋友，但

19

在四中的三年，班级的气氛却将我同化，让我更加的善于与人交流。

其实一个班的班级风气，或是说班级文化真的很重要。我们年级每个班都有不同的特点。比如说我们班比较阳光，三班比较团结，二班比较老实，等等，在不同的班级里便会受不同的风气影响，也会对你本身产生改变。所以，以后的学生或是老师，一定要能把握住自己班的风气，好的地方要把自己融入其中，不好的则要有选择的接受。总之这三年，我便是在被不断同化中度过的，现在看来，我觉得很幸运能进入四班。

关于自主招生

我自主招生的成绩还不错，但也谈不上有经验，毕竟自己只考过一次，准备的过程也只是自己弄的，最后考的还不错，个人认为运气的成分比较多。在这里就稍微介绍一下我的准备和考试当天的情况，不足的地方还请多多包涵。另外，自主招生是一件很功利的事情，在这里我不回避，因此下面的文章也比较实际，但在功利之中，一定要保持一个平和的心态，我的一个同学说：胜，不妄喜；败，不遑馁；胸有激雷而面如平湖者，可拜上将军。

先说一下申请的问题，这里只能以我们这一届的申请形式为依据，与未来的情况不一定十分吻合。首先，不要患得患失，这不仅对学生，而且对家长也是一样。有的同学报了五六个学校，准备材料，写申请信，弄得自己很累，还错过了第一个学期宝贵的复习时间。我自己报了两个大学的自招，已经很累了，而且这是一种没有明确目标，有些投机取巧的心理的表现，现在想想，觉得这样做浪费了其他同学申请的机会，真的不太好。在高考前的动员会上，数学教研组的杨老师说：四中的孩子要从容潇洒。这不仅是对的潇洒，更要错的潇洒，不能因为一部的失败导致全盘皆输。记得高考时的理综科目，不知害了多少考生，因为生物选择难了，因为看不懂化学解答题，于是就慌了，想要是错了这些可怎么办啊，于是节奏乱了，错的就更多了。所以要错的潇洒。我的一个同学，在一模时没有考出真实的水平，但这个乐天派没有任何的变化，从他的脸上你看不出焦急或是悔恨，该怎么着还怎么着，按部就班的复习，从容潇洒，最后高考时的成绩很出色。所以，在对待自主招生时也是一样的，你不可能占尽所有资源，要学会放弃，学会选择，更要学会分享，目标明确，心态从容才能步履轻松。第二，在自荐材料中一定要讲真话，不可以为了迎合学校而说与事实不符的话，这是做人的一个基本原则，在此不必多说。第三，不要过分注重申请材料与自荐信的形式，真正重要的还是课内的学习成绩与你本身真正的素质。申请材料与自荐信越简单越明了越好。突出自己的特点，突出自己的思想和志向，突出你适合学校的原因，让人觉得选你是人有所值的就可以了，不要空列一堆奖项，毕竟获奖比你强的有的是。只要有过硬的成绩，和不是极差的推荐材料，不管是自荐还是校荐都不会有问题。这里还要说一下家长与孩子的配合问题。准备材料是挺花时间的，如果同学有能力有时间，自己来弄最好，但大多数人不可避免的要寻求家长的帮助，我就是这样。在做事时，一定要有耐心，学会沟通。与人为善，这是一位学长所说的。其实在高考的整个过程中，日行一善，会给你带来平和的心态，良好的情绪与高效率，所以一定要耐心。我的自荐信的初稿是自己写的，之后我爸又改了改，最终定的终稿。家长们也要了解，自己是代表不了孩子的，要让孩子有自己的东西。

因为我们这一届的自主招生被安排在了高三寒假之后，所以有了比较多的准备时间，但是在这里还是要说，要以课内的复习为重，自主招生只是一个能给自己赢得加分的机会，真正重要的还是高考。通过自招你最多能加60分，但高考有750分等你拿，所以这一时段的复习切不可喧宾夺主。我是这么安排的，假期里其他时间都给学校的作业和自己的复习，只在每天晚上给自招留出两个小时的时间，就足够了。不推荐大家上什么培训机构，因为自招的题目涵盖很多，各校也有区别，培训机构不可能面面俱到，顶多是分专题对历年的题目做一个分析，要去上课的话，浪费的时间与获得的效果是不对等的，所以我建议还是在家自己复习。复习时我只对数学，化学和物理进行了复习。因为自招考察的多是积累，而语文英语方面不太可能突击，而理科方面，有些知识或是名词，只要了解一点点，就有可能在考试中拿分，所以我复习时便以这些为重点。我用的参考书就是市面上能买到的，既有知识的讲解又有练习题目的，内容不要太多，因为自己真正能看懂学会的本就不多。之后看一看历年的题目，只挑其中涉及较多较频繁的专题复习，看懂概念与例题后挑几道练习题做一下，其他的对照标答能看懂就可以。有的题目很难理解，我就只要求自己做到这种水平就可以了。这里，还推荐大家多与同学交流，我们班就组织过一次。在复习的后期，几个人聚一下，最好有在各科学习竞赛的同学，这样比较有针对性与效率，大家互相提问，互相解答，即是互相帮助，又能互相鼓励。我记得我们班是在地安门那里的那个避风塘，一堆人坐在一起，互相问题，现在回忆起来真的很美好。到最后阶段，可以做一下历年的原题，有些学校的原题不太好找，这时候发动一下同学和家长，几个人凑一凑，应该还是能找个八九不离十。不要太多，我只做了近三年北大清华的题目，找找感觉，就可以了。能真正作对的也没有多少。

其实我认为，自招想要成功，最重要的还是平和的心态和考试当天的随机应变。我参加了北大与清华两所学校的自招，风格截然不同。清华的严谨规范，北大的自由灵活都能从考试中体现出来，所以一定要头脑灵活，随机应变。我在清华的复试。证明，我赢得的时间还是非常有用的。因为清华复试的评分比较奇特，理科、文科分别过优秀线，或是总分过优秀线，都可以获得不同程度的升档优惠，所以不同的人选择不同。我各科比较均衡，都不是很强，所以只能大包大揽，和时间赛跑，而有的同学数学物理化学极强，就放弃文科，安心做理科题目，最后结果很好。所以一定要在考场上冷静思考后再作决定。

再说一下面试。这里要注意的首先是要讲真话。有的同学为了吸引考官注意，特立独行，甚至不说真话，考官阅人无数，一定会看出来的。所以不要想故意独特，或是故意"正确"，只要说出自己的真实看法就可以。第二要勇于表达，考试时有很多和你同组的人，如果把握不住机会，吃亏的是自己。但也要学会分享，毕竟机会是大家的，不要向全部据为己有。第三则要适当的了解一下时事，理科生了解一下艺术文化与哲学，文科生了解一下科技创新，涉猎面广是最好的。第四则是要随机应变，见到题目不慌张，整理思路，表达清楚自己观点就可以，不要追求尽善尽美，不了解时老实说最好。真正面试时，考官其实并不在乎你的观点是对是错，而只关心你的逻辑是否通顺，表述是否清晰，而且能从面试中脱颖而出的人很少，所以一定要心态平和，表现真实的自己。

三年一路走来，我的收获真的很多。在清华校园中的生活即将开始，而四中却是我记忆中不可磨灭的一部分。我十分感谢四中，感谢老师与同学，感谢我的父母，只希望自己能真正成为一个杰出的中国人，让四中为我骄傲。

李 新 然

L i xin ran

　　2011级（2）班宣传委员。喜欢摄影、排球。除各种宣传工作外还组织了班级DV、MV的拍摄。高一高二时参加学校的科技俱乐部，并获得在中科院力学所的实验机会，实验研究蚂蚁的粘附机理。我还是物理竞赛小组一员，在高二时获全国中学生物理竞赛全国二等奖并因此报送北大物理学院，高三时获一等奖并选入集训队。我上物理系是出于爱好，也是希望从事科研工作，不一定要有所成就，关键是喜欢这种悟物穷理的态度和这种充实的生活状态。

遵道而行，但到半途需努力

　　四中是一棵参天大树，浓密的枝叶庇荫着我们这群学生。当进校的那一天，我就在想，自己是否仅仅是个匆匆过客。果不其然，什么也留不下，但是能带走四中的一片叶，为四中浇一捧水就知足了。四中的历史、四中的成绩不免让学生们敬畏。可是当你被她的绿色围绕时，你立刻会感受到她的平易近人、她的活力、她的丰富多彩。

　　在此记录我的心路历程，送给一批批从树下经过的学子们。

什么是四中人？

　　校长总说四中人的大气，四中学生要做杰出的中国人。校长的话总是高屋建瓴的，略显遥远。我的体会是：如果你仅仅想学好，高考考个好大学，那么你大可不必来四中。

四中的学生会选择。

四中为学生提供了极其丰富的机会。入学时，各种社团让你抓狂。科技俱乐部是一定要去的，吉他也要学，桥牌很有品位嘛，乒乓球也不能放弃不练……当然可以经过精密的筹划，同时去以上几个社团，毕竟每天都是四点下课。但是，过两个星期就发现心有余而力不足，好事也不能贪多。

我仅选了科技俱乐部，但由于还要参加竞赛的原因，依然是断断续续的参加活动，混了个进所的机会便将其忘得一干二净了。当时竞赛小组李老师问我："以后时间总会冲突的，你想怎么办？"我心里明白老师的意思，但是我说："不会吧？总会有办法的。老师您放心，对我竞赛是第一位的。"研究所、实验室可不是想进就进的。作为中学生能有点成果概率很小，但是这个经历是非常重要的。一是满足自己强烈的好奇心，见识各种各样的人，增长经验；二是在申请大学时如果简历里有一项"某某实验室实习，发表论文两篇"可是正中面试官下怀的。之后的高二高三果然因为竞赛、国庆训练等，还因为自己的知识有限，进所的项目没有完成，草草写了份论文作为总结。不过因为工作努力，加上力学所的导师非常好，同意我在以后有精力时将项目进行下去。一次小小的体验一下子变成了真刀真枪的科研机会！这是无论如何也不可以错过的。高三竞赛结束后立刻联系导师，重启项目。到目前为止，我在同另一位博士生一起研究。学识、能力比不了人家但是有 idea 就有合作的契机。学习机会最重要。我想将来搞研究，当初仅仅是想看看实验室是什么样子，没有想到最后成了这么难得的机会。

选择就是要认清什么对自己最有利，什么自己最想要。而最重要的是果断选择，坚持到底。如果我以一种含含糊糊的态度对付进所，是不会让导师留下好印象并给我机会的。

当时进所课题规定的时间是一年到一年半。中途有过一次通过学校的进度调查。同样有项目的一些人是为了科技竞赛，而我不是。我很清楚我的主业是竞赛。我也很清楚进所这个机会必须把握住。我的项目是和另一个同学共同进行的。来到实验室，用电子显微镜观察。去了很多次，却没有什么进展。实验室的老师很负责，但可能是因为使用费用问题，和我们说："不光是你们，不是所有的研究都可以有成果的……"我也知道。但是连表面现象的观察记录都没有完成的话岂不是太差劲了。于是和导师商量后决定再做两次实验收尾，不求任何结论，把看到的所有东西总结下来，形成一篇论文。

第一遍写完已经是高二下学期的期中了。我和那位同学细心地检查了两边，排好版，给导师看。两天后，他回信说用语不客观，重新写。我们便在复习期中的同时又写一遍。之后他说逻辑不清晰，重新写。接着是格式不对，重新写。因为格式将行文重新打乱，逻辑上又要重新组织。然后是没有明确结论和论据，重新写。最终还是导师为我们几乎全面重新写了一遍。从一万多字到最后五千字。一共用了整整一学期。明明没有任何要求，为什么还要花这样大的经历？因为我选择了抓住这个机会，坚持到底才能有所收获。还有就是不能太丢脸。

有时候最想要的不是对自己最好的。做出正确的选择需要全面的信息和分析。

高二上学期的竞赛我超常发挥，北大提供保送名额。我想都没想就选了物理系。班主任陈老师问我"你还跟班里呆着干什么，上大学去呗。"我说我总要把高中知识学完。老师说高二结束基本就学完了，高三你就走吧。我又说高三再比一次吧，没准冲到国际赛呢。还有一个原因是我不想离开可爱的班级。高二剩下的时间虽然努力的搞竞赛，但是由于不知道全国赛之后是什么水平，进了国家集训队后明显感到实力不济，两个月集训坚持下来了事。由于全力备赛，高三实际并没有和同学在一起，也没和同学同舟共济战高考。现在想来，还不如真的按老师说的，去上大学。仅在北大蹭了半学期课不算是个好结果。由于保送时认识了集训队的教练，明明有机会获取信息却没有意识到，再加上安于现状的想法、不理智的眷恋，我做出了错误的选择。

从入学的社团、竞赛，到文理分科、出国与否，到填志愿选专业，一次次的选择都不要让自己后悔。选错了，改或不改不能犹豫。选定了就坚持到底，无论对错，凡是坚持下来的选择都不会是失败的。

四中的学生很从容。

在四中，学生的事情会很多，必须要从容应对。

早自习有时会有小测验，早上进班发现气氛不对才恍然记起。赶紧坐下来，掏出书来还没翻到，老师已经走进来了。只好硬着头皮写，看两眼同桌的，看两眼书，十分钟一晃就过去了，还一半没写，收卷！恋恋不舍的看着卷子被拿走，心里悔恨竟然忘了测验，忽听得课代表高喊一声："作业送走了啊！"立刻起身招呼课代表，等等，不料忘记书包还在身前，书已经撒了一地。四中是有这样慌慌张张的学生。不过这正是四中要锻炼学生们的地方。

　　高二的下学期末，学校组织访日修学活动。在日本游历八天，回来后两周就是期末考试。虽然都在行李里装模作样的带了几本课本，但是没人看。何必让考试把原本就很充实很疲劳的旅行搞得连兴致都没有了呢？并且在快速变换的兴奋与倦意间复习怎么会有作用呢？无论复习是一个月还是两周，做好计划就不会紧张。时间短就只做最有效率的事情，背写知识脉络加错题总结和一些背默内容，每科三到五个半天（即三到五个三小时）就复习得很好了。时时刻刻知道自己要干什么，什么没完成，什么完成了，时时刻刻把事情做在前面，便会从容很多。

　　四中对学生的管理很少，没有必上的补习课，每天四点放学，作业也不多。但是在这样高手云集的地方能不努力吗？一切靠学生自己调整。因为四中学生知道，作业、练习是提高的机会，不是应付的对象。被一次次考试一个个最后期限驱赶是不可避免的，但这并不妨碍我们从容应对。将时间与资源为自己所用就离从容更进一步。

四中学生知道团队合作

　　在四中有很多事情要合作完成。或者说除了考试、作业几乎都要求合作。每学期有研究性学习，课上有演讲，英语课有 Drama Play，通技课的项目……一个个任务慢慢教会我们如何团队协作。

　　团队需要一个领导。若是组队时仅仅是图方便，意见兴趣不尽相同，题目选得也不好，谁也不感兴趣，不愿当组长。没有组长，事务就会被推来推去，没有人愿意出力。所以在组织队伍时一定记得有一位活跃的、令人信服的人物。

　　若是自己感兴趣、有想法的项目，就一定要勇挑大任。也许自己从来就是别人说自己来做。但当你将自己对项目的认识表达给大家以后，大家可能会认同你，惊异于你的创意。这是组长必须的能力，那么你就是组长的最佳人选了。既然是组长，就不可以埋头干自己想干的事情，要广开言路，察纳雅言。在这个过程中自己的计划可能会被推翻。如果是朝好的方向发展，那么一定要放弃自己的想法。组长时刻要记住，小组不是为自己服务的，组长仅仅是使团队润滑高效的一名组员。当组员好的建议不被采纳时，组长会立刻失去威信，合作也就失败了。不埋头干自己的事还有一点在于分配任务。要充分信任自己的组员，把任务分出去，而非捂在手里。组员加入小组一定意味着组员对任务感兴趣，没有活干会有意见的。组长还要承担全组的责任，对外沟通。总之，做组长就是要为小组服务，承担责任。

若是组员就要服从分配，总是有意见为什么不去当组长呢？既然不愿意承担责任，就做好本职工作。好的意见一定要提，无论是否被采纳，都是为了让小组工作得更好。而且如果想法自己闷着，将来的工作也会不顺心。要想让组长意识到自己的能力，就一定要表现出来。所谓表现决不是争强好胜。只有整个小组相互认同，相互信任，相互协调工作才可以很好的进行。

班级工作

我是班中宣委。宣传工作除了定期的板报外还有很多，运动会班牌设计、场地布置，DV 大赛等等。高一时竞选宣委只是想为班里做些事，而初中就是担任宣委。但是立刻发现，不是仅仅凭着一腔热情就能干好工作的。宣传是团体工作。怎样取得同学帮助很重要。

第一项大任务是高一秋季运动会的班牌设计。我向全班征稿，几乎没有人回应！一个同学给了一个"2"的艺术字，我以为没有含义，觉得不好。学校查设计的时间到了。只好自己编出来一个起跑的人形，由 12 两个数字组成。找张白纸，画个草图交中午上去。看了人家几乎都要完工的班牌，创意、色彩都是一流，连忙把自己的纸叠叠塞进口袋，谎称还没开始做。老师很不满："赶紧啊，运动会就是下周了，磨蹭！"灰头土脸回到班里，那位同学走过来皱着眉头说："不用我的方案可以，但人家有好的意见你不采纳，这我觉得说不过去。你至少告诉我我这个哪里不好。"他说的飞快，像憋了一中午。我脸立刻红了。"现在确实只有你的设计好，但是我觉得没有含义。""班牌要的就是一个气势，为什么非要有什么语文阅读一样的含义呢？"我恍然大悟。本来稍微一沟通就很简单明了的事情。我却以为大家都不关心，自己犯愁。抱怨什么同学不热心？有诚心帮忙的我却不接受！自己的意见多么粗劣，有什么可坚持不放的？

方案定了，制作上我提议用报纸做立体的，另外有人说用黑底金色。第二天材料带来，撕纸、和酱、塑形，晾一天，第四天上色，完成任务。一条威武的金龙赫然盘踞在夜空之中。入场式时，班牌在朝阳的照耀下分外夺目。

我知道班委要有极大的热情，为班级服务。但是我怀着自己才真正上心的偏见，拒绝了同学们的帮助。说起拒绝，有时候帮手貌似都找不到。而实际上热心的同学永远是存在的。只是等你去发掘。

每年都有一次 DV 大赛，总是很让人头疼。其他班里有爱好摄影的，有丰富表演欲的，立刻就拍好了。而我们班都是老老实实的孩子，没人愿意参与。我只好让班委发扬精神，参与拍摄。剧本、摄像、全部是我找人凑出来的。到了剪辑这一项，谁也叫不动了。最后只好自己一个人干了三个夜里两点，把事情干完了。

效果可想而知。后来参演的同学问我做出来了么？我很诧异，都比赛完了啊。

第二年，又是 DV 大赛。我决心不让事情办糟，于是提前一周在班中宣传，无论是中午还是下操，都没有人主动请缨。我很沮丧，和班里曾主持话剧比赛准备工作的同学聊起这事。她说："你什么时候说的？""说了一周了。""噢，想起来了，你说过，没人干？""对""剧本我可以写，我还以为你们早开工了呢。"我愣了一下，这么爽快就答应了？两个人一起再找人，她组织过一次，很清楚谁愿意干什么，很快一个队伍组织起来了。我说："对这个感兴趣那上次你们怎么不帮我？"没想到他们异口同声回答："你不叫我啊！我还想干呢。"我很委屈："怎么没叫？""没听见，等想问你的时候你又找好人了。"

我暗自苦笑。热心的同学总是有的。也许在公开场合不愿意露面，单独找却很快答应。因为在全班召集时大家都心不在焉，没有效果；而单独找时同学一下觉得受到重视，自己也会上心。没有任何理由认为大家都不支持工作，自己提前决定一切。全班都愿意是不可能的，但总会有一小部分人等着你。就算只有一个人工作也会轻松很多。关键就在于找到这一小部分人。平时多与同学交流，注意大家的性情、爱好、特长。或者直接找到更了解大家的同学。另外，一定要将自己的工作成果展示给大家。让大家了解自己在干什么，了解参与后会有什么令人欣喜的效果。这也是对已经参与工作同学的犒劳于认可。还要明白，只有自己是必须完成任务的。别人是帮忙，有困难想退出不可以强求。当一个人为了自己的目的太过于强硬时只会适得其反。凭热情默默无闻的埋头干是应该的，但是毕竟还要学习，不是全职、不是专长，必须学会召集队伍，集众人之所长。

竞赛

有很多四中学生都学竞赛，无论是实验班还是普通班。竞赛就是这样一条越走越窄的路。很困难，也很精彩。我是搞物理竞赛的。像英语是由词汇、短语、语法组成的一样，竞赛是由知识、题目这两部分组成的。

基础知识

先说知识，即概念、定理、逻辑、方法等。基础知识是一切的基础。课内学习时都会重视基础落实。但到了"高级"些的竞赛知识，基础就很容易被忽略。在这里举北大电磁学考试的一个题目：请写出电流单位"安培"的准确定义。知识没有低级高级之分，都是起始于一条条基本的公理、定理、假设、规定。大学知识更"高级"了，但是依然重视的是基础。答案是：当真空中两根截面可忽略反向平行的，载有相同大小电流的无限长直导线相距一米且其间每米长度上相互作用力为 2×10^{-7}N 时，电流为一安。条件、结论一个都不能错。重视基础就是要到每一个细节，特别是对于规定、概念、定理一类的死知识。

这么长的电流单位定义怎么背得下来？基础知识的理解、融会贯通与记忆是相辅相成的。现在很多所谓的学习法教速记，正背倒背。用不上的。我们不能把大自然赋予的精巧大脑当机器。要理清楚逻辑关系。还以安培为例。按照定义，我们要找电流间相互作用与电流大小的关系。①电流间相互作用是靠磁场。②电流可以产生磁场，有一个毕奥—萨法尔公式。③磁场对电流的作用有一个安培公式。④两个公式消掉磁场变量，剩下便于实际测量的力与要表示的电流大小。得到电流大小的定义式。⑤这时按定义要求力的大小为奇怪的 2×10^{-7}N。那么定义式中须添加一常数 μ_0。$\mu_0 = 4\pi \times 10^{-7}$，是真空磁导率。这样，两个概念（安培、真空磁导率），两个公式（毕奥—萨法尔公式、安培公式），一个体系（单位制，上面没有提到，这是为什么公式可以或说要加减常数的原因）的基本概念相互扶持，形成一个逻辑体系。另外注意逻辑中各环节的适用条件：如公式要求理想导线，没有截面积；公式中是真空磁导率，所以是在真空中的导线。记忆就很简单了。

对于逻辑，这里要说的不是做题的思维逻辑，而是知识间的逻辑。学习时知识顺序是从易到难，并伴有很多漏洞，不断补充。历史上知识的发展是有曲折的有一定随机性的，较书本上是混乱的。而我们需要的是一套有逻辑的体系。学习时一定注意区分。并且把基础知识理解的最高程度定在这样的高度上。

很多同学认为相对论很神秘，在此我就以此（狭义相对论）为例，略去具体定义与公式，说明逻辑体系的重要性。相对论是为了解决经典物理与电磁场理论的不相容提出的。相对论的基本假设只有两条：惯性系平权、真空光速不变。将矛盾集中的电磁理论应用此二假设检验，不再有矛盾，于是相对论被认可，电磁理论在相对论框架下也是正确的。另外，将时空中不同参考系的坐标变换法则代入两条假设，得出洛仑兹变换公式。由公式可以推出钟慢与尺缩效应。（历史上先有人提出此二假设来解决电磁场理论与经典的矛盾。讲课时也由于形式简单先行讲授。）以后又有人追求数学形式上的美观、物理中的守恒，在此基础上提出四维时空观。不提概念，单这样把逻辑体系顺下来发现相对论很好理解。加上概念，相对论就入门了。反之，如果在讲课时不强调逻辑体系会对理解产生极大的障碍。比如很多人学完了仍然把钟慢与尺缩效应当成两条基本假设。

当时我们上午讲了钟慢效应，两个人中午边吃饭边讨论。

"我相对你动，你不就相对我动吗？"

"哪到底谁的表慢呢？"

"对啊，就像我觉得你迟钝，你也觉得我迟钝，到底谁更迟钝呢？"

"这是心理学问题，人都有瞧不起对方的心理暗示。"

"那第三个人怎么想？"

"你们两个都很迟钝。"

"先吃饭吧。"

如果发现知识很难理解，或者当知识系统全部学完，可以找一本普通物理的书（之后会提到用书的问题）理清楚逻辑关系。同时了解历史上的发展过程也是很有意思的。这是提高的关键。

方法是需要讲授的，而修行在个人，更重要的是在做题中运用、丰富，最终达到所谓的灵感。

搞竞赛，最重要的就是做题。

没有多少人有天生的灵感去解一道复杂的相对论。所谓灵感是上千道题消化到自己脑子里后提炼出来的。没有输入就不会有输出。最近整理高中的书，物理竞赛一共 $70cm \times 70cm \times 30cm$ 的整整一大箱子。一多半是小组发的卷子，都是写满的并附有厚厚一沓活页纸，是书上的题目。哪道题的题干对应在哪里已经无从查找。不过看一下自己写的解答马上就能想起题目。

很多人因此便受到很大打击：哪里有时间做这么多题啊！每周十道题已经非常好了。有时候碰上难题，想个四五天也是正常的。所以说做题不求快。把题作对或错只是很小的一步。还要在发现问题后从矛盾或定义出发一步一步逼问自己。绝不可以直接抄答案或承认答案。这样可以发现有些错误是由于命题的应用条件没得到满足，有些概念的应用对象是错误的，有些公式的符号代表意义弄错了……所以说做题不要赶时间，碰到问题要动脑子。问题不是对于一道题，最好提炼成自己印象中几个命题的矛盾。或对于个别题目，两种方法得出不同结论，两种方法依据不同，也是要注意的矛盾。

只有做题才可以将方法熟练运用。方法中很重要的一步是选取自己解题的模型（题是什么样的内容，要用哪些理论，要用哪些抽象与近似），或者是找到突破口。举决赛中的一个例子，两个物体限制在十字轨道上，相互吸引，给初始条件，问相近距离最近是多少。如果按部就班分析每一处的力，要有四五个方程，很难解。但是换一个参考系，可以看作自由空间中的两个星体运动，很简单。做题多，见过的模型就多。什么条件下什么模型可以用，什么模型简单，什么模型自己最熟悉，全部都是通过做题知道的。所以做题时就要注意以上目的，不能够停留在答案正确上。

做题最好是和大家一起做。一来可以相互鼓励。更重要的是可以互相讨论。刚才说一题多解，经常是做完发现与答案不同，又发现方法与答案不同。而很多人一起做这样的机率就很大了。搞不明白哪种方法有毛病，拿出来一讨论，会对题目有非常深刻的理解。当时做一道热学题，求吹肥皂泡所需的最小功。按不同分解过程计算得出的答案不同。争论不休，最后发现一个过程中实际上有部分功是不必做的。实际上本质是自由能的问题，因为没有这个概念，所以引发了一系列的讨论。但是讨论结果是我们不知不觉已经用上了"自由能之差是对外所能做的最大功"这一原理。讨论就要抓住一个个论点（方法中认为正确的命题），不断简化问题，将矛盾集中。不可以你一句我一句，争论不休。自己想问题时也是这样的。最好做题集中在一个本上，不但对自己的总结和查找有利，更重要的是有很大的成就感啊！

选择、自学与用书

首先说选择竞赛这条路就要付出很多。自己体会，如果没有强烈的愿望又没有别人掌握知识快，千万不要在小组混日子。加分政策变化后，竞赛路更窄了。所以课内成绩一定要好。之后是努力赶上老师的进度，做大量的题，自己辅助的学一些东西。然后决定自己最终的目标是什么，提前准备。加分标准变成进国家队了。而从全国金牌到国家队知识要求有一个飞跃。高考对于京外的学生们非常残酷，所以凡搞竞赛必破釜沉舟。想要和这些人竞争不先学是不行的。老师又照顾不到这极少数人，所以一定要自学。

到了高二的阶段就一定要看准自己的水平。退出、跟住老师、争取走到最后，三个目标自己适合什么，决定了就要有相应的行动，不能够拖拖拉拉混事。高二才加入小组又走到最后的人也有。所以如果想出成绩高一的表现不说明问题，自己的想法和努力是最重要的。

有些好胜心强的学生一定觉得仅跟住老师学不过瘾，想自己看看书。我要说：首先，知识是有层次的，不跟老师可以，但绝对不可以把更基础的知识漏掉。其次，竞赛仍然是一场考试，有它的考纲，不把必要的知识（课内的六科最重要，之后是老师讲的竞赛内容，最后才是你认为看来很爽的普物内容）学好是不行的。另外，竞赛内容是夹在普物与高中物理之间的，没有很强的逻辑体系，学起来很零碎。从这方面讲自己看看普物是很重要的。

看什么书呢？普物是什么？

普物就是普通物理，除了四大力学的大部分基础物理学。看书看一些普物的书就足够了。目的是之前我讲到的形成知识的逻辑体系。推荐一套《新概念物理学》赵凯华编写。不是新概念英语。写的很好，对一些问题有深入的分析。

怎么用书呢？

看的时候以查阅为主。有矛盾以现在的知识解决不了，自己觉得有些概念很蹊跷，都可以查阅。就竞赛内容讲，普物通篇的学习仅仅是国家集训队选拔国家队的要求。大部分学生完全没有必要去从头到尾的看。而且会需要到一定的数学知识。

还有一类书就是题集。有志向的可以做做舒先生的《难题集萃》。题集的题解（不是答案）在我看来不一定要有。自己和自己或和同学讨论是最关键的。

切记知识是用来学习领悟的，不是用来卖弄的。有些人喜欢看两眼量子力学，张口闭口蹦出个哈密顿方程。这样不是在搞竞赛。不如省些时间多去西城区文献资料中心听两回科普讲座。竞赛的自学还是大部分集中在做题上的。学多少知识要看自己的程度和能力。外省有很多牛人大学物理都学完了，却不能够搞定一个省级复赛，只得申请休学，来年再考。

学竞赛不是比知识面。盲目的吸纳新知识新公式、新数学工具是没有用的。竞赛强调对物理本质的理解。所以有了强大的知识工具后同样要求自己能够用基础的知识解决问题。就比如说有时可以用公式计算出一个问题的结果在不同情况下是不同的，原因只是一个根号下的数值为正或为负。但两种情况对应的物理解释是什么？这是任何数学工具无法解释的。

学竞赛，你会融入到一个全新的集体，和全年级的同学都有交流。你会提前体验高三一心一意为了一个目标奋斗的经历。可以锻炼自己安排时间的能力，坚持思考不轻易放弃的精神。最后的加分只是附带的产物，一个奖励而已。就像来四中，上大学只是三年精彩生活与不懈努力附带的结果。

我们最后八个人准备复赛实验。摆弄着示波器上跳动的曲线，不知不觉校园里已经没有走动的学生了。叫一份吉野家的外卖，把七零八落的导线、学生电源收到一边。边吃还边想着实验怎么做。突然有人提议："咱们发泄一下吧。""你想把分光计还是示波器砸了？""跟我来！"八个人上爬到科技楼五层天文台。"干什么？""喊话。""喊什么？"他抽了一大口可乐，说："想想。"最后所有人站成一排，面对校园里点点灯光，在静谧的晚风里齐声高喊："四中加油，我要上北大（清华）！"余音久久未落。

为人父母的幸福
——写在李新浩、李新然毕业于四中之际

李子灿　刘永明

北京四中 2011 届高三年级组长叶长军老师嘱我们写一篇关于成功教育子女的文章。伊始内心是惶恐的：因为四中历史上培养出太多的杰出人才，成为了国之栋梁；而且该届毕业生中亦不乏众多优秀的学生和他们身后的成功家长。终尔，思考良久似应完成这篇文章，我们的心在告诉自己：不惟爱，难以馈饲四中的教育真谛。

爱是成功教育的源泉

北京四中是近代中国结束科举制度后，首创的新式教育，它代表了中国近代教育文明。王道元先生的训诫——"须知人之所以生，要以自食其力为本根，以协同尚义为荣卫。所贡献于群众者不啬，斯群众之报施我者必丰。藉势倚权，常与祸构，不可为也。故求其可恃莫如学，势可踏也。学不得而

闷也。今学者每期期焉，以学不见用为虑，而不以致用不足为忧，窃以为过矣。不知学无止境，致用亦无止境，有生之年，皆学之日。其受用处，非根器浅薄者所能知，亦非佻达纨绔者所能任也。诸生方盛年，志高而气锐，将欲厚其积储以大效于世耶？抑将浅尝自放以侪于俗耶？是不可不审所处矣。诸生勉乎哉！"道出了教育之法。所以当孩子于初中毕业坚定地选择北京四中读高中之时，我们的内心是愉悦幸福的。他们从肩背崭新的双肩包，斜挎崭新的小水壶，迎着朝阳、洋溢着灿烂的笑容跨入小学；凭借优异的成绩考进三帆中学的实验班；到以出众的成绩自信满满地选择北京四中读高中，进入的一所充满爱的教育文明的学堂，我们怎能不为之高兴呢？至此。他们开始了为期三年的"勤奋、严谨、民主、开拓"的新历程。

我们深深地爱着我们的孩子

记得小学五年级暑假，是学奥数最艰难的时候，天气很热，除了每天正常上课，回来课余还要做大量的习题，我们看在眼里，疼在心上。但是当遇到难题时，我们还是鼓励他们：当你喜欢做某件事时，就要学会吃苦、就要为之付出，付出了肯定会有收获。经过一个暑假艰苦的学习，俩人终于在奥数成绩上有了跨越式的进步，同时也开启了他们有益的思维逻辑方式，建立了自信心、同时培养了吃苦的精神。

培养自学能力。在初中英语学习阶段，学生们均会参加各种英语考级，考公共英语二级时，我们尊重他俩意见，没上培训班，而是由两人自学，经过刻苦认真的自学，最终以优秀的成绩通过了公共英语二级考试。这大大增强了他们在自学上的自信心，这种自学能力一直延续到他们成长过程中各类知识的学习。

培养学习、生活的计划性。他们对新知识有着极强的好奇心和求知欲，但中学的学习不同于小学，我们开始在方法上加以引导，开始学着制定各科的学习计划。有假期计划、学期计划、周计划、周末计划、锻炼计划、娱乐计划等等，长短结合、粗细结合，计划的执行过程要认真、严谨、探究，将书本读厚。逐渐地，他们便在学习生活中养成了良好的习惯、形成规律，学习成绩始终名列前茅。

培养归纳总结，建立知识树的能力。也是在初中阶段，随着课程内容的增加，我们认为有必要让他们掌握系统学习每一门课程的归纳总结能力。每进行完一个单元、期中、期末阶段均由自己对所学知识进行小结，并在脑海里形成知识树，将书本读薄，使得他们对所学知识点有清晰的概念。

培养鼓励哥俩之间相互探讨、交流沟通的能力。每逢对新知识有不同理解时，鼓励他们相互讨论，甚至是争论得面红耳赤，目的就是对知识的掌握要知其然、更要知其所以然。讨论促使他们迸发出各自的智慧火花，同时也锻炼了语言表达能力。

培养他们与同学之间的互学相长性情。多年来首先要求他们学习其他同学的长处，懂得从众多同学的身上汲取长处，兼收并蓄的益处；同时更要求他们对同学主动向他们请教问题时，要认真、负责、有耐心的予以作答，他们经常在家里用电话与新老同学交流、沟通、作答，时间有时长达 30～40 分钟，我们为之高兴。

培养他们对学校、对班集体、对同学的爱心。我们从小就注重鼓励他们利用业余时间多为班里做事。他俩都担任班委工作，长期乐于为学校和班集体多做些工作，特别是初三大家都忙于中考时，他们坚持为班里出版报，给大家鼓劲加油，赢得了同学们和老师的好评。初中三年均被评为校级三好学生、优秀共青团员；同时作为三帆中学排球队主力队员赢得了西城区初中排球联赛的冠军。

我们深情地爱着培育他俩成人的北京四中

四中毕业典礼后，看着孩子们用心拍照四中的一草一木，甚至是食堂的餐桌、卫生间的水龙头，我们内心震撼了，孩子们对四中的感情是多么的深啊。记得刘长铭校长在 2008 年招生咨询会上阐述了北京四中要"培养杰出的中国人"的教育理念，我们和孩子深深地被这优秀的文化理念所吸引。当时的招办主任杨凤文老师对我们说：把孩子送四中来，相信你们不会后悔。是的，包括我们的孩子义无反顾地都选择了四中。进入四中其实是对孩子和家长的一个挑战，因为这里会聚了全北京市众多的优秀学生和家长。需务必让孩子明白北京四中是个天外有天的学堂，要有充分的思想准备，务求深刻理解四中的文化精髓，对自己有更高的要求，并为之努力奋斗。

四中的学校生活是丰富多彩的。年级组长叶老师第一次家长会上就对全体新生和家长说：第一个面对的任务是学会"选择"，选择你喜欢的研学方向、学科竞赛、学生社团、体育项目等等，太丰富了，真是眼花缭乱，不知如何取舍。在老师的指导下，孩子放弃了学有所长的奥数，自主地选择了物理学科作为重点研学方向，并加入了物理竞赛班。我们作为家长积极热情地支持了孩子的选择。

四中的老师是孩子的良师益友。记得高一开学不久，孩子母亲第一个接到的电话是于鸿雁老师打来的，她很高兴地说："您是×××妈妈吗，非常高兴我今天成为他的在校导师，今后关于孩子学习、成长等问题，我们多沟通。"当时我们非常感动。从那时起，于老师真的成了孩子的好朋友，好多不愿跟家长说的话就去找于老师，这在孩子的成长过程中是多么的重要啊。还是开学不久班主任陈老师、王老师还亲自到家中作家访，这让我们既感到意外又感到高兴。这说明四中不但有高昂的口号，还有细致入微的踏实工作。

四中是在培养孩子的学习能力。记得在接下来的家长会上，叶老师多次提到"学法"一词，开始时是让孩子们建立自己的"学法"，后来是在全年级学生家长联席会上交流"学法"，到了高三叶老师再次提到要巩固"学法"。说实话到了高中，能辅导孩子学习的家长可能不会太多了，主要还是靠孩子自主学习，那么这个"学法"对每个孩子就是定海神针。我们是掌握"学法"的受益者。在这三年的文化课学习中，有学法、有计划、有实施、有条不紊，成绩稳定，有更多的时间为班级做事、参加课外活动。

四中鼓励学有余力的孩子参加学科竞赛。我们课外选择了物理竞赛班，认识了李德胜老师，他是让我们家长和孩子永远记住的工作拼命的好老师，为了物理竞赛班，他经常晚上备课、上课，顾不上照管自己的孩子。物理竞赛班还得到了校领导的大力支持，为了让孩子们接触更多的物理实验，学校花了几十万引进物理实验室设备，在老师们都没有使用过的情况下，先让同学们使用。经过老师和同学们的共同努力，物理小组取得了辉煌的战绩，孩子们从物理班上收获的不仅是竞赛获奖，还有对物理学的热爱和对科学研究的严谨态度。这对孩子今后的学习与工作是多么的重要呀。

四中提倡素质教育，鼓励孩子全面发展，为学校、班级服务。孩子在班里担任学习委员和宣传委员，这些事务性工作培养了他们极强的责任心，例如学习委员，开始为班级的总体成绩提升很是苦恼，他组织同学讨论、找各科老师征求意见，找出具体措施，组织全班同学实施，使全班同学成绩有了明显提高。宣传委员总是默默地为班级做着工作，得到了同学和老师的好评。他们积极参加学校的各种活动，运动会、国庆训练、日本游学等等，三年里多次被评为校级三好学生、优秀学生干部、优秀团员，其中一人被评为北京市优秀学生干部。

四中不但是孩子的学校，也是家长的课堂。孩子母亲参加了四中家长课堂，从那里学到了如何跟孩子沟通、如何理解孩子、如何做孩子的知心朋友等等，跟孩子一起成长起来，受益匪浅。

高三了，家长会更为频繁。先是向家长交代复习计划；再是向家长通报"一模"成绩，给学生和家长鼓劲；接下来指导填报志愿；直到最后一次家长会"毕业典礼"，我们都参加了，在陪伴孩子四中生活的三年里，我们也学会了当年自己上高中所没有学到的东西。

孩子就要毕业了，更多一份的高兴是他们都学会了面对挫折不低头的良好品质，一个在全国物理竞赛北京赛区比赛差 0.2 分进入一等奖，屈居二等奖第一，他没有气馁，终于通过顽强的努力在自主招生及高考中考出了自己的实力。一个在国家集训队集训后，没有进入国家队，马上选择了开始北大物理学院的学习，且学习成绩优秀。是啊！"不知学无止境，致用亦无止境，有生之年，皆学之日"，学习是一辈子的事，治学更是一辈子严谨的事。四中的文化浸润了孩子的心灵，我们深感幸福，相信他们是自觉的传承者，在漫长的人生道路中力戒浮躁，追求科学之光，服务人类和谐。

孩子就要走出"引以为荣"的这所校门，可还要记住刘校长在第一次家长会上说的："今天你们以四中为荣，明天四中以你们为荣"，四中的孩子，你们任重而道远呀！"高中"是一个人一生学习的一个阶段，后面还有新的学习任务、工作任务在等着你们，祖国的繁荣昌盛需要你们每一位的添砖加瓦。再过十年、二十年，我们相信你们都会为桃李满天下的四中母校增荣、增光，待到山花烂漫时，"她"在丛中笑吧！

作为家长我们祝福孩子们：身体健康、学习进步、天天快乐！我们会用欣赏的目光追随着你们！

梁 倩

Liang qian

北京四中 2011 届人文实验班毕业生，在校期间曾担任团支书、班长等职务。爱好写作，曾任北京四中校刊《流石》执行主编，2009 年作为中国队代表赴奥林匹亚参加第七届国际顾拜旦青年论坛。荣获西城区优秀共青团员、北京四中优秀团员标兵、优秀学生、优秀学生干部、三好学生称号。曾获全国中学生英语能力竞赛全国一等奖、北京市第七届高中英语辩论赛最佳辩手奖等奖项。

高考成绩 676 分，被香港大学全额奖学金录取，选择攻读社会科学学士学位，以期在学习与实践中对社会现象及问题有更深刻的认识，在学术上与生活上有所突破。

前行不止

写在前面的话

人生旅途中每个阶段都有它独特的美，高中生活犹是。常常听闻人们对高中生涯的追忆，感怀青聪岁月，想来多年以后，我也一样会重新回味这段时光，今天能够记录下来，是莫大的幸福。

因为准备给众多的学生家长读者写些文字，我翻阅了《从北京四中到北大清华》一书。看着前人令人惊叹的成绩和详实的学法总结，我很难想象自己已经成为了他们当中的一员，成为了"四中最年轻的校友"。每每听到"学长学姐"这样的称呼，我心里总怀有些忐忑不安。

我所看到的，许多四中的学弟学妹们，有着令人羡艳的才华与智慧。他们之中的一些陶醉在实验室的气味中，一些坚持着清晨老校长室门口的读经，一些抱着大单反在校园的各个角落追寻光影，一些在运动场上释放青春的活力。高三一年，每每看到他们的笑脸我都不禁慨叹，四中所提供的平台，完全足够我去实现更多的梦想，获得更多的人生体验。然而三年荏苒，再回首，一切皆成定局。曾经的喜悦和失落，都成为宝贵的回忆，以不完满的形式，见证了一场完满的行走。

对于那些尚未开始或走完这三年旅程的同学们，我始终相信，我能从他们身上学习到的，远比我能给出的一点思考或经验要多。而每个人都是鲜活的独特的生命，他们将要走的道路必然是独属于自己的，前人的经验，有时会带给人盲目和错觉，好像越是普遍的就越是我一定要做的。其实，如果只有一条是普遍规律，那就是要自己去寻找自己需要的和适合自己的东西。

必须声明，我在下面的文字中将努力地真实还原我的四中生活体验，不回避自己做的不好甚至不对的事情。希望这点真实，能够帮助后来者重新思考自己，收获自己。

初来乍到

我是从一个三四千考生只录取不到十个人的区县考入四中的，对四中的传奇有太多耳闻，对进入新环境的自己没有太大信心。可以说，我在四中的开始，是没有存在感的。

开学的第一次班会，在每一位同学的自我介绍中，我都看到太多的闪光点，钢琴、声乐、芭蕾、法语、京剧、相声，这些即将与我共度三年的同学们是这样的多才多艺、令人嫉羡，他们洋溢着的青春蓬勃之气，竟让我有种无处立足的恐惧感。后来，在各大社团的招新浪潮中，我又没能通过在大家心目中无比强大的"模拟联合国社团"的面试，又一次倍受打击。

偶然听说历史组的徐雁老师和几位学姐筹办一个关于考古的社团，我就抱着对历史和文物的一点兴趣去了。在一次不成规模的会议后走马上任，此后便开始了我短暂而有趣的社长生涯。从申报学生处、给社团定位、初步设计活动，到一步步实施计划、开展大大小小的活动、宣传和联络，虽然留有不少遗憾，却始终是我们这一群人带着热情和快乐去做的。在这一过程中，考古社的同志们结下了深厚的友谊，这恐怕是我最大的收获了。现在，看着下届的学弟学妹们，更加独当一面，心中不禁喜悦，也庆幸我们当初走出了第一步，给未来书写了更多可能。

考古社是我高中生活十分重要的一部分，它寄托了我的许多精力和情感，也让我能在属于自己的一片天地认认真真地做好我自己。选择它，就像我选择学文，选择高考，后来又选择社会科学一样，是在认识自己的基础上做出的选择。

回想这段经历，我更加明白，我们不可能在所有事上都做到最好，不可能每一件事都胜过别人，但是，我们完全能够通过投入地做好自己喜欢的一件事来锻炼自己和收获成功。

当时去其他一些名噪一时的社团面试时，我不可避免地带有一点功利的心态，去追逐别人眼中好的东西，却不是自己发自内心有兴趣的东西，也就是所谓了"为了优秀而优秀"。然而去做考古社，其实是没想过用它来标榜什么或者证明什么的。真实的我，只是对文史有难以割舍的感情而已。喜欢追求历史的真实感，因此喜爱考古学。我可以一个人安安静静地读考古学的通识读本、翻阅拍卖行的文物图鉴，也愿意聚拢志同道合的人在一起，拿这些东西来玩味。把追寻历史真实的理念推广给更多的同龄人，争辩文物保护中的问题和解决，这些都是我眼中有意义的事情，所以做起来能够忘我就是自然而然的。

当人能在内心树立起这样一种自我认识和把握的意识，再去面临纷繁的世界时，即使受到冲击，即使目标还会不断地发生变化，也会更加坚强、更有力量，生命也才会更加鲜活、更有张力。

漾影波深

从初入时的忐忑，到离开时的不舍，高中生活的酸甜苦辣都如过眼云烟，留在脑海中的，是那些熟悉的面孔和它们背后所有美好的故事。老师、同学、校工，彼此的付出与回报，让学校给人一种家一样的归属感。

三年的生活，我最珍惜的是什么东西？

学前教育期间对同学们多才多艺的惊叹；军训中流过的汗和教官那张黝黑而略显稚嫩的脸；徐稚老师在入学教育上的寄语和三年后毕业典礼上演讲的完满轮回；年级会上叶长军老师和科建宇老师的"苦口婆心"；话剧节前被一遍遍琢磨的自编剧本；疯狂饥渴般地读书、写作；班级公共书架和窗台上的几盆小花；宿舍熄灯前短暂而美好的夜谈、相互鼓励；班级信箱中源源不断的明信片和信件；因文理分科和出国留学而来的种种分别，临别时给他们写下的那些话；在我膝盖受伤后老师和同学的关照，地下室管理运动器械的老师为我特别开放的康复训练；被好朋友拉去新年舞会，第一次正式地跳舞；在希腊的顾拜旦青年论坛的国家文化展示环节放声高歌、一展拳脚；在九州岛为日本国的现代化和国民素质所惊叹；考古社组织去北大考古文博学院参观实验室时教授们付出的热情和认真；在地质博物馆上地理课；古典音乐选修课上听完整的大乐章；高三请晚自习的假和李周老师一起去听的一场音乐会；卡赛前和搭档在更衣室里排练时的紧张和在舞台上自己蹩脚的表演、享受的心情；高考后公邮里那署名"前历史老师"的一份推荐书单；面临人生选择感到迷茫甚至感到绝望时，老师们的邮件、电话……

我常常被问到，也自己问：四中究竟给了我什么？

它给我机会让我做自己，做到最好。这就是我的回答。

高考

高考对于我们的人生不起决定作用，依我看，甚至可以说，上了外人眼中最好的大学、最好的专业也和个人的成功与幸福没有关联。人生的道路是越走越宽还是越走越窄，理想最终是被现实一点点磨灭还是能一点点融入行动，全在个人的奋斗和心态。这样的认识，或许，非要到高考以后甚至读大学时才能切身体会。不过对于仍面对高考这一关的孩子们，如能预先给予这样的提醒，或许能帮助你们把眼界放得更开阔，心灵更敞亮。不论你在哪个年级，闲时或紧张备考，如果你能随时放开"高考"二字，将头脑的一个角落置于寻找自我和探求人生意义的永恒追求的状态，其实会使你在现实的困境和挑战之中变得更加强大。

我在高三这一年，比起高一高二可以说是"清闲"。规律而充实的生活，从早晨一睁眼开始——宿舍洗漱、食堂早点、早自习、课堂、课间、午饭和午自习、课堂、课间、晚饭和晚自习、洗漱睡觉——就像一个又一个轮回。习惯了没有老师而全楼寂静无声的晚自习，以至于外校同学对此表示惊奇时，我已经不能想象，除此之外，晚自习还能怎样。

四中的学风被总结成"优苦严"。当别人问起来的时候，我总会澄清自己不是个"刻苦的学生"。那些本该用来苦背政治的课间，我可能用在了窗台旁一边呼吸新鲜空气一边看英语杂志和地理杂志；那些本该钻研数学题的晚饭、晚自习的宝贵间隙，我可能用在学校对面的小书店看时政评述；那些操场上跑圈的大汗淋漓，我可能就放在了奔向邮局的路上。有时我对自己"恨铁不成钢"，既然有时间，为什么不能多刷几本练习册；知道对考试没用，为什么还在读西哲或给远方的人写信。后来，我也慢慢地接受自己了，毕竟每个人是不一样的，按照自己的方式走下去，或许也可以有好的结果。室友们笑说，我那情景作文的高分，都是长期写信写出来的。老师们笑说，我总说自己的成绩都是"玩儿出来的"，会误人子弟。其实想想，自己疯狂做语法题和阅读完形的时候，都没意识到自己是在做题。整理历史年表、一遍遍按照专题梳理思路、画政治结构图的时候，也都觉得自己没做"正事"。但是，没准儿，我当作"不务正业"的这些事情也都是"有用"的。我的班主任袁海萍老师或许是对的，我做每件事的时候都会忘我地投入。我深信，如果有这种专注，再加上更强的自制力，在高考这件事上、甚至更多的事上，都一定比我成功得多。

并不是没怀疑过自己，并不是没有过跌倒。一模的文综成绩与我的预期相距甚远，这对我自己来说是个挺大的打击，那一次我去找了徐雁老师聊天，竟然哭了出来。现在回想，自己的问题很明显，就是一直都做题太少，过分沉浸在知识的细节里。但是高考的紧迫令我一时失去希望，我第一次觉得自己一直都做错了，逝去的时间都是浪费而已，自己读的书、想的事情都毫无意义。记得徐老师问了我一个问题："如果考不上北大，你怎么办？"那一瞬间，我在心里给自己创造了一个新的情境——高考落榜。第一感觉是不能接受，但很快，我便释然了。于是，我回答老师："那就没有办法。我会在另一个地方做我自己，继续努力，总有下一次崛起。"老师继续说，如果是这样，你还害怕什么呢？不管还剩下多少时间，都是足够的。再后来，徐老师写给我一张小条，到今天我还一直放在笔袋里。她这样写道："去掉别人给你的荣耀和光环，你还是你自己；去掉别人对你的怀疑眼光，你还是你自己。做简单然而内心坚定的自己，单纯地为丰富自己而学，你会超越高考。"

事实上，你会发现，几乎所有的老师都会传达出这样的理念：不要患得患失。事实证明，当我增加了练习量并内心孤注一掷般地放弃"多拿分"、不再想"如果这样答不给分怎么办"的时候，我的成绩有了提高，内心也更加强大。

高考最终的两天，我告诉自己"尽人事，听天命"，好好珍惜每一页考卷。每科入考场前，在校门口接过送考老师的那瓶"幸福水"（四中的老师们在各个考点送考，老师们给每一小瓶矿泉水都赋予了深刻的含义），都有一种难以言喻的幸福感。考完数学，本以为能拿满分，却发现自己错了最最简单的题目，差不多十分，就这样说没就没了，心中回响起安东明老师那句"错的都是你会的"，无限悔恨。考后，人文班集体四川游学的一路上，我还对此耿耿于怀。火车上，袁老师听着我的牢骚，一如往常地笑着，说只有自己想开才好。

后来的分数，尽管不够理想，也还算是正常水平了。

考后风云

对我来说，这个"状元"本身来得像是意料之中。室友们在一起开玩笑的时候，我说，要是我考了状元，就要去对着镜头大呼"不要炒作！"

如今的媒体纷纷竞争哪个最快抢走了"状元"的专访，哪个最先爆料了"状元"的去向，令人厌烦。教育是件大事，我们对教育投入的还远远不够，办教育的目的的动机也难得单纯高尚。它需要媒体作为桥梁引起社会更大的关注，去发现、解决其中更多的问题，最终，我们的目标是要培养出更多的优质人才，是要让以后的孩子们拥有更好的成长经历。可是，不该是用这种一年一度的"雷阵雨"的方式，先把高分的一群人抛出来，众人各自借这个机会吐一些口水，然后就不了了之。教育的改革走向何方，是否能引起公众和界内人士的认真思考呢？就高考这件事而言，还有更多的人、更多的故事可以发掘、值得关注，为何不能打开我们的视野呢？

出分那天，听说是北京市第一名，祝贺短信如排山倒海般涌来。其中有一条来自聂健一学长："知道今天你火了，但是四中需要我们站出来为它说些话了，这样好的教育，它的价值光看应试着实可惜。"校方保持着一直以来的低调作风，不接受采访，不允许媒体扰乱校园的平静。我的心里经过了很复杂的斗争，最后没有选择"一拒了之"，而是出来面对这些例行公事的媒体们。我赌气似的想要证明给大家看，像我这样一个高中三年始终潇洒快活的人，学校保证每天一小时体育锻炼、不加课不补课、没有任何课外辅导，照样在考试上不输给任何人。可惜我显然没有驾驭媒体的能力，最终他们会寻找想要的噱头以投大众所好，一些人再议论一番择校问题，而至于我到底是怎样一个人，至于四中的"特立独行"，至于更多深层次的问题及解决，大概就搁置了。于是我的名字也就此变成了一个"状元"，盖一个红戳，被流水线送走了。当风头尚未逝去，人们对教育的各种观点和评论借着这个机会倾泻出来，对"梁倩"有所关注，大多是因为"她是状元"而非"她有抱负""她有个性"一类，因此褒奖和批评对我个人生活的价值就大大削弱了。

后来我想，或许石国鹏老师说的对，四中其实不需要我为它说什么话，包括我在内的每一个四中人就是它最好的"无声招牌"。这使我想起，接受很多记者的采访时，他们都感慨道："果然是四中的学生！"有个记者对我说，采访时一听到特别深刻独到的见解，就知道八成是四中来的，有时自己都跟不上这些学生的思维，诸如此类。

在教育改革的浪潮中，标榜"素质教育"者不在少数，但我总觉得其中许多只不过是"应试教育"的变体而已。主要原因，是人的观念还不能在短期内转变，做事情不可避地过于功利。这里面有长期形成的定势，还附加有太多的生存危机、生存压力问题。我觉得现在还有一个很不好的现象，就是为了追求"指标"而搞"素质"，比如许多人盲目地会组织和参加各种活动，为的不是真的学习什么，而是能在自己的履历上写上那么一笔。这样的态度，和履历造假在本质上相差无几。如果搞出各种名堂，不过是给外人看的表象，而不能在人的成长过程中给予最重要的扶持和帮助，那就太可惜了这番折腾。

如今，我们依然需要大声疾呼教育理念的转变，而这一转变，必将是艰难的。追求人才的身心健康、全面发展，以求他们能够发挥己长，谋求自己的幸福和更多人的幸福，应该是我们努力的目标，我们今天存在的诸多问题，需要更多人有这样的意识并且一点点地为改变而努力。

近来还有许多人谈到教育公平这个问题。

有些人不分青红皂白地批评北京学生占有了好的资源。对此，我实在没办法也没必要去和它理论。因为我也可以很不负责任地抱怨说，某些发达国家占有了我们的资源，他们的孩子们轻易就能获得我们付出再多也无法获得的东西，这些都是他们的错。我也看到一些北京学生很委屈地反问："我们也很努力，有时付出的反而更多，你们为什么看不到？"或许就是这样，"家家有本难念的经"，不论环境如何，都有通过自身努力而获得成功也都有不思进取而停滞不前的。我相信很多问题的产生是有长期积累的，想要改变也是需要时间和社会力量的。关键在于我们用怎样的态度去面对，真正用心做事来给自己争取更好的机会。

另有许多同龄人就这个话题向我提出疑惑，他们很羡慕我的经历，羡慕我所在的环境。他们在应试的巨大压力下挣扎，常常感到迷失。事实上，我很能理解这种心情。我觉得自己不是一个身在福中不知福的人，或许和许多人想象的不太一样，我不只是无忧无虑地"享受自己幸福生活"。我常回父母的老家，老家的兄弟姐妹的生活状况、受教育状况多少有所了解。我们学校的老师很多有支教经历，我们的文学社也组织过西部支教活动。从各个渠道我都可以了解到，并一直努力地试图更多地了解祖国各地孩子们的状况。

这样的了解，让我更加感激，因为自己能够享受到许多同龄人无法享受到的教育，由此，我也更加热忱地希望更多的孩子能有这样的机会，不论他们身处何方，家境如何。现实往往是复杂而残酷的，但是我们总该为了些值得的东西去付出。我相信真正的社会脊梁不是自我标榜自我包装的"精英阶层"，而是不在乎浮沉、不在乎社会浮躁，能够真正为国民谋未来的人。这就是为什么我一定要试图站出来说些什么。

反思

如果说这三年有什么缺憾的地方，应该有这样两点。第一，和老师们的交流不够。第二，对自己的人生规划思考不足。

或许是因为我自己的个性原因，对很多老师，我心里很是欣赏佩服，但不像周围的同学那样能在课间参与到热烈的师生讨论之中（这些讨论或天马行空或针砭时弊，严肃而有趣），特别在高三，总是不到"非找不可"的地步就不愿意麻烦老师。这样，在无形之中失去了许多使思维灵感迸发的机会。另外，我一直觉得，作为学生应该具备理解老师的能力，这种理解包括体察每一位老师不同的个性、观点、教授习惯，也包括体谅老师的难处、辛苦。用心和老师交流，你会收获许多感动，也会同样的，给予对方温暖。

而说到人生规划这个大命题，我始终抱着这样一种观点，即人生是不可规划的。因为干扰因素过多，不论我们怎样仔细考察，也不可能把一切考虑清楚。例如成功学中最爱用比尔盖茨和巴菲特的例子，却不说前者的第一单大生意由作为 IBM 董事的母亲促成，也不提巴菲特八岁参观纽交所是由作为国会议员的父亲带领、由高盛董事接待的。正是因为这样，抱着一切或虚幻或单纯或功利的心理去设定未来的路线，是很荒谬的。我相信能力，相信一无所有的基础也能创造丰盈色彩，而正是四中让我有了这样的信心。

我所在的年级进行了"职业生涯"的主题学习，我们做过测评，开展过班会进行专业职业的探索，还以"职业精神"为主题开展了日本游学活动。不可不说，我们在引导下开阔了视野，对未来的道路有了初步的定位。那么，我为什么说有所缺憾呢？事实上，在高考结束后，沉浸在学校氛围的我们被迫接受"高中时代结束"的现实，这时，我突然以一种我从未有过的现实的眼光来重新审视自己的过往和将来。因为有了更多时间和不同年龄、不同行业的学长学姐们交流，我发现从前做过的职业规划更像是一个空想的框架，虽然对于那时的自己来说也的确是认真思考后的结果，对于今天的自己却不一定合适了。人在一生中会面临太多的抉择，有些时候，像选择一个生存地、一所大学、一个专业、一份工作、人生的另一半是我们可见的和给予重视的选择，它们固然对我们的人生轨迹有着重要的影响，却让我们忽略了那些日常的琐碎的选择。比如选择听什么音乐、看什么书、和哪些人共事，或者选择什么运动项目、什么课外活动，甚至晚自习学哪门功课，这些察觉不到的事件反映着一个人的本色，也塑造着一个人。如果能在自由选择的基础上，每每回头看看走过的路，你会越来越坚定自己真正的理想抱负。如此脚踏实地，或许会在重大选择上变得坚定果断，更容易走向梦想中的自己。

感恩

从来四中的第一天起，听到最多的两个词便是：感恩、责任。四中对学生的要求与鼓舞是"做杰出的中国人"，冥冥之中它促使着我践行着本性中的"自命不凡"，使我不能满足于世俗所谓的快乐和成功，使我不能停下精神探索的脚步，还使我始终有一份"担当"在心。在临近高考的那段时间，和很多同学交流学习的意义（这个"学习"特指"课内学习"），有些人是为了证明自己，有些人是为了未来的前途，更多人是为了父母、家庭，为了报答师长的辛勤付出。

对于我而言，或许是因为父母长期灌输"你不为我们而活，你为自己而活"的关系，在毕业以前，我真真没有想过学习是为了对得起他们。我的父母总是这样对我说："梁倩，我们尽可能为你提供好的物质基础，让你选择自己喜欢的东西去学，走自己喜欢的道路。至于能走到哪里，是你自己的事情，你不必对我们负责，却要对自己负责。"从小到大，我的学习成绩从来不是家庭生活的主题，我也没有因此得到过任何奖励或处罚。小的时候就有很多人当着我的面对他们说，孩子这么优秀，还不给买个什么、带她吃个什么。我母亲一贯回答，她需要什么自然会和我们提出来，我们就会满足她，这和她自己的学习有什么关系？孩子自己喜欢学习，还需要你买什么奖励她吗？孩子学习不好，你就不让她吃好喝好心里不痛快吗？

所以，尽管家庭并不富裕，我在学习上也没有沉重的包袱。我很庆幸他们为我营造了一个自由、宽松、民主的家庭环境，更庆幸他们使我自我形成而非被灌输了对家庭的爱与责任感。

我说过自己"为中华崛起而读书"。记得小学第一次听到这句话时我热泪盈眶。或许是我单纯而感情丰富，每周一升旗仪式时，我都会认真地想，今天的生活来之不易，我每一天的生活要对得起自己，要过得有意义，将来要尽自己可能为更多人造福。这真是我内心最大的支撑了。

也有很多人问我，在学习上感到懈怠、遇到困难的时候，你是用这种"责任"来激励自己的吗？当然，我不会晚上休息以后因为一想到"祖国更加美好的未来还等着我呐"就一激灵爬起来背书去了。我认为，埋藏在内心的坚实的责任感，在学习上的表现，就是一种简单自然的投入和享受。在学习上，我是不计较得失的。我用自己的头脑去消化各种知识，以此为乐，正如品尝不同的食物。来不及去想失败的后果、成功的重要性，因为你能把握的，就是眼前。分数的高低可以在闲谈时用来发发牢骚，分数所反映出来的自己的性格、优点、弊病，才是值得回味的。同样是一份考卷，你可以当作一份卷子来答题、答题后反思错误，也可以当作一种思维训练的检验、过后反思自我思维的漏洞。我的一位老师这样说：今天，你可以真正享受别人眼中的痛苦，将来，你还将学会享受人生的各种跌宕起伏。要有这样的姿态，你才真正有资格"自命不凡"。

我的老师们使我相信，真正优秀的人，不是只看当下境遇或者随波逐流的。我也希望后来人能够相信这一点，并矢志不渝地前行不止。

做真正的自己

梁志方　李晓玲

接到女儿的任务，我一直感觉有许多话要说，可是又不知道如何下笔。就这样拖到了不能再拖的时候，也就只好想到哪里就写到哪里了。

就从梁倩上四中开始吧，她是由崇文区前门外国语初中毕业上的四中，我们只知道四中是名校，梁倩的理由几乎更可爱——那就是她喜欢四中的校服。当她真的成为一个四中人的时候，由于对四中仰视太久，内心深处需要承受的东西太多，对存在于这个环境的自己没有了自我。如今已经是四中校友的梁倩是如何融入这个优秀的大家庭，成为一个真正的四中人的呢！作为一个独立的人，如何尽快融入新的环境并在新的环境中成长，父母其实什么也做不了。

儿时的梁倩，活泼好动，我们并没有对她刻意培养，只是希望她健康快乐地成长。不满周岁就上了托儿所的哺乳班，托儿所的梁倩给人的印象是活泼、专注，对有兴趣的事能静下来去做，坐得住。这对于一个孩子，是难能可贵的，做事专注的习惯一直保持到今天，也许正因如此成就了梁倩。在不满四周时，我们在她学习儿童画的教室旁边，看到不大点儿的孩子在学习儿童英语。懵懂的梁倩突然对学习英语有了兴趣，由于年龄太小，又不会写字，老师只同意她试着听一下课，就这一试便没有停下，一直坚持到儿童英语课程全部学完，并以优异的成绩毕业。能坐得住，专注于自己喜欢的事情在这件事上更能突出体现。活泼好动是孩子的天性，梁倩更是爱玩儿，并且是常常忘记了吃饭回家。但是，对于她应该完成的任务，一定会认真做好，从来不会因为好玩耽误做事。她能很快地从玩儿的状态进入到读书、写作业的状态可能也是一种能力。

对于梁倩的培养，我和她妈有一个共识，就是承担起为人父母应该做的事，就是尽力满足孩子的衣食住行。从来不要求孩子去刻意做什么，不设定目标，不提要求，更不强求。一切事情根据孩子的爱好，给予她最大的自由。只要孩子喜欢，我们就会尽力去满足她，课外不补习是孩子自己的决定，只是初中学过电子琴，也完全是她自己安排的。我们只强调要有一个好的身体，从生活的各个方面去关心孩子，而从不干预她的学习。在家庭生活中，我们给孩子一个快乐、民主的成长环境，家庭中的事情，只要和孩子的年龄、智力相当，我们就会主动征求孩子的意见，认真听取孩子的建议，只要没什么大问题，我们会优先考虑孩子的建议，并认真地去实现它。这样既让孩子享受了民主的生活，又让孩子体会到决策的快乐，培养了她敢于决策，善于决策的能力。这样的培养方法好像和四中的养成教育不谋而合。

可能有些跑题，还是回到梁倩四中的学习生活吧。我觉得态度决定结果。梁倩心目中"为中华崛起而读书"已不仅仅是一句豪言壮语，而是她学习成长的动力。有了这样的学习态度，必然就会知道自己做的事情绝不单单是为了某个考试、升入某个大学。她希求寻找更多的东西让生命更能彰显其价值。在任何时候都不放弃探求生命的意义。而理想和责任，不是名校高薪的敲门砖，却是真正能激励你攀登的东西。有可以坚守的东西，才能快乐地在旅途中找到自己的路。正是这样，三年的高中生活，我没有看到她如何刻苦到深夜去做卷子，反而常常是看到她沉侵在书的海洋里，读了大量关于人生、哲学、地理、历史等方面的中外书籍。在学习上，她是不计较得失的，也就是不看重考试分数。正如她自己总结的那样，"用自己的头脑去消化各种知识，以此为乐，正如品尝不同的食物。来不及去想失败的后果、成功的重要性，因为你能把握的，就是眼前。分数的高低可以在闲谈时用来发发牢骚，分数所反映出来的自己的性格、优点、弊病，才是值得回味的。同样是一份考卷，你可以当作一份卷子来答题、答题后反思错误，也可以当作一种思维训练的检验、过后反思自我思维的漏洞。我的一位老师这样说：今天，你可以真正享受别人眼中的痛苦，将来，你还将学会享受人生的各种跌宕起伏。要有这样的姿态，你才真正有资格"自命不凡"。大量的课外阅读和思考，既拓展了她的思维，也加深了他的理解能力。这和四中强调孩子自主学习，快乐学习，培养学生发现自己和把"做杰出的中国人"作为学校培养人才的目标是密不可分的，孩子志存高远就不会总纠结于排名的先后和分数的高低。

其次就是充分利用课堂 40 分钟。课堂上的每一分钟都是宝贵的，每一位老师的教案都浸透了智慧，聪明的学生都会紧紧抓住课堂时间，因为那是获取知识最为直接的一段时间，系统地记下课堂上老师的讲解，理解老师的意图，获取老师想让你记住的知识点就会大大地减轻课余的负担。梁倩正是能够牢牢地把握住课上的时间，在做好课前预习与课后复习的前提下，最大地利用课堂时间完成必须完成的学习任务，这样就形成了她自己的学校规律，极大地提高了学习效率，起到了事半功倍的效果。也只有这样才有可能拿出时间去开拓自己的其它空间。什么考古社、班级管理、自由搏击及游泳还有大量的读书时间，等等。

听话，听老师的话。听老师的话就是做到用心学习。梁倩真正做到了有效率地，创造性地听老师的话，而不是每天死读书、读死书。第一，首先做到课上认真听讲，做好课堂笔记。我常常带着欣赏的心情看看梁倩的课堂笔记，认真、工整、有条理、有主次、有重点，这些从她的任何一本笔记都可以明显体现出来。第二是总结，总结的前提是要有课前预习，带着问题在课上听讲。这样就能真正利用课上的时间总结自己想要的东西。第三是充分了解老师的深意，不要只是为了完成老师要求的去学习，而是系统全面地掌握知识的点、面，循着老师的思路加上自己的总结，进一步增强理解和记忆。还有就是错题本，梁倩不仅按老师要求做到定期小结，整理试卷，题目归类等，并一直坚持下来。通过错题本这个手段让她反思自己的问题，找到产生问题的根本原因并把它转化为自己学习和解决问题的习惯。我认为，错题本这个手段及其让他们养成的好习惯，将使同学们终生受益。

天性活泼好动的梁倩，肯定不是一个只知道学习的书生，在课余时间做了大量的社会工作。什么考古社的创办，校刊的专栏编辑，游学文集的主编，各种志愿者等，只要她有时间，就会满腔热情地投入到社会活动中去。并且她爱好广泛，除去博览群书以外，参与自由搏击和游泳，各种球类运动也是她的爱好，我也说不清楚一个高中女生哪里来的那么大精力。

三年的高中生活，我们欣慰的不是她高考取得了如何好的分数，也不是她被某某大学录取，而是她真正成长为一个有理想、敢担当的中国人。

韩 绍 庭

Han shao ting

韩绍庭的"绍"在字典里有一个鲜为人知的解释，意为继承，"庭"则狭义取家庭、家族之意，广义还含祖国大家庭之意。父母在我的名字中寄托了我继承先祖之遗志，发扬先祖之风尚的殷切希望，我定会为此奋斗终生。

我是四中 2011 届（3）班的一员，3 年，3 班，不知是否是巧合，但是 3 这个数字已经深深地融入了我的血液，3 班如同家一样，给予了我最为温暖的呵护。

我曾任班级宣传委员，并参加了校物理竞赛小组，同时坚持练习钢琴。在校期间曾获：校级三好生；全国中学生数理化学科能力竞赛高一物理一等奖；运动会三级跳远第六名；西城区学生艺术节钢琴组一等奖，等等，并于 2010 年 9 月成功举办了"青春的旋律——韩绍庭钢琴独奏音乐会"。

我以 645 分的高考成绩被复旦大学数学系录取。数学，一直是我最喜爱的学科，她充满了奥妙，任由各种天马行空的想法穿梭；她是一切理科的基础，掌握了各种数学工具，一切疑难问题都会迎刃而解；她锻炼人们的思维，她激发人们的创造力，她让我如痴如醉。

破茧成蝶——成人之礼

文 化 篇

——四中的文化影响了一代又一代的四中人
——四中人的身上体现的是不变的四中文化

四中初印象——文化之一：低调

当时中考报志愿时我只写了一个四中，没有任何感情因素，没有任何四中情节，对于四中没有任何概念，只是知道这是一个从小学就开始环绕在耳边的名字，是全国第一的学府，是北清的摇篮……当时的我不知从哪里来的勇气，竟认定了这便是我的高中，目的很纯粹，为了那两所顶尖高校，进了四中就相当于迈入了半个北大清华，记得这是社会对四中的普遍认识。

当时的我不会知道，四中的三年彻彻底底的改变了我：不再是拼命学习的初中生，不再是两耳不闻窗外事的小孩，不再一心只有北大清华，因为在进入四中的第一刻，四中便为我们定下了用一生去追寻的目标：做一个杰出的中国人！

记得收到录取通知后不久，班主任就把同学分成小组然后分组进行交流，那是我第一次坐在四中教室（注意是坐，如果仅仅是观光是很难体会到四中的气息的），感受四中。虽然一切都是陌生的，但从每一位同学充满智慧的目光中，从班主任和蔼的微笑中，从周围的花草树木的静谧中，我体会到了一种从未有过的宁静与归属感，内心瞬间被她所感染，刚刚经历了中考后暑假狂欢的浮躁的我仿佛突然便沉静了下来，正如四中地处熙熙攘攘的平安大街却始终保持自身的低调一样。四中，就是有这样一种魅力，只要你肯安心的在校园中坐下来，她便会抚慰你的内心，消除一切烦恼与焦躁，只留下纯净在心中。因此每当我遇到不如意的事情时，我总愿意在四中的连廊，漱石亭，或是槐树下静坐一会儿，澄澈内心，我想也许这是最好的心理医生了。四中人坚信四中拥有着一种文化，我理解这其中便包含着一种大隐于朝的低调文化，而校园也许就是这文化的依托吧。

四中每年入学前都要进行入学教育，大概是开学前两周，认识新同学、背诵校规、歌咏比赛，包括第一次年级会。那是我终生难忘的一次年级会，正是在那一次年级会中，年级主任叶长军老师道出了他的梦想："我要打造一支战无不胜的年级组！"正是在那一次年级会中，刘长铭校长为我们立下了"做一个杰出的中国人"的终极目标。正是在那一次年级会中，叶老师告诫我们："现在你在四中，但三年后你将何去何从？"，可以说，这句话唤醒了正沉浸在考上四中的骄傲与喜悦中的我们，四中不是目标，我们不应躺在考上四中的功劳簿上。今日自满的代价就是明日的堕落，人生——永远都要奋斗的。

伴随着叶老师和刘校长的一席话，我们的四中生活正式拉开了序幕……

社团 VS 竞赛？——四中文化之二：学生全面发展，大气

其实在四中的前两年中，学习并不是唯一的部分，往往各种活动和竞赛占据着同学们的很多时间，也许这与我上文中提到的奋斗有些格格不入，但我想说的是，奋斗，并不意味着一味的学习。只要你是在追逐梦想，是在正确的时候做正确的事，而不是懈怠，浪费光阴，那么这就可以定义为奋斗。因此，参加社团活动，修各种选修课，甚至是放学在操场的球场上挥洒汗水，都是奋斗。社团活动丰富你的阅历，选修课增长你的知识，运动更是强健你的体魄，这些，都是一个全面发展的人所应该具有的素质。诚然，学习优异是全面发展必要因素，但是要记住，学习并不是全部。四中所培养的是全面发展的学生，是杰出的中国人，而不是一个个学习机器。这一点，是我进入四中才发现的，我原先的想法与大多数人一样：既然四中每年有那么多学生考上北大清华，这些孩子们肯定都是头悬梁、锥刺股一般苦读了三年，也就是所谓的"书呆子"。包括四中的"优、苦、严"的校训也许也给了外界很多误导，认为四中真的就是一所传统的魔鬼学校。但是我可以很肯定的说，四中与其他那些学校不一样！四中的教育体制、四中的文化所孕育的是新一代知识分子，他们以全面发展为目标，以做杰出的中国人为理想，而不是成绩条上的分数；他们要求自己在追逐梦想的途中始终优、苦、严，而不仅仅是为了那个看似很重要的高考。我认为那些所谓的优异成绩，只是四中人在追逐梦想的途中理所应当会出现的（原因下文会分析）。总之，四中的教育更接近于西方大学的教育体制，即：The whole person education。这也是我最喜欢四中的一点。

四中的大大小小社团总共 20 多个，既有培养口才与思维的模拟联合国，也有音乐 fans 的摇滚社，甚至还有劲爆无比的街舞社。基本上每一个同学都可以找到自己的兴趣点，当然，如果自己有特别强烈的兴趣但却发现没有所对应的社团，自己可以创一个嘛。召集几个志同道合的同学，提交申请便可以开办一个新社团。在这里，一切都是自由的，老师不会过多的干预。比如我们班的一个同学就开办了天文社，自己当社长，张贴海报招新，与其他社团抢"生源"，非常的有意思。而学校在这里扮演的只是助推器的角色，年级组鼓励同学们去选择一个自己喜爱的社团，而不是督促同学们用课余时间继续苦读。在四中，上课就是上课，所有同学聚精会神，下课就是下课，那是课余活动的时间，这也就是我说的在正确的时间做正确的事。因此，在四中你若是没有参加一个社团，那简直就是没有了与大家的谈资。

当然，有一件事和社团是冲突的，那便是竞赛，因为二者的时间是重合的。我开学时加入了模拟联合国社，同时也是物理竞赛小组的成员，可惜二者的时间都是周二下午放学后，正所谓鱼和熊掌不可兼得，必须要舍弃一项。当然不会有人强迫你，一切凭兴趣。关于竞赛我想说几点：

1. 竞赛不一定像大多数同学想象的那样痛苦，如果你把它假想成痛苦的，那它就真的是痛苦的；相反，如果你认为它是快乐的，享受其中，那它肯定也会给你带来快乐。

2. 竞赛不要太功利，的确竞赛能保送，但如果你在一进竞赛时就抱着保送的心态，那往往会适得其反。就像高考，四中人不以高考争优为目标，而是在四中全面发展，提高能力，结果成绩反而年年全市第一（原因下文我会分析）。如果你参加竞赛是为了享受竞赛的过程，提高自己的能力，挑战自己，那么你就找到了竞赛的精髓，成绩是水到渠成的事。

3. 竞赛一定要有恒心，不要半途而废，既然当初选择就要一直做下去，诚然那些剩下的同学不可能全部得到一等奖获取保送资格，但他们依然是成功者：他们坚持到底，拥有坚定的意志；他们拥有过人的才华，但也许是因为最终的失误而功亏一篑；他们能够忍受失败的痛苦转而迎接高考的挑战。他们是勇者、智者，明日温暖的阳光一定会照耀着他们喜悦的脸庞。

我很喜欢一句话"god always bless you a happy ending, if you are not happy, it is not the ending."我还想在后面加一句——only when you are a hardworking person.

我在经过了一番抉择后选择了物理竞赛小组，然而我坚信，只要你选择的是你感兴趣的、可以坚持下去的活动，并且持之以恒，那你就算是为全面发展打下了坚实的基础。在这里我想简单谈谈我对全面发展的理解：

1. 全面发展不是样样精通，但你需要有丰富的知识储备，面面俱到，并且有一项或几项特长，可以是学科方面的、艺术方面的、能力方面的，甚至体育方面的等等。你可能会问，怎么能做到面面俱到呢？毕竟人的精力是有限的。其实不需要你刻意去了解，周边一定会有同学参加与你不一样的社团或竞赛，在与他们的交流中，你便可以获取很多你不知道的知识，做到大致了解。

2. 全面发展是一种情操，是一种从外观表现就可以体现出来的丰富且自信的生活体验。试想，在众人为参加舞会却不会跳舞而烦恼时，你秀上一段四中人必会的32步，或是来一段在街舞社学习的街舞，人们必定会对你刮目相看。正如邹忌讽齐王纳谏中的"此所谓战胜于朝廷"，四中人的优秀不止体现学习上，更体现在生活的各个方面。四中人丰富的经历，必将成为他们一生的财富。

3. 全面发展带来的也是一种大气，一种心怀天下的胸襟。四中老师经常教导我们要大气，其实我理解大气与全面发展是一样的：懂得多自然会想得多，想得多自然就全面得多，而全面得多带来的则是一种大局观，这大局观便是大气了。

自由的天堂——四中文化之三：自律，自主，自由

首先我想谈谈我对自由的理解：我认为真正的自由并不是所谓的广义的"自由"，现在很多人都认为自由就是想干什么就干什么：社交网站的流行恰恰印证了这一点，人们在社交网站无所不说，积极的言论、消极的言论混杂在一起；很多人甚至还抱怨管理员的删帖，认为这侵犯了他们的言论自由权。然而我认为这反而印证了他们对于自由的不理解，自由是有限度的，这个限度就是独立的思考，建立在独立的思考之上行事才是真正的自由。因为我们不是动物，不是婴孩，我们需要为我们的所作所为考虑后果并负责，无限度的自由带来的只能是所谓的"暴民政治"，也许一句头脑发热而说出的话便伤害了很多人的权益（这种例子在社交网站中很常见）。我认为孔子所提出的"从心所欲不逾矩"正是道出了自由的真谛，"矩"是法律、道德律，是在外人看来束缚人的条规，然而"从心所欲"却是自由的，因为他所做的每一件事都是经过思考的，是理性的行事，因此绝不会逾越法律的边界。这样的自由是人真正应该拥有的自由，是对于社会，人性的发展有益的自由。

四中正是拥有着这样的一种自由文化。这种文化带来的不是校风的散漫，反而而是校风的严谨；四中老师的适度放手带来的不是学生的松懈，反而是学生的自律。我认为四中可以形成这样一种自由文化正是他强调全面发展所带来的硕果，可以说，全面发展的结果是让人拥有独立的人格以及独立的思考判断能力，因为当一个人知识涉猎面广，了解得多时，他行事便会考虑更多，更加理性，产生自己的判断而不是人云亦云，失去理智。当人在做每一件事都经过思考时，在外界看来他就是自律的，在他自己看来便是自由的，在他眼中，什么事情都是可以做的。这便是每一个四中人所具备的素质。而我认为这恰恰是现在很多学生所缺失的，游戏迷、愤青与小混混们的实质是一样的，那就是缺乏独立的思考，他们那些所谓的行动自由、言论自由是不成熟的、不理智的放任，而不是自由。

四中人正是生活在这样一种以思考为前提的自由的环境中，在这里没有老师整日的监管，全凭同学自觉；在这里同学们可以自己举办各种活动，只要能够受到大家的欢迎，于是新年舞会、跳蚤市场、慈善义卖、话剧表演等等已成为一年一度的"传统项目"；这里是学生的天下，学生可以尽情发表言论，或是辩论赛，或是演讲，甚至是与老师对于一个问题的争论不休；这里是自由的天堂，只有你想不到的，没有你做不到的。

所以说四中的生活是自由的生活，四中的学习是自主的学习，四中的学生是自律的学生。四中人不需要别人的敦促，他们知道该在什么时间做什么事：君不见课堂上那四十多双聚精会神的眼睛；君不见晚自习那整栋楼的鸦雀无声；君不见每天操场上那一个个被汗水浸湿的脸庞；君不见每日图书馆那些靠着书架苦读的身影；君不见……

高三的生活——四中文化之四，严谨（优、苦、严）

现在在这部分讲的是四中的学习文化，也就是一种思想和理念，具体到我个人的一些学习经验我会在学习篇详细介绍。

毫无疑问，高考是现在所有高中和高中生身上的一块巨石。记得初中班主任在我们初中毕业时曾告诉我们："高中与初中可不一样，必须从高一就开始刻苦学习，如果到了高三再开始努力，是肯定不行的。"这种观点可以说是一种共识了，大多数高中从高一就开始紧抓学习，各种统练、月考如箭矢一般向学生射来，我看见过很多高一的同学就开始做《五年高考三年模拟》（一本专门为高考复习而准备的书，可谓是高三同学的至宝）。我不禁感慨，难道我们真的需要将这三年的青春、这一段人生最绚丽多彩的年华全部奉献给课本，奉献给那个看似能决定我们一生的考试？

首先我承认，在现有教育体制下，高考的确极其重要，它的意义不用赘述。然而如果仅仅将高考争优作为我们三年的目标，那未免有些狭隘。正如上文所说，提升自身修养、拓宽视野、全面发展才是这个年龄段的我们需要做的。青春洋溢的我们就像含苞待放的花朵，需要汲取的是一切"养分"，而不仅仅是课本中的知识，说实话，课本中的很多知识以后又有谁会用的到呢？

因此，我认为现有教育制度的出现原因有二：

1. 由于我们奉行的是高一学习各科知识，高二文理分科，可以说知识的覆盖面还是很大的，所以通过高中三年的学习可以使我们找到自己的兴趣点，从而规划以后的人生发展方向。我们班有一个同学，正是在高中的生物学习过程中，对生物产生了浓厚的兴趣，由此决定了大学学习生物专业。

2. 用考试来区分学生，这也是高考出现的原因。

我们无法逃避现在的这个教育体制，黑格尔说过"存在即有理"，高考制度的存在必定有它的合理性，所以我们要做的不是去抨击甚至逃避，而是在不被其"奴役"的情况下逐渐地适应它。之所以叫奴役，是因为现在太多的学生仿佛只为了高考而活，将高考视为唯一的目标，甚至是终点，他们真的就像高考的奴隶一样，拼命地学习，为高考而工作，丧失了自己的兴趣，丧失了自己的判断，最终变成了一台台的学习机器。

很多人会问："你们既然不以成绩为目标，在别的同学学习的时候你们反而去参加各种活动，学校管理又自由宽松，为什么还能取得那么优异的成绩呢？"

我认为主要是四中独特的教育模式使然。四中的教育模式为：高一高二全面发展，不局限于课本，而是扩宽知识面，锻炼学生自主安排学习、生活的能力；同时在课上打基础，不追求做题数量，而是要求质量，使学生在心中对于高中知识体系有清晰的认识。高三减少课外活动次数，专心准备高考，这一年是真正使成绩飞跃的一年。前两年的自主学习，已经使很多同学找到了适合自己的高效的学习方法。拥有宽广的知识面和扎实的基础，再加上高效的学习方法和刻苦的学习态度，如同在瓦良格号上配备如 F22 一样的优秀战斗机，最终出现的，一定是最优秀的航空母舰！

然而，现如今，各所高校间的比拼越来越激烈，四中高考成绩以往明显的优势正在逐渐被缩小，社会很多人都在质疑四中的教育水平在下降，抑或是生源质量在下降。其实都不是，现在出现这种诸侯争霸的情况不足为奇。然而，四中的文化旨在改变一个人做人做事的态度，提高一个人的综合能力（包括学习能力，交际能力，解决能力，创造能力等等），这些能力的体现，不是在高考，而是在以后的社会生活，为人处世中，这是一种做人的哲学，更是一种成功的哲学。四中教给孩子的不是一条条公式，而是一个个习惯，四中的成功不体现在高考，而体现在以后更加激烈的社会竞争之中！

总结：四中因四中文化而存在，四中文化因四中而发扬！

学习篇

我想在这一章里与大家分享我高中三年的大致学习情况，希望能用我的亲身经历带给大家一些启示，其中有我成功的喜悦，同时也有我失败的沮丧，当然，更有经历了失败后重新站起来的感动……

高中前阶段的巅峰——好的学习方法必不可少

我在高一和高二上半学期一直名列前茅，竞赛、社团、课余的能力拓展（如自学 TOFEL、SAT）等等占据了我们的课余时间，所以很多同学都没有把精力放在学习上，我亦如此。

我在这两年里主要是参加物理竞赛和弹钢琴，所以学习这方面我做的主要就是两点：

1. 上课认真听讲记笔记。获得倚天剑＋学习招式

老师讲的知识点既使你都已经掌握，但通过老师的梳理和补充，你会有一个更加清晰的脉络，其实每一个知识点都是串联、交织在一起的。这就像书籍的目录，以后每一次的回顾，都会让你有章可循，思维更加清晰和高效。我记得高三时的每一次复习，我都会把知识脉络先写下来，然后根据给出的"目录"，头脑中回顾具体的知识，这样做不仅不会有遗漏，而且也更加的高效。如果在高中的头两年你就能养成这样的习惯，那高三时，你将会轻松很多。

同时，记笔记是保证你上课效果延续的关键。我认为这是一门艺术，不是外表美的艺术，而是内在美的艺术。笔记的精髓在于融入你的理解，老师的板书只能算是教科书，真正有意义的往往是老师的话语，对于一个知识点的来龙去脉的讲解，以及你从这来龙去脉中所领悟的思路。也就是说，老师的板书只是这种方法所解决的一些问题，仅仅记这些问题是不够的，我们要掌握的是方法。相信大家都知道"授人以鱼不如授人以渔"这句成语吧！而这方法，往往来自于老师的讲解以及自己的思考，当然这也印证了上课认真听讲的重要性。

也许上面讲的有些抽象，下面我举个例子：在数学老师证明 $\sin(\alpha+\beta)$ $=\sin\alpha\cos\beta+\cos\alpha\sin\beta$ 这个公式时，大概在黑板上写了 7、8 种证法，如果把每一种证法都记下来，那是很庞大的一项工程。我看过一个同学的笔记，大本的那种，记了 3 面，每一种证法都附上了图。我估计她上课都干这个了，与其这样，那用相机照下来岂不是更加省事？我只记了不到一页，每一种证法都只是记下思路，什么"画圆＋圆周角"，"解析建系"等等，课下将这些方法写到一个总结本上面，每一个方法留几页的纸，以后遇到能用这种方法解决的题目时，就将他们记下来，即：方法＋好题，这种总结的方式绝对比

单独记下错题要有效的多。当然这种笔记方法可能对于理科（尤其是数学和物理）更加有效些。

当然，记笔记的方法因人而异，没有优劣之分，只有适合与不适合之说。学习方法更是如此，古语云："尽信书不如无书"，所以说我们应该取其精华去其糟粕，找到属于自己的笔记方法、学习方法，严格执行，事倍功半，定将名列前茅！

2. 适当的习题＋牛刀小试

如果说初中还奉行着题海战术，那么高一与高二上半学期就应该是理解战术，因为那时对知识细节的要求度不是很高，最重要的是对于知识的变通，而题海战术在将所有的细枝末节都填满的同时，也使我们丧失了更为关键的变通能力，因此对于前两年的学习来说，理解第一。对于作业，如果真的没有时间，那就挑一些你认为有助于理解的，有必要去做以加深印象的题来做，当然，这些你挑出来的题往往比较有代表性，因此分析与总结是必不可少的。所以认真地做完这些你挑出来的题目所花费的时间并不一定会比从头到尾做完少很多，然而我相信你所获得的收获绝对不会比后者少，因为你是真正的理解了这一个知识点，而不是一味地重复课本上的要点。所以当时我把同学分成四类：第一类为顶尖高手，做题不是很多却一异常优秀；第二类为高手，沿袭题海战术，成绩优异；第三类为大众，做题不多，成绩一般；第四类则是差生，几乎不做题，成绩很差。

再讲讲考试，我认为信心是最重要的，就以数学来说，每一次数学考试前我都信心爆满，至于我爆满的自信是怎么来的，我也不知道，只能揣测一二了，我认为可能来自于上课认真听讲，积极发言所给我带来的对于数学的一种良好感觉。我在课上的表现是很活跃的，喜欢提出一些新鲜的点子，我非常享受与老师、或是同学在课上的思维碰撞，那一双双充满智慧的眼睛、那一个个新奇的想法令我着迷。对于我来讲，积极发言是一种享受；对于别的同学，我的积极发言就是一种数学好的表现，这种他人眼里的赞赏与敬佩也许就是我自信的源泉吧。

高中阶段两大低谷——浴火重生、凤凰涅槃

如果说高一和高二上半学期是我高中最辉煌的一段时间，那么高二下半学期无疑是一个低谷：当时我并未认识到自身的问题，我也只是认为那是自己高二下学期安排了过多的课外活动所致。

我并不是一个很善于规划的人，有时往往随着性子去做事，奉行"车到山前必有路"的原则，在高一高二时我只是被学习推着向前走，至于走到哪里，当时却没有想太多，只是认为以我高一高二的优异成绩，高考岂不是小菜一碟。也许正是因为原先走过的路都太平坦了，以至于当真正出现了危机的时候，我都没有有效的应对措施：在期中考试跌出前 100 之后，我有些丧失信心，于是报了新东方的词汇班，幻想着能够同时准备高考与出国，双管齐下，到时候选择成绩较好的一方。现在回想起来，我当时不是在面对困境，而是在逃避困境。同时，我的休息时间在课内学习、弹钢琴、物理竞赛和英语学习的四重压力下所剩无几，每天我的睡眠时间不到 6 个小时，这严重影响了我的学习效率以及各个方面的表现。可以说，这一段时间是我的混沌期，没有任何目标，只是被动地接受着各个事物，加上成绩的急剧下滑，我几乎丧失了动力，颓废地度过着每一天。

期中考试后过了大约有一个月，筋疲力尽的我贸然地放弃了物理竞赛，由于当时已经过了退出竞赛的高潮期了（大多数同学都是在高二下半学期开学退出的竞赛班），所以当我向竞赛班老师李德胜老师提出退出竞赛班的申请时，他也有些迟疑，然而当时的我却把这一切的堕落归咎于压力过大，加之错误地在上课时间做物理习题，使我认为物理竞赛与我学习成绩的下降有着极大的关系；况且，我确实有些怀疑如此大量的练习是否能够带给我最终的丰收，我的坚持是否还会得到回报，甚至，我是否还深爱着物理竞赛……怀疑的心态一旦出现便会无止尽地被放大，直到最终放弃。于是最终我下定决心，退出物理竞赛。我很清楚地记得当时我对李德胜老师解释道："因为我想出国，要学习英语，所以可能要占用物理竞赛的很多时间，况且物理竞赛对于出国没有帮助，因此，我只能迫不得已退出竞赛……"，表面上这是很充分的一个理由，然而在我心里，我知道这完全是借口：我不敢向老师张口说自己由于成绩不好，状态不好才放弃了竞赛。我不知道该怎样解释为什么要放弃，为什么不能坚持，为什么不能真正进行思考后再做出选择。当时的我，只是天真地认为放弃了物理竞赛，一切都会好起来的。

然而事实给了我有力的回击，从班里正数前五到倒数第三。不得不说，这种转变快得出乎意料，本以为脱掉物理竞赛的枷锁后能够重新回到巅峰，没想到实际却背道而驰。终于，在这个时候，转折点出现了。

高二接近结束时发生了太多的事情：

第一件事是整个年级组织去了日本，看似只是个旅游，然而这短短 6 天却承载了我整个高中阶段，甚至是我前 18 年最最美好的时光。那是高中阶段最后的轻松快乐的日子，我们知道从日本回来后，当年的高考就结束了，我们，就是新高三了，高三意味着学习，意味着考试，意味着压力，意味着不再无忧无虑，不再想干什么就能干什么了……那6天，是我们的狂欢，我们一起走过每一片土地，我们一起沐浴每一缕阳光，我们一起分享每一个快乐，我们一起吃，一起住，一起笑，一起肆意地疯狂。学习、烦恼、压力、束缚统统抛到脑后，只需要去享受和朋友们一起的最美好的时光，那是纯粹的友谊，是令人永远铭记的友谊。可以说，去日本这几天不仅让我收获了最值得铭记的时光，更使我暂时抛开了高二下学期的种种烦恼，去享受纯真的友谊，去真正了解每一个朋友……这相当于一个解脱期吧，让我给大脑和身心一个彻底的放松，冷静下来，得以在回来后细细思考这半年来的风风雨雨，分析所做的决定，然后规划我的暑假生活、以及整个高三。

第二件事便是班主任老师皇甫力超老师不再继续担任我们高三的班主任，那个陪伴了我们两年的温文尔雅的慢条斯理的有条不紊的淡定的常说"让别人因你的存在而感到幸福"的大男孩，居然要离开我们了。往往失去了才懂得珍惜，当那个见证了我高中前半段成功的人，那个时常把我叫到办公室教导我要再努力些（在皇甫老师眼中，由于我经常选择性地做数学作业，并且总是出去打球，所以把我定义为还待刻苦的一类同学）的人，那个经常进班查看班级状况的人即将离开时，我的眼睛湿润了，前两年的画面一幅幅都浮现在眼前：从我们刚入校时倾听我们对于做板报的不同的见解，到每一节数学课仔细聆听每一位同学的发言、耐心细致的点评，再到每一堂班会课必然会出现的抱着黑色笔记本以"让别人因我们的存在而感到幸福"结束点评的身影……我回忆着高中的前两年，这是我两年高中以来第一次系统的回顾，回顾高一高二上学期的成功，回顾高二下学期的失败，回顾高中的点点滴滴。时而会因回想起快乐的事情而低头窃笑，时而又会因回忆起那些错误的决定和行为而懊恼不已。回忆真的是一个好东西，它能让你剖析过去的自己，清醒地认识过去的自己。人总有一种倾向，越是对于自己无能为力的事物，越是要去想它，后悔便是这样产生的，明知道过去已经不能改变，却还要去回忆它。于是，在回忆高中前两年的过程中，我不由自主地便回想起了高二下学期的失败，这一次，由于带着离别的伤感，所以我看待问题的角度有了变化，不再是抱怨外界的压力，而是反省自身的问题。我想证明给皇甫老师看，我不会一直堕落，我一定要东山再起。

当然还有很多事，比如我很喜爱的物理老师王宏博老师也不再教我们的课，比如说我们不再拥有各种副科，不再拥有喜爱的选修课……总之，这一切都是在表明，是时候来给高中做个阶段性的总结了，是时候该回顾下自己的高中生活来迎接高三了，是时候反省过去，打造未来了。可以说，这时冷静下来的我才真正开始思考高二下学期全面崩盘的原因了。

经过了几天的思考，我分析出高二下学期学习成绩下降的原因主要有四：

固守陈规。虽然我在高二下学期有意加强学习的强度，也增加了一些做题量，但是方法不对，因为这个学期学的东西整体都偏文科，包括数学、物理这两个纯理科在内：在这学期之前大量的公式与理念已经都学完了，所以这学期主要都是讲些偏记忆的定理（如逻辑用语）等等。根据我上文提到的，对于文科学习应该要认真听讲，多记笔记。然而我还还保留着纯理科的学习方法，奉行理解为上，上课时听懂了后就开始干自己的事，习题量又没有其他同学多（那时很多同学已经开始准备高考了），当然无法继续保持领先。因此是高二下半学期所学知识的性质不同而我又没有及时调整学习方法，导致了我的成绩的下滑。所以即使我放弃了物理竞赛，成绩依然还是会下降。这也是为什么我建议把高二上半学期与下半学期作为分水岭的原因。

没有规划（贸然的放弃与选择）。我在高二下学期的应变确实非常鲁莽，根本没有思考可行性就武断地报上了英语班。这无形之中不仅增加了我的压力、消耗了我的时间，更是动摇了我课内学习的动力，原来虽然没有想过学习的目的，然而起码知道是不能放弃的，因为只有学习——高考这一条独木桥可以走。但是当出国的想法萌生之后，我就拥有了退路，自然，课内学习的动力会下降不少。同时，我也没有意识到在高二下学期再做是否出国的决定是否晚了些。大多数出国的同学都是在高一就开始准备；而我，高二下半学期才要开始，而且同时还要兼顾其它几项的进行，这在现在看来简直就是天方夜谭。

如果能够让我重新选择，我定会抛弃出国的想法，尽全力保证钢琴与竞赛双管齐下，不仅节省了时间，更能用竞赛推动课内的学习。我认为学竞赛的目的不应该仅仅局限于拿奖争保送的狭窄范围，而应该是提升自己的思维能力，做到用学习竞赛带动其余各个方面的学习，真心喜爱竞赛，这就如同爱一个人不应该是爱她的名利，而应该是爱她所能给你带来的快乐与幸福。然而，我却错误地放弃了那个我本应坚持到底，本可以更加努力直至最后看到成功喜悦的竞赛……她，真的已经不能再回来了……这可以说是我高中最大的遗憾吧。

不再自信。数学考试前我不再有那种能考 150 分的放松心态，我开始在考前看考点、看定义、甚至做题，当然这确实是很正常的事情，很多同学考前的复习状态就是如此。然而，这并不适合于数学考试，并不适合于我一向自信的数学学科。因此，在考试中，我潜意识会暗示自己，这题是不是做错了，会不会有陷阱，这题看起来很难，我能会做吗等等的问题，考试的节奏被打乱了，自然成绩不会太好。

休息时间过少。确实，睡眠是会潜移默化地影响一个人的精神、记忆力、甚至智力的。由于我要做的事情太多，所以睡眠得不到保证，经常是 12 点以后才休息，导致每天大脑处于超负荷运行状态，身体处于过度疲劳的状态，高二下学期的好几次崴脚都与睡眠时间少不无关系。很显然，当人在过度疲劳的时候，效率自然会下降，所以看似我每天学习了很多东西，实则很多都没有记住。知识点遗漏现象严重；考试时专心不下来，经常马虎；背完的单词第二天就忘掉大多数；弹琴时经常错音……状态的下降是必然的。

所以我想奉劝大家，无论你如何地繁忙，压力如何地巨大，睡眠永远都是你最应该珍惜的东西，唯有休息好，一切才会顺利。

经过了一个暑假的调整（当然也是奋斗），我在高三开学考试中取得了年级第 47 名的成绩，按我们年级组长叶长军老师的话讲"还能忍"，也算是我成功渡过了难关，重新找回了昔日的状态吧！

高三上半学期期末考试我大致是在年级 60 名。而高三下半学期开学考试我再次杀入年级前 50，保持自信。但是一模给了我致命的一击，仅仅考了 592 分，离我给自己定的 670 分的目标足足差了 80 分，可以说这是一个足以毁掉整个高中所有荣誉的成绩，这是一个足以打垮一个人的分数……在离高考不到两个月的时候，我再次跌入了低谷，继续堕落还是浴火重生？

这一次，我没有像高二下半学期那样鲁莽地作出决定，我不能再重蹈覆辙了。因此，我首先找父母聊了聊，听听他们的意见。他们主要是以安慰、鼓励为主：他们相信我拥有实力能够东山再起；他们相信我能够处理好这次的困境；他们相信，经过了种种历练的我，一定没问题！父母的态度出奇的冷静，这完全让我出乎意料，我本以为他们会着急地让我抓紧学习，报各种辅导班，然后带我找各科的老师做单独辅导，等等。父母的心态潜移默化地影响着我，我的心逐渐恢复了平稳，在之后的一周内，我每天都花上几个小时来研究各科的一模卷子，一道题一道题地分析，总结自己失败的技术性原因。最终，我发现其实自己每一科都有 5 分左右是由于粗心大意而扣掉的，加起来可就是 30 多分，如果我能够在考试的时候避免马虎现象的出现，那我的成绩就能够达到 620 多分，这样，我就绝对能够杀入前 100 了。

经过分析，我发现如果自己能够在考试时发挥出正常水平，我完全可以在维持现有知识储备的情况下考到 630 分，进入年级前 50。这样的分析给了我极大的鼓舞，我原来并没有与其他同学差那么多，只是当时自己的状态不好罢了。而状态这个东西，完全是自己的心态所决定的，心态好状态必然好。我回想起高中前两年那种放松的、自信的心态带给我优异的成绩，而那时优异的成绩又赋予我放松、自信的心态。这次的分析使我恢复了自信，我的实力还在，我还是 630 分的水平。于是，在外界看来必定会打击我心态的低分反而还给了我自信，我并没有沉沦，而是恢复平稳、放松的心态，去迎接接下来的二模。

所以，在接下来的二模中我凭借着良好的心态重新找回做题的感觉，平和、沉稳、认真、仔细、果断、高效地做答，最终考出了 654 分，年级前 30 的好成绩，浴火重生！

总结：适合自己的学习方法是开启知识大门的钥匙，平和自信的心态是赢得考试的关键，慎重地选择、规划是日后成功的决定因素。

钢 琴 篇

我从 4 岁开始学习弹钢琴，13 岁通过中央音乐学院钢琴专业校外音乐 9 级考试，17 岁举办自己的钢琴独奏音乐会。10 多年来，我从未放弃过对钢琴的追求，我对钢琴的热情从未消减，即使是在高考前夕，我还是会在每周抽出时间来练习几首曲子，不仅是闲暇时的放松，更是由于那心中的爱从未消减，反而随着时间的脚步而与日俱增……

我的钢琴之路——从挣扎到深爱

我深深地记得在刚开始接触钢琴时我是多么的不乐意，但我这个人有一个缺点，就是不喜欢在外人面前流露自己的内心想法，尤其是那些消极的想法：我不会像其他的小孩子那样在老师面前大哭大叫；我也不会以不练琴的方式来拒绝老师授课，我只是默默地练习，默默地上课。所以在开始学琴时，老师就非常喜欢我：喜欢我的沉稳，喜欢我的认真，更喜欢我听话。然而他却不知道，我的心里是多么不乐意，我多么不想坐在钢琴凳上重复地练习同一个旋律，枯燥、乏味是我当时对于钢琴的唯一想法。我深深地记得我曾在把爸爸妈妈不在家的时候疯狂地在钢琴上瞎砸、乱按，发泄自己的不满与怨气。不过我从来不会说，因为我不想当一个懦夫，不想做一个半途而废的失败者，我要求做一件事就要做到完美，既然当初选择了弹琴，就不能放弃！所以每当妈妈问我是否想继续练下去的时候，我都会在心里痛苦地挣扎一番，然后充满不乐意地选择——继续走下去。

这种状态持续到了考 5 级的时候。那时年龄尚小，对于音乐的理解层次很低，因此不乐意练习是很常见的。然而这就相当于蝴蝶破茧之前的挣扎与痛苦，唯有挺过这一段艰难的时期，才可以迎来破茧成蝶的辉煌。我很喜欢士兵突击中许三多的那句"不抛弃，不放弃"，越是困难，越要坚持，相信自己，光明终将照亮黑暗，属于你的荣誉终将来临！不仅是弹钢琴，做任何事情都应如此，坚持是没有理由的，既然选择了，就要坚定地走下去。

音乐的魔力，让我对钢琴的爱一发不可收拾，我最爱做的事就是坐在琴凳上，闭上眼睛，任由指尖在琴键上飞舞，细细地聆听自己的作品。我在肖邦的《幻想即兴曲》中融入我对未来的憧憬；在贝多芬的《悲怆》中注入我的斗志与激情；在李斯特的《钟》中汇入我童年点点滴滴的快乐……

这是那些音乐爱好者永远无法体会到的幸福，他们只能聆听别人的作品，他们必须在众多的音乐作品中寻找那些能够引起他们共鸣的乐曲；并且，他们无法改变音乐，只能改变自己以适应音乐。演奏者则不然，他们演奏出来的绝对都是自己最喜爱的旋律，他们创造，改变音乐，使得弹奏出来的音乐适应他们自己。他们，是最自由的；他们，是最幸福的。

钢琴独奏会的坚持——为爱而继续

上了高中以后，我的钢琴老师建议我争取在高二下半学期开一个钢琴独奏会，也算是对我学琴生涯的一个阶段性总结，我欣然同意了。其实当时我并不知道为什么一定要开这个演奏会，只是看着老师的几位得意门生都已经相继举办了他们的独奏会，我也跃跃欲试，仅此而已。然而当时的我却不知道为了这个演奏会，我要付出的努力竟远远超过了我的想象。在此之前，我弹琴一直是为了自己，自己欣赏自己的作品，自得其乐；然而开钢琴独奏会则是给大众听的，它不允许演奏者有任何的失误，任何的瑕疵，同时由于我还是小孩，所以老师要求我不能太过于自我地演奏（但如郎朗一样的大师就可以了），必须要照顾听众，因此每一首曲子都要合理运用情感，精雕细琢。

在高一和高二上半学期时还好，因为那时还是在准备曲子，给每首曲子搭架子，所以压力不是很大。然而到了高二下半学期，由于演奏会逐渐临近（原定在高二下学期去日本之前举办独奏会），因此老师开始给我加课，由原先的两周一节课变为一周一节课，并且开始着重对于曲子细节的训练，有时往往一个小节就能上一节课。相应的，我的练习量也骤然上升，每天我不仅要过一遍演奏会的 15 首曲子以维持熟练度，还要着重练习其中的一首曲子，一段段地细抠，同时更需要对照大师的录音，一遍遍找乐曲的感觉。这样一来，每天我的练琴时间都要超过两个小时。上文我也提到了，高二下半学期正是我最为繁忙、混乱的一个学期，各种活动、压力充斥着我的生活，学习逐渐落入低谷。当期中考试结束后，由于又增添了学习英语的压力，导致我全面崩盘。钢琴练习的效率越来越差，每天两个小时的练习逐渐变成了应付，由于我一直没有达到举办演奏会的要求，因此演奏会的日程被一拖再拖，老师只能寄希望于暑假，本来那个暑假应该是为高三冲刺而准备的，这样一来，原先的计划又被打乱了……

我第一次开始怀疑弹钢琴，怀疑自己是否具备开独奏会的实力，怀疑自己能否承受开独奏会的压力，怀疑现在这样刻苦地练习到底为了什么……那是我第一次开始思考我开独奏会的意义，开独奏会，到底为了什么？

我认为我高二下半学期唯一做对的一件事就是坚定了继续苦练钢琴开独奏会的信念。我回想了自己从学琴开始的点点滴滴，从不乐意到为她而执着，从经常卡壳到流利地弹奏出一首曲子，从连 8 度都够不着到能够弹奏任何曲子……那是我人生的一部分，钢琴已经融入了我的血液，她在我失落的时候流淌出乐曲来安慰我，在我快乐的时候歌唱出旋律来祝贺我，她是我的爱，是我的信仰，我不能失去她！同时我也知道，开独奏会于任何一名钢琴学习者来说都是莫大的荣誉与挑战，那是钢琴所能带给一个人的最高荣誉，同时也是奖赏。你可以与其他人一起分享弹琴的快乐，可以用你的琴声感动在场的所有人，可以在几百人面前展示你的才华。这是对于演奏者的莫大的肯定，是其练习多年钢琴的回报。同时在台上独奏的经历更能磨练一个人的心志意志，使他能够在任何场面保持心态的稳定而不是惧怕，试想，一个人连这样一个不容许任何失误，不接受任何重来，只许成功不能失败的场面都经历过，那他还会怕什么！另外更为重要的是，钢琴独奏会可以大幅提高一个人的钢琴弹奏能力，因为你需要平常 3～4 倍的训练量；需要每一个技术要领的熟练掌握、自如运用、以及变通；更需要自己的钻研，找出适合自己的弹奏方法。你会更加的卖力，同时，弹奏技术也会更加娴熟，演奏技艺也会更加高深。

曾经有人问我，弹钢琴为什么要追求技艺的高深与曲子的复杂呢，只要弹自己喜欢的曲子，自己快乐不就可以了么。诚然，他说的非常对，我们业余钢琴爱好者弹钢琴就是为了让自己享受，但是他忽略了一点：越是弹奏高难度的曲子，越是掌握高深的技艺，就越能带给你享受感与满足感。那是钢琴给予你的一种肯定，你将获得一种由衷而生的自豪感，在弹奏的时候，你会投入更多的心血，从而获得更加完美的体验——快乐，以至幸福。

于是我选择了继续，为了爱而继续。

成功举办独奏会——感谢钢琴、感谢老师、感谢父母、感谢自己

我坚定了开演奏会的信念，高二期末考试结束后，我制定出了钢琴、学习两头兼顾的计划，把除了学习以外的时间全部留给钢琴。在暑假中，我坚持一天练习钢琴4个小时以上，每周上两节课。可以说，这是我的演奏水平飞速增长的一个暑假，每一天，都会有一首曲子出现明显的提升，无论是细节的处理、旋律的过渡还是情感的运用。同时，在遭受了高二下半学期的打击后，我急需良好的心态与自信心来推动学习。当时我分析出的学习下降的四大原因中有三个都很容易改正，比如调整学习方法与作息时间，规划时间等等，唯有自信心这一点很难短时间恢复。然而钢琴成功地扮演了恢复我自信的推手的角色，我在每天显著的提升中看到了自己的潜力，自己其实具有举办独奏会的实力，自己并没有高二下半学期表现出来的那么差，我，依旧像原来那样优秀！这种因弹钢琴而产生的自信心也渐渐影响着我的学习态度，它带动了我的学习，使我相信，我的成绩也必然会像原来那样突出！

经过一个暑假的奋斗，我的"以钢琴带动学习"的策略获得了空前的成功：我先是在开学考试中再次考入年级前50，接着又成功于9月11日举办了"青春的旋律——韩绍庭钢琴独奏音乐会"。高三生活拥有如此完美的开端，不禁令我喜出望外，这也为我整个高三阶段的良好心态打下了坚实的基础。

相信很多人都想听听我在开独奏会时的感觉，在此我摘抄下了我在开完独奏会第一时间写下的日记中的几段。

"早上10：30起床，12：00开始过手，还是给后面的曲子的练习时间不够，有时放松下看会电视，还是没有太紧张的，3：30出发。"注：演奏会晚上7：30开始。

"在后台听着大家的鼓励，我口上应和着：'没问题'，心里还真是没底，我能成功么？"

"剧场第一遍铃响过，播音员开始念注意事项，当时我的心情极其平静，手不凉，也不出汗，真是罕见（或者说在演奏前从未出现过）"

"报幕员报完幕，听到'下面掌声请出韩绍庭'，我便走了出去，说实话，第一感觉，场子不大，虽然坐了600多人。感觉熟人没有几个，或者说眼光根本就没有盯着谁看，只是面向观众，大步走到观众面前，这点勇气还是有的，毕竟主角是我，有些霸气是必须的。在台前立住不动了几秒钟，享受着场下雷鸣般的掌声，我想就这样一直站下去，这是现实么？"

"弹第一首曲子的时候真的什么都不想了，灯光一打，加上舞台那么大，四周空空如也，真有一种虚幻的感觉，不真实了。台上只有我一个人，是我在自己弹给自己听么？那我为什么会紧张呢？"

"演奏会上半场我可以确定，我紧张极了，只是这紧张来自内心深处，而不是手。原来考级的时候只是手凉，心里有时还想想其他的事，这回心中却什么都想不了了，我的大脑一片空白，紧张的空白，意识的空白。"

"中场休息时突然发现怎么都回忆不起来《钟》的一个地方的弹法，我瞬间有些慌乱，料想可能会有麻烦了，我真很害怕。"

"下半场的《梁祝》和《彩云追月》还不错，但只能脑子跟着手走，什么都想不起来，一片空白，仿佛这一刻，唯有我的手在运动，而其他的一切，都已经停止，包括时间。"

"终于到了最后一首曲子——《钟》了，由于我一直没回忆起那个地方的弹法，所以连放弃的心都有了，但最终还是硬着头皮弹了下去。那个地方居然顺利过去了！我的手习惯性的弹出了那一段，没有失误！瞬间，我轻松了很多，余下的部分，一气呵成！"

"结束了，鲜花，掌声，仿佛回到了开场的时候，真的，结束了吗？为什么我突然感到了一种被人抽去了灵魂的感觉，刚才的一切，都不会再回来了吗？"

在独奏会的过程中，我经历了由不紧张到很紧张再到不紧张的过程；经历了内心的极度恐惧，经历了那一段大脑"真空期"；当然同时也经历了战胜恐惧后的愉悦，经历了最终成功的自豪与不舍。这为我今后应对各种大场面都能够拥有平和的心态、充满自信打下了基础。正是独奏会的经历，帮助我在高考考场上始终保持自信，我是连独奏会都经历过的人，高考，又能算什么呢!

我感谢钢琴,感谢独奏会。是她带给我无尽的快乐,是她让我拥有了一技之长,是她使我重拾了自信。她是我生命中的第一个朋友,第一个真爱,第一个信仰。

我感谢张世忠老师,是他把我带入了钢琴的世界,是他让我领略了音乐的奇妙,是他陪我渡过学琴生涯的风风雨雨。

我感谢父母。是他们在背后默默支持着我,无论我是在巅峰,抑或是低谷,他们从未要求我放弃弹钢琴而一心一意只顾学习。他们知道弹钢琴不只是我的爱好,更是我内心的真爱,他们相信我能处理好弹钢琴与学习的关系。

我感谢我自己。我感谢我没有选择在最危难也是最关键的时候放弃钢琴,放弃独奏会。是我的坚持,最终使我走出了黑暗,迎来了曙光。

总结:钢琴陪伴了我14年,她见证了我的成长,我的快乐,我的痛苦;她帮助我渡过了高中最为黑暗的时候,她让我拥有了人生迄今为止最为辉煌的经历——独奏会。今生今世,我们都会不离不弃!

心之语,爱之路

韩卫东　王红

史家小学6年,五中分校3年,北京四中3年——回首孩子的过去12年经历,不禁感慨万千,其中最难忘、收获最大的就是在北京四中的3年时光。北京四中,百年名校,她在北京甚至全国的名气之大使我们在孩子小学和初中前半阶段从未产生过能够进入北京四中高中的想法。随着孩子在初中后半段学习成绩的稳步提高,对北京四中的憧憬逐渐由梦想变成了现实。2008年7月,韩绍庭终于以优异成绩考入北京四中,从此,对孩子一生有着重大影响的高中阶段开始了……

在四中的高一时期,他注重德智体全面发展,广泛选择和发展自己的兴趣爱好,积极参加四中的社团活动,与此同时,学习成绩稳中有升。从小学到高中，我们感到最欣慰的是他对学习成绩的态度很淡定，并不看重一时成绩的好坏，无论考好考差，他基本上都能保持良好的心态，每次考试如果考得好，他不会沾沾自喜；考得差，也不会悲观气馁，当然也有例外，但时间都会很短。也正是因为这个原因，孩子对学习的感觉始终认为很在状态，不在意一时的得失，放松并快乐的学习，反而使他的学习成绩始终名列前茅，并稳中有升。

在四中的高二时期，重心逐渐向备战高考转移，收缩各项兴趣爱好和社团活动，对重大选择开始以孩子的自主决策为主，家长的意见转为提供参考，但令人意想不到的是，孩子的学习成绩却开始处于不稳定之中……在这个时期，首先面临抉择的就是如何对待钢琴、物理竞赛以及出国的问题。

孩子从 5 岁就开始学习钢琴，升入四中高中后也未放弃对钢琴的继续学习，仍然坚持每周上一次课，平均每天坚持练琴一小时左右。张老师对孩子给予了很高的评价，认为孩子是一个品格优秀、勤奋好学、踏实努力、琴艺较高的好学生，期望他能够在高二阶段举办个人钢琴独奏音乐会。作为家长，我们始终认为只要处理得当、把握好度，练琴不仅不会耽误学习，反而会对学习产生良好的促进作用。孩子也觉得从张老师身上不仅学习了钢琴，而且也学到了严谨治学、严以律己的优秀品质。鉴于此，在我们的支持鼓励下，孩子在高二时决定继续坚持钢琴学习，并初步决定在高二结束时举办钢琴独奏音乐会。

参加物理竞赛培训班是孩子进入四中后的一个重要选择，也是孩子总结三年四中生活的主要收获之一，通过参加物理竞赛学习，深化了学科知识学习，锻炼了自身的意志和品质，结识了一批品学兼优的同学，使孩子对物理学科有了较深的认识。

基于上述认识，在高一高二阶段，在紧张的学习之余，孩子不仅每天坚持练琴，同时还要坚持物理竞赛的学习，做到了互不耽误，同步提高。实际上，从高一开始，在张老师的精心安排下，孩子就已经着手个人钢琴独奏音乐会的准备工作了。面对难度高、场面大的考验，孩子既非常兴奋，又感觉有较大的压力，对此我们始终鼓励他这既是压力也是挑战，孩子喜欢展现自我、实现自我，也不怕挑战，那就要在挑战中展现自我、实现自我，而展现自我、实现自我也只有在挑战中才能得到真正的反映，才能真正体会到个人的价值和升华，才能现实的体验到光荣和荣誉，为了实现这些目标，你就必须有超众的水平，而为了有超众而稳定的水平，你就只有刻苦、刻苦、再刻苦，练习、练习、再练习。得到了我们的支持和鼓励，孩子对自己更有信心了，每天回家后先抓紧时间写完当天老师布置的作业，然后就开始练琴，练琴时间也由每天半小时逐渐增加到约两个小时。

然而，随着学习内容不断增多、要求的不断提高、难度逐步加大，学习时间不够了、学习压力增大了，在高二下学期，孩子的学习成绩出现了空前的危机，面对这样的情况，平时孩子能够保持的良好心态也出现了不稳定，在落实具体安排时有点不知所措。怎么办？对于备战高考之外的钢琴、物理竞赛以及新东方英语等课余活动是全面收缩、放弃？还是有选择的放弃？抑或继续坚持呢？期中考试后，我们首先和孩子一起对各科考试题、考试结果和失误原因进行了认真的分析，最后得出的结论是练琴对学习的影响总体看是利大于弊，虽然牺牲了时间，但得到的却更多。但孩子一天的时间和精力毕竟是有限的，既要保证高考学习，积极备战高考，又要拿出充分时间练琴，还要认真准备物理竞赛或学习英语，这几方面同时开展将难以全保。面对这种情况，我们把决定权交给了孩子，最终在高二期中考试后，孩子被迫放弃了物理竞赛。

然而期末考试成绩却进一步下降，已经跌至190多名，我们知道孩子目前正处于低谷之中，虽然心里非常焦急，但我们很清楚孩子现在最需要的是安慰、鼓励，我们需要的是冷静、从容，唯有如此，孩子才能重新找回自信，恢复正常的状态。因此我们最终建议他放弃为适应出国需要而开展的英语学习，同时保持学习与钢琴双管齐下，我们相信孩子不仅一定能做到，而且一定能做好。

孩子个人钢琴音乐会的具体时间和安排，经过我们认真准备，终于也定下来了。大方向确定后，目标明确了，孩子开始全身心的投入到紧张的学习和钢琴练习中，在高二结束后的暑假时每天的练琴时间已达到4到6个小时。每天的坚持、刻苦的练习终于迎来了丰厚的回报，2010年9月上旬，高三上学期一开学，《青春的旋律——韩绍庭钢琴独奏音乐会》终于在中央民族乐团音乐厅举办了，全场楼上楼下近600个座位座无虚席，连楼道都站满了观众，孩子弹奏了包括《悲怆》三个乐章、《钟》、《黄河》三个协奏曲等在内的共15首中外著名钢琴曲，迎得了在场观众热烈、持久的掌声，孩子的个人钢琴独奏音乐会取得了圆满的成功。孩子现场的表现不仅令全场观众赞叹，连他自己也都表示满意，经历了这样的考验，对于孩子今后的人生发展，我们都认为有着与其他选择无法相比的、积极而深远的影响。与此同时，孩子也并未放松各科学习，做到了学习、练琴两不误，在高三上学期开学的摸底考试中排名全校第 47 名，学习成绩不但没有下降，反而大幅提升到了平时水平之上，事实证明我们的分析、判断是准确的，孩子的决定是正确的。

凭借家长对孩子情况的准确了解，我们向孩子提出了高考志愿的建议供孩子参考。在我们的支持和鼓励下，孩子对自身实力、水平和志愿选择进行了准确的分析和评估，首先确定了"力争港校、确保重点；一志愿保底、二志愿兜住"的志愿填报原则，之后初步确定了一批一志愿和二志愿的目标高校和专业，以及提前招生和提前批的目标港校和专业。在原则和目标确定的前提下，孩子进一步确定了高考前的学习方法和时间安排，即在坚持原有学习安排的情况下，对部分学科的学习方法和学习时间进行了适当调整。最终韩绍庭在西城二模考试中迅速扭转局面，各科发挥正常，考出了 654 分的成绩，在全校排名前 30，西城排名前 80 名。二模的成绩准确验证了孩子和我们的分析和判断，使孩子和我们确定了最终的高考志愿目标方案。带着这样的目标和自信，在完成高考志愿填报到高考开始的不到一个月时间里，孩子自主安排学习和生活（实际上，对于孩子的学习管理，我们作为家长从小学开始就有意识的从家长全面安排、辅导逐步过度到参与安排、个别辅导，最后在初中时就由孩子自主全面安排自己的学习管理，家长不再参与，我们只提一些要求和原则），每天的学习和生活紧张而充实，终于在 2011 年高考中取得了 645 分的成绩，如愿以偿实现了自己的志愿目标。

回顾孩子三年四中的生活和学习，以一首小诗作为总结：

满载归全面发展，

意气发破茧成蝶。

四季歌桃李天下，

中流柱杰出四中！

黄 增 好

Huang zeng hao

2011届高三（12）班毕业生，高一、高二任团支书，高三任班长。曾在校刊《流石》做编辑工作。

高中期间，获区优秀团员、校十佳团员、校优秀学生干部、校三好生等荣誉。

高考中，以648分（文科）的成绩考入香港科技大学商学院。

明天的记忆

我与四中的相遇，是个意外。

2008年盛夏，凭借着中考的超常发挥，我进入这所沉淀了百年历史的校园。

初到四中的那天，我惊诧于满眼葱茏的绿。而转眼，我在这片葱茏的绿中离开。高中三年，也终成为记忆的一部分。

【在我最深处，有过你祝福，有花瓣的飞舞，泪水的凝固。

轻抚，一路上成长的纹路，再默读，那些爱的仓促。】

在四中停留的时间越长，我就愈发感到自己的幸运，因为四中有这样可爱的老师与同学，有他们陪伴的日子永远都充满着明媚的阳光。我一直觉得，在四中的每一天我都拥有着简单的快乐，因为身边的每个人都纯净如水。

先与 10 班相遇，再因为选择文科遇见 12 班，我经常会感谢生活让我有机会出现在两个班级的合影里。我们曾一起在烈日和暴雨中军训，围坐在一起不顾形象地吃着香甜的西瓜；我们曾一起拉着五颜六色的箱子步行到天安门广场，在深夜的天安门广场上为国家 60 岁的生日彩排；我们曾一起在日本的海面上等待太阳的升起，一起走过福冈、京都、大阪的街道，感受大洋彼岸的文化气息；我们曾在春日的校园里拍一部 DV，在夏夜的灯火晚会里狂欢，在秋天的慕田峪长城和蟒山上欢歌笑语，在冬季的新年夜里翩跹起舞；我们也曾一同在运动会上奔跑与喝彩，一同为英语课上的 Drama 而忙得不亦乐乎，一同经历卡拉 OK 大赛、朗诵比赛、话剧节、冬锻、成人仪式、毕业典礼……我记得，在我们一起过的最后一个新年联欢会上，黑板上写着，我们要比永远更远的在一起。这样的爱与友谊铺满了高中三年的道路。一路走来，因为陪伴，所以不孤单。

陪伴我走过三年的，不仅是同学，还有老师们。

我想，很多年后，我依然会记得高耀敏老师每周在我的随笔后写下的评语、新年送给我的书签、文理分科时给犹豫不决的我提供帮助，我依然会记得冀通宇老师愿意让我们叫他老冀、像父亲一样带着 12 班这个大家庭、在我难过的时候给我的鼓舞，我依然会记得叶长军老师在年级会上严肃地问我们将来何去何从、在班长会上可亲地让我们指出班里的问题、在我考试失利后告诉我要对自己有信心，我依然会记得武红梅老师在我数学一次次失常发挥后耐心地帮我分析原因，记得肖勇老师利用晚自习的时间帮我审校刊的稿件，记得谢超老师每次帮我分析完试卷后总会笑着对我说你能上一百三的，记得贾凤羽老师面对着一次次不理想的模拟考试成绩依然乐观地告诉我们高考时很多人都能上一百四的，记得霍莹老师只为了帮我们当面批改作文总是英语办公室最后一个离开的人，记得徐雁老师因为我怎么也不开窍的历史选择而费心，记得曹彤老师不厌其烦地给我讲地理卷子，记得王宏博老师对我的物理充满信心，记得陈小容老师每节体育课上严厉的要求……在这三年中，还有很多老师给予我莫大的帮助与鼓舞，就像海中的波浪，推着我成长。这三年中，老师们的爱与关怀融入在一点一滴的学习与生活里，温暖了我的高中生活。还记得高二那年的一场大雪后，体育组的老师在操场的雪地上用铁锹铲出一个大大的"爱"字，像是要把这春风化雨的爱形象地表达出来，让冬日渐暖。

【犹疑的脚步，坚持的酸楚，可是我很清楚，别在乎付出。

潜伏，内心最柔软的感触，回忆的泥土，让生命有厚度。】

作为学生，学习是最重要的。我深刻体会到这一点的时候是高三。

如果说高一高二这一路走来都非常顺利，那高三对我来说就是一场考验。

高三的开学考试，我是文科年级第四，应该说这是个不错的开头。可是在不错的开头后，除了第一学期的期末考试我依旧排名第四，其余的考试排名几乎都在十五名以后。没有人愿意一次又一次地承受打击，可到了高三那年，我受到的打击却是连续的。先是原先成绩不错的数学变的极其不稳定，在几次大考中的分数甚至达不到班里的平均分，再是文综选择题方面总是死伤惨重，接着做英语完型和七选五阅读总也参不透答题的技巧，学习状况一下子变得很糟。与此同时，自主招生没有通过以及市优干评选中因为体重过轻而落选无疑不是雪上加霜。现在想想，这样"丰富"的高三又有多少人能经历过呢。

对于高三这一年，我的优点和缺点都过于明显。优点在于我拥有平和的心态，我一直都在踏踏实实地认认真真地学习，有着不错的基础，而且我会把外界的影响看的更淡一些，我并不认为自主招生的失败或是市优干的落选真的会对我产生什么过于重要的影响。而缺点则在于我缺少一个坚定的目标，当别人都在冲着北大人大这些梦想的学校努力时，我依然不急不忙地前进着，可在这加速队伍中，即使前进也变成了退步。

有人对我说，你是个认真的孩子，但是不刻苦。在高一高二我可以凭自己认真的态度取得不错的成绩，而进入高三后，当其他同学都在为自己梦想的学校刻苦学习的时候，我所拥有的仍然只是认真，缺少斗志与野心，让我在几次考试中输的很惨。当一模后，我的成绩仍然是历史记录最差的年级十九，我才告诉自己该努力一次了。

我是不幸的，却也是幸运的。不幸是因为这样糟糕的学习状态出现在高三，而幸运是因为在这样一场需要耐力的比赛中，高一高二打下的良好的基础在最后的冲刺阶段成为我在高考中取得成功的重要因素。更幸运的是，我的老师与父母在我最难过的时候给了我极大的鼓舞，像是在黑暗中点亮了一盏灯，让我相信，一切都会变好的。班主任冀老师一次又一次地对我说，你要相信自己是长跑型的选手，或许你现在慢了点，但并不代表你会比他们晚到达终点。年级组长叶老师在一模考试后特意找到我，告诉我一定要相信自己的实力。正是这些简单的话语让我找回自信，继续乐观地走下去。在老师和父母的帮助下，失败后的我及时找到了进步的方向。由于我做文综选择题的正确率较低，从一模到高考的一个多月中，我做了七本文综练习册的选择题，这期间，老师父母一起帮助我分析错题，寻找答题技巧，这样的训练终于让我从每次做错七八道选择变为只错两三道选择，这意味着高考能少丢二十分。在付出努力的一个多月后，高考时，我终于返回到年级前十的行列中。

除了付出的努力，还有一点于我的学习也非常重要，那就是自信。曾看过这样一句话，自信不是赢了别人，而是赢了昨天的自己。面对不理想的分数，我哭过。但我不会因为这样一次的失败甚至是连续的打击而就此放弃，我一直坚信，只有赢了曾经的自己，只有坚持到最后一刻的人，才是真正的赢家。这样的信念，帮助我走过充满挑战与困难的高三。

也许，对很多人来说，高三是个不断向上的过程。但对我而言，高三却是跌倒在谷底后再站起来，然后往前走的过程。这一路的磕磕绊绊，看似辛苦，却成为成长路上一笔宝贵的财富，让生命更有厚度。

【回头不可数，被误解的路，现在我弄清楚，那让我成熟。
潜伏，内心最柔软的感触，长成了大树，让生命有高度。】

高一上学期期中的班委竞选，是我高中生活的转折。

在期中考试前，我是不自信的，我曾认为在这样高手如林的地方我这样误打误撞进来的人只能一直默默无闻下去。直至班委改选的时候，班主任高老师主动找到我鼓励我竞选班里的团支书，我这才鼓起勇气站到讲台上参与竞选。结果出乎我的意料，我以前几名的票数当选了团支书。当选对我来说，意味着更大的挑战。对于一个从未接触过团工作的人来说，究竟应该如何做才能不辜负这份信任成了我面对的又一大难题，有大半年的时间我都在不断摸索这份工作究竟应该怎样做。在这里，也不得不提到我的好朋友，她用自己初中当团支书的经验无私地教了我很多事情，这让我少走了不少弯路。从发展新团员到组织志愿者活动，从策划生日栏到参与优秀团支部的竞选，对于还是个新手的我，这一切都在尝试中走过。

这其中，最苦最累但是最难忘的，恐怕就是组织志愿者活动了。其实，我并不是一个性格很外向的人，有时候我甚至不愿意主动去和陌生人打交道，所以联系志愿者活动地点成为摆在我面前的第一个难题。我鼓起勇气打电话给很多博物馆、公园，得到的往往都是委婉的拒绝（很多地方都不要18岁以下的志愿者），但想到班里十几个同学的志愿者活动都要由自己来组织的时候，我又接着开始拨打下一个地点的电话。而当志愿者的服务地点落实之后，下一项任务又接踵而至，那就是排名单。我曾用整个晚自习的时间排出一份全班参与的在自然博物馆做志愿者的名单（因为大家空闲时间不同，同时要配合自然博物馆的时间，现在想来，排出五个周末的几百人次的名单真是对我的规划能力的极大挑战）。比起前两个步骤，活动现场的组织以及亲身参与志愿者活动便容易许多。虽然参加志愿者活动的多数时候都是在寒冷的冬天甚至是在春节期间，一些室外的活动只要参加一会儿就会把双手冻僵、耳朵冻红，但看到同学们的努力和合作以及游人对我们工作的配合和肯定，这些寒冷反而更让我感受到为他人服务的意义。经过多次组织志愿者活动的考验，我的社会交往能力以及统筹规划能力得到了很大的提高。

如果说高一的团支书工作都是一边尝试一边完成，那么高二一整年的团支书工作则轻松许多，甚至可以说是极其享受的。因为国庆训练计入志愿者服务时数的缘故，工作的重点从志愿者活动变成了发展新团员。由于是新组成的班级，想入团的同学多达七个，但有了之前的经验，虽然入团的人数比较多、入团程序很复杂（要经历收入团申请书、思想汇报、组织谈话，老师审核，下发正式的入团申请书，开团员发展会等多个步骤）且花费的时间很长（大概有七个月），但工作做起来却非常顺畅。

现在回想，高二发生的很多事情都非常称心。之后的优秀团支部竞选也成功了，当我看到优秀团支部的冒号后我们班的名字和其他三个实验班写在一起的时候，真的是大大的 surprise，但事后细想，我们班开展的活动非常多，而且我花了四个周末的时间准备竞选的幻灯片和演讲稿，努力总会有回报。高三的时候，我们班继续当选了优秀团支部，能连续当选的班级真的很少，我还记得当看着橱窗里合影中大家的笑脸时，真心爱这个给我温暖的12班，一个集体的团结与优秀不过如此。

但12班的温暖却又不仅仅是这些荣耀就能概括，我想起了一张张生日纸。初到12班的时候，我在高一策划的生日栏的经验上策划了生日祝福纸，同学可以把给过生日同学的祝福写在彩纸上，作为全班送给过生日同学的礼物。一开始，这张纸上的祝福不过是一面，到高三毕业前，两张纸正反两面都已经无法承载下同学们的祝福。曾有同学对我说："这张生日纸太好了，每当我拿出来看是我总能想起十二班的温暖。"我也曾看到，很多人把自己的生日纸夹在经常用的文件夹里。我觉得，当很多细碎的祝福聚集在一起就变成了巨大的幸福，而我是那个最初让这些祝福聚在一起的人，并在两年中，从未让些祝福迟到，我感到满足。

我原以为，我会一直当团支书，直至毕业。可是，因为原来的班长去了13班，高三开学前，班主任冀老师打电话说："你做班长吧，我觉得你挺适合的。"我先是一惊，然后又怕自己承不住这份重重的担子，但又想到班长能为这个集体做更多的事情，在矛盾与纠结后，我还是接下了这份信任。但真正成为班长的那一天起，我才发现，班长和团支书是多么的不一样，当团支书需要你自己操作很多事情的时候，班长需要的却是魄力。从高三开学考试的课间自习时，我说"大家安静，上自习了"后只能维持一分钟的安静，到后来一句安静就足以让同学们都不出声地上自习，我意识到，当班长也需要过程，你需要时间得到大家的认可，但时间的长短需要取决于你自己的能力。班长需要做的工作多是细碎的：上课前喊起立、每周必须交一次考勤表、早自习午自习要负责班里的纪律、经常要开各种大大小小的会、再传达大大小小的通知……有时候忙起来就没有时间吃午饭，别人在学习的时候自己却要去统计资料。也许在做班长的时候，我并没能像做团支书的时候一样做一件轰轰烈烈的大事，但这份工作对我来说却十分宝贵，因为，任何事情都贵在坚持，更何况，你所做的，是为了这个集体。

直到高中，我才知道班干部究竟是什么。因为这个时候，在很多事面前，老师会放手让你自己去做。

在班级工作面前，我选择坚持、信任、合作、付出……去凝聚我的班级、去温暖身边的人，让生命更有高度。

【让明天把今天给记住，不是因为孤独，
因为我们追求的专注，不管它起起伏伏。
让今天把明天变特殊，未必因为幸福，
因为我们努力不服输，从来不曾退出。】

不悔梦归处，只恨太匆匆。
教学楼前的玉兰开了三个春天，我看了一季，忘了一季，赏了一季。到第四个春天，玉兰树下的身影终究不再是我们。

三年，长到足以让人去实现一个梦想，短到让人感慨岁月匆匆。

三年，聚集着爱意、温暖、笑声、泪水、失望、迷茫、拼搏、梦想……再多的不舍与留恋终在这个夏日散场。

但许多年后，我们依然会告诉别人我们是"BHSFer"，带着自豪与骄傲。

注：【 】中内容选孙燕姿的《明天的记忆》。

积微言细　自就鸿文

黄明　曾梅梅

时光如梭，岁月如流，孩子在四中的三年就这样匆匆过去了。进入四中仿佛就是昨天的事情。三年前，我们仰慕四中的名气，倾心学校优美的环境和带着一些对四中不很全面的了解，报考了四中，并如愿以偿地步入了这所百年名校。为了培养孩子的独立生活能力，我们选择了四中的住读。一路走过，几度艰辛，几度欢笑，收获颇丰。孩子的成长有学校老师的尊尊教诲，有同学之间的互相帮助，同时也离不开家长细致的关注，在三年中我们与孩子共同学习，共同成长。按下记忆的 replay 键，一幕幕难以忘怀的画面缓缓展现……

一

做一个自信的"四中人"

考上四中是我们的骄傲，也给了我们压力，进入四中不容易，很多的孩子都是重点学校考进来的，然而我们的孩子却是从一个非重点学校且完全是一个全面素质教育的学校走出来的孩子。进入四中，孩子在心理上自然而然地认为自己不如别的同学，再加上孩子性格本身有些偏内向，如何尽快树立孩子的自信心成为了我们教育培养孩子的重中之重，因为作为家长我们深深知道自信心对孩子的健康成长和各种能力的发展是多么重要。因此从在四中的第一学年起，我们和孩子谈得最多的就是认识到自己的弱点和不足，但也要清楚我们的潜力更大，发展空间更广阔。高中三年我们制定的目标就是第一年我们努力往前追，第二年是稳步向前走，第三年就是保持稳定态势。

记得还未正式报到，我们就收到了班主任高老师诚恳真挚、热情洋溢的一封信，分别让孩子从各方面介绍下自己，和家长眼中自己的孩子。这种人为谋面交流先至的做法，一下拉近了学校和家庭的距离，拉近了老师和同学的距离，使我们彼此在坦诚交流沟通中感受到四中的人格魅力所在。在信中我们说到了孩子的不自信问题，希望老师能够多加引导，更希望在四中这个文化底蕴深厚，这个可以创造奇迹的地方，给予孩子良好的熏陶，树立信心，扬帆远航。半学期后，在班主任高老师的鼓励下，孩子勇敢地走上讲台参与班委竞选，并顺利当选了团支书一职，这在人才济济的四中并不容易，我们告诉她"是金子总会发光的"，自信的微笑开始洋溢在孩子的脸上。孩子不仅接受了挑战，而且把工作干得有声有色，当有一天孩子告诉我们"我们班又被评为优秀团支部了"，我们听出了她的自信与骄傲。高三她又担任了班长一职，同样做得风生水起，赢得了老师和同学们的肯定和赞许。感谢四中，为孩子们营造了一个适合个性发展的良好环境，同时也提供给他们宝贵的锤炼机会，让我们的孩子的成为了一个自信的"四中人"。

进入高三第二学期是孩子三年中出现问题最多，最困难的一学期，孩子在评优干、评三好两次评选中均因为体重差了 0.2kg，先后失去了评选资格，表面上她并不在乎，但我们可以感受到她内心的失望和沮丧。毋庸置疑，孩子在这三年付出了很多，无论是在学习还是在工作中都非常努力，非常投入。平时我们多是鼓励孩子不但要把学习搞好，也应该多参加班集体的工作，在工作中多锻炼自己，对待荣誉我们平时也不太关注，对于评选的标准我们也不清晰，在这时我们也感到非常遗憾，但我们做得最多的事就是仔细倾听孩子的倾诉，多多地宽慰她，不以一时成败论英雄，笑到最后才最美，她终于平稳地度过了这两次评选。孩子不但在这方面出现问题，学习上也遇到了挫折，从开学考试、一模考试、北大自主招生考试相继出现不理想成绩，她表现出迷惘、彷徨，对自己开始否定，自信心也开始出现了细微的变化，从理想中的北清，到开始关注复旦招生情况。这时候我们一起坐下来从各方面分析问题发生的可能原因，并从学校老师那里获取孩子的第一手信息，我们从年级组长叶老师那里得到了"黄增好没问题的！"的坚定回答，同时与冀老师等各科老师进行了细致地沟通，把与老师沟通的信息和她一起分析，找到了问题的根源，找到了解决问题的方法，充分认识到了自己的不足和应有的实力，恢复和坚定了信心。所以在前面考试都不理想的情况下，我们每一次志愿填报时第一志愿还都坚持选择了北大或清华，同时为了解除孩子的后顾之忧，我们也根据港校在内地自主招生的政策，填报了部分港校，让孩子放下包袱，轻装上阵，尽情发挥自己的水平。

二

笑傲高考

高考是一个人人生中最重要的部分，作为家长我们不可能去替孩子考试，但我们可以从生活、环境上为孩子提供一个最好的高考保障，让孩子始终保持一个最好的状态参加高考。得益于精心的准备，我们的孩子在走出考场后，我们面对亲人朋友的问询是这样回答的：我们现在不知道她考的怎么样，但我们看出她的考试状态是最佳的。我们愿把一些小小的经验与大家分享，因为细节往往决定成败。

（一）高考前的准备阶段：

1. 学习时间上的安排：从考前一个月就要逐渐调整学习时间，逐渐向高考时间过度，包括了周末时间的安排，逐渐减少晚上 11:00 点以后的学习时间，周末在家也不要起床太晚。特别是在临近考前的一周，应该完全按照高考时间作息，考试时间一定是学习的时间，但学习的内容不要太难，学习时间内不要处于过于紧张状态。

2. 安排 1～2 次，每次 1～2 小时到环境优美的地方去放松，跟孩子聊天，呼吸大自然的新鲜空气，在负氧离子多的环境中做深呼吸，做孩子喜欢的运动，比如我们会在傍晚时分带孩子去颐和园转一转。

3. 任何时间要提醒孩子注意安全。

（二）冲刺高考（住、吃、作息时间必须安排得非常详细）

1. 住宿的安排：尽量安排在家居住。居住上的安排，我们在孩子参加自主招生考试时候就出现过失误，当时安排了就近的宾馆，但突然换了环境孩子一下适应不了，晚上睡不好，直接影响到第二天的强负荷考试，高考我们从中吸取了教训。在自己熟悉的环境中休息比较放松，有利于睡眠。

2. 吃饭的安排：这是最重要的环节，合理的安排主要是为了让血糖在考试中保持合理水平，不要出现过高或过低情况。应根据孩子平时的饮食习惯提供孩子比较喜欢吃的食物，不要过于油腻，尽量不吃凉菜，特别是外面购买的食品，保证食品的安全性。淀粉、蛋白、脂肪及蔬菜在每一餐均应吃到，合理搭配。临近考前 1 小时内最好不要再就餐，让你的胃在考试时不要处于饱胀状态，让胃的血液供应减少，而集中供应大脑。但进考场前可以吃一点点甜食，比如巧克力等，通过味觉的刺激快速提高兴奋性，一块就行，不能太多。

3. 作息时间安排（根据高考考点的距离来具体制定）：在考前 2 小时必须起床（大约在 6:30～7:00 之间）。7:30～8:00 为早餐时间，中餐安排在 12:00～12:30，中午一定要休息 1 小时，1:30 必须起床，然后适当再吃点水果和点心类食品，2 点以后不要进餐。我们中午的安排是根据孩子在以往考试中每到下午就出现困乏的状态安排的。晚上 22:30 必须上床睡觉。

4. 富余的时间孩子可以随意翻翻课本，不要引起过于兴奋或紧张。

5. 前往考场最好有 10 分钟左右的路程是缓步步行，交通工具的方式选择一定要按照作息时间为指导合理安排。

记得孩子在初入四中的自我介绍中曾写下这样的文字："巴金在《家》中写过：'青春是美丽的东西。'我希望我三年的青春岁月在四中能拥有属于她的美丽！"我们想，她这三年做到了，也正如班主任冀老师在获知她高考成绩时所说的："黄增好真不容易，但她终于走过来了！她终于成功了！"。

大气、沉稳、阳光、谦逊、睿智、好学，这是四中人的气质。我们欣慰和骄傲地看到孩子在"四中"的熏陶下，带着四中人的气质昂首迈入香港科技大学的校门，我们期待并相信，她会时刻铭记自己是一名"四中人"，继续努力拼搏，成为一名"杰出的中国人"！

张 优

Zhang you

　　2011届高三（13）班班长、支书、生活委员、体育委员。曾获优秀学生、三好学生、优秀干部、优秀团员等，现就读于纽约大学 Gallatin 学院。

　　曾作为中国青少年气候特使赴丹麦参加联合国气候大会，并进行中美青年合作全球新闻发布；赴日本、美国的友好校交流；任中国青少年发展基金会小天使行动基金学生主席，赴青海、贵州进行音乐教育考察，参与组织募捐、义演等公益推广活动；跟随北师大化学实验中心主任、博士生导师欧阳津教授进行分析化学课题研究等。曾参加新加坡国际高中生科技挑战赛获未来项目第二名，北京市数理化学科竞赛化学一等奖，春雷杯作文二等奖，北京市西洋乐器（长笛）一等奖，北京市朗诵二等奖，中国少年作协优秀成员等。

回念·六年的梦
——记那些与四中有关的岁月

　　转眼间，离下一年的高考还有150余天，一切进入了新一轮的倒计时。还记得去年此时，刚刚结束大学申请正准备好好庆祝一下，而数不清的大学面试又接踵而至让我没有一点喘息的时间；一回首便是一年韶光，此刻，我坐在曼哈顿的宿舍中，刚刚告别了两周的冬季学期，应接不暇的项目申请又让人没有片刻的安歇。农历的大年初一，新的学期又要开始了，6年的四中生涯恍如梦一般。她开始于六年前第一次穿上胸前带有四个大字的校服，那时还带着红领巾，走在路上有大妈看着我诧异地问："四中现在还有小学了？"转眼，这场有关青葱岁月的梦就醒了，梦里有过精彩，有过失意，有过欢笑，有过泪水……可梦毕竟是梦，醒来后就要继续前行，只不过那熟悉的老校门和四个楷书方块字变成了纽约大学标志性的紫色火炬和三个字母。

记得在办"十四岁生日会"时曾有一个老师的寄语开头是"走过青春再回首青春",如今的我依旧还享受着青春岁月,却同样想说"走过中学再回首中学"那段时光让我百般留恋。很庆幸,"十四岁生日会",从幼稚到懵懂,"十八岁成人礼",从懵懂到成熟,我两次在四中完成蜕变。"杰出的中国人"一直是最高的追求,而"勤奋、严谨、民主、开拓"的校训更是日常行为的准则。这八个字既是追求,也是线索,串起和老师、同学一起努力过的流年。

勤奋

作为学生,无论是面对课内的知识还是各种信息渠道得到的消息,学习都是生活中最重要的部分,而"书山有路勤为径,学海无涯苦作舟"更是颠扑不破的真理。生活在信息爆炸的 21 世纪,个人的学习能力显得愈发重要。相比于 30 年前高考的父母,今天的我们面临着无数的选择,留学欧美、港台都从梦变成了现实。初二时学校曾安排高三的学长来进行生涯规划的讲座,请来的是当时已经拿到哈佛大学录取通知的贺一鸣学姐和通过科技竞赛提前保送清华的田昊枢学长,没想到,两年后真的进入高中的我,竟分别在他们走过的路上留下了足迹。

听完讲座后,我对贺一鸣学姐所选择的美国高考产生了浓厚的兴趣,在网上搜索了一系列相关信息后,我也决定尝试去走这条在当时看来还很新鲜的路。初二暑假,我第一次走进了课堂,尽管那时还没有那么坚决,但是经过短短两周完成了所有的学习内容后我便确定了要一路走下去,至少是给自己一个挑战。就这样,初三寒假的第一次托福强化班,再到初三暑假的SAT 强化、托福强化,上高中前,我已经对自己未来的三年生活有了初步的简单规划。按照考试的时间安排和难易程度,我的计划是先备考 SAT,在此过程中完成单词量的扩充和语法的夯实工作,之后再在这一基础上练习口语和听力,参加新托福考试,如果条件允许,争取在高二选择一到两门AP 课程,为申请加分。然而事实上,计划永远赶不上变化,可能是幼稚的我总以为人生是可以完全由自己掌舵,把一切想得太过简单,这个计划终因为种种原因作古了,甚至本科出国的步骤也险些被我完全放弃。

高一上学期,了解到香港考位一直紧张,我抓紧时间报名了第二年 5 月份的 SAT 考试,并打算利用寒假的时间完成备考,给自己所有的备考打下一个良好的基础。高中入学不久，我获悉了寒假有去美国加州索罗马高中访问的机会，对于准备去美国读大学的我，这是一个千载难逢的机会，但寒假安排好的的课程便要全部放弃。两周的行程后，能否保质保量的完成学校的寒假作业甚至都要打上一个问号，更不要说考 SAT 所必须的大量习题练习了。为了不放弃这次的考试机会，我把考试类型从 SAT 调整为 SAT subject 数学 II、物理和化学。SAT subject 是针对美国高中毕业生的学科考试，在高一选择三门理科，即使是对于美国学生也是有不小的难度的，之所以敢于这样做，就不得不提到我从初三开始的学科竞赛准备经历。

中考，是学生生涯中面对的第一次统考，从某种程度上，它可以决定未来的高中、大学，甚至一生。面对中考的初三一年从来都是结果指向的，所有人都会笔直地向着中考奔跑，不容许一点懈怠。为了能够在最后的考试中发挥出最佳水平，学有余力的学生往往会选择利用学科竞赛的试题来充实自己。初三时，我在自己比较擅长的化学和物理学科融入了竞赛试题，在解题过程中提前掌握了一部分高中的知识。初三暑假，我根据自己的兴趣方向决定在高中继续化学竞赛并尝试生物竞赛的学习，之后便马上购买并阅读了高中必修阶段的化学课本，又额外选择了几本基础的大学无机化学、有机化学、普通化学原理进行知识扩容。高一入学不久，高中生数理化学科能力竞赛展开，在这第一次的化学竞赛中取得的北京赛区一等奖的成绩也让我更加坚定了继续下去的决心。

不难看出，其实，这时的我已经选择了竞赛和出国两条路同时走。年级组从入学开始就不断强调，最好能够尽快明确高中的方向以便最终不会因相互影响顾此失彼而落得几败俱伤。无论是当时还是今天的我，都很清楚沿着一条路走更容易走向确定的方向，但也许是不愿服输的性格原因，即使换做今天，我仍然会选择不放弃自己的兴趣。高一一年，我一直在坚持生物和化学的课外学习，一直到高二暑假，我还是没有放弃化学，当然，我也并没有像一部分同学那样潜心钻研各类试题积极应对竞赛。对我而言，奇妙的化学世界将是我终生的爱好，有时候，抛开功利的心思或许能发现一片更美丽的天空。

言归正传，也正是因为有这样竞赛的准备经历，不需要更多的额外付出，我就在高一下学期通过了 SAT subject 的考试并取得了一个不错的成绩。重新调整计划后，我又准备在高二的冬天完成 SAT 考试，谁知，又是一系列突如其来的活动一次次打乱了我的计划，也最终导致我只能在高二结束后只拿到了微积分BC、化学、微观经济三门AP考试成绩的情况下直接开始高三的申请。面对当时的情形，我首先选择了马上报名下半年多场次的托福考试，但那时也已为时过晚，只报上了十月和十二月的两次。

结合所有成绩和课外活动，选校时我还是和老师一起选择了所有当初的目标学校，有大家耳熟能详的哈佛、普林斯顿大学，也有氛围合适的布朗、纽约大学。在没有足够成绩的申请条件下，最终拿到纽约大学Gallatin校长学院的录取已经是一个让我能够接受的结果。在这所不设专业、一年全球招生200人的小学院，每名学生有一位学术导师、一位班级导师全程跟踪四年的学习，由学生根据兴趣和职业方向拟定一门专业，并自主选择全部的学习课程，最终通过论文答辩完成本科学位。我相信在这样不设限的自由学术环境下，也许我可以收获更多。

高中作为人生的一个阶段，对于更多的学生，最终的指向就是大学。不是排名越高的大学就是最好的，而是要去最适合自己的大学。我庆幸自己最终选择了一所这样的大学，开始了一段新的快乐旅程。在没有美国标准化考试成绩的情况下拿到这样的录取，除去之后会提到的各项课外活动，课内成绩作为一个学生的本职工作考核也是不得不提到的重要因素。高中三年，因为种种原因，我有较多的缺课，但作为学生，没有人有不参加考试的特权。高中的绝大多数课本都和我一起在飞机上度过了不少时光，也感谢这样的经历，比我最终拿到3.96GPA更重要的是在高中阶段学会了自主学习这项重要的技能。

我从不是一个十分刻苦的人，但在四中这样的学习氛围下，没有人会对自己的学业放松，除了辛勤工作的老师，这样的环境更得益于所有的同学。每个四中人都知道，勤奋是我们校训的第一条，并永远是一个学生最基本的准则，时刻不会懈怠。

严谨

从初一入学到高三毕业，听得最多的一个词应该就是严谨了，无论是做人还是做事，严谨都是四中人行为准则中重要的一条。我有幸在高中阶段得到了进入大学实验室进行课题研究的机会，也正是因为这样特殊的机缘，让我对"严谨"二字之于生活的重要性有了更深的体会。

第一次走进实验室是在北京市青少年科技俱乐部一年一度的启动仪式

上，2008 年的启动仪式选择在北师大举行，而我的导师恰好是北师大化学系实验中心的主任、博士生导师欧阳津教授。仪式结束后，她直接把我们带到了化学楼，一进大门，一股刺鼻的味道扑面而来，也许这是任何时候辨识化学楼的一个好方法吧。欧阳教授的课题方向主要是高效液相色谱、毛细管电泳分离方法学及在药物及其他生物化合物分析中的应用；聚丙烯酰胺凝胶电泳及免疫电泳分离－发光成像技术分析蛋白质及其结合物等，面对这些专业术语，还是高一年级的我听得一头雾水。在最短的时间内阅读老师提供的背景资料和之前实验室师姐们的论文显然成了首要课题，通过对导师课题的了解，我最终选择了聚丙烯酰胺凝胶电泳铬化青－三价铁络合物探针测量人体低丰度血清蛋白作为研究方向，并于高一寒假正式开始了我的课题研究。

此后的周末，实验室的师姐手把手的将基础步骤教给我，从制胶到电泳，从化学发光到数据拟合。面对分析化学中常见的小数点后六、七位的药品质量，一次次重新的称重、配溶液、络合，制作的胶板要一点点用移液枪打入微米计量的蛋白液，任何环节稍有疏忽，一天的实验就将全部浪费，更让人无奈的是只有当连续十几个小时的实验最后一步时，我才能通过暗室中胶片的发光效果得知一天中每一个步骤的准确性。

逐渐，我习惯了在每天的最后面对着暗室中毫无亮色的胶片，收拾好实验室，伴着月光跨越大半个北京城回家。不知过了多久，我甚至已不再每天满怀希望地做实验了，只是机械地改变条件、继续实验，而这样一次次的重复终于让我练就了熟练的操作技巧。就在那一天，暗室中，我隐约看到了发亮的蛋白质条带，尽管时间很短、亮度很差，但那一刻激动的心情实在难以言表。

从这天开始，之后的实验进展越来越快，无数次的失败之后是烂熟于心的实验操作，每一个步骤都毫无偏差，加上合理的变量控制和实验设计，数个月殚精竭虑的结晶终于呈现在眼前。已经不记得那是哪一天，不记得那时的心情，可却忘不了那一瞬间一张张发光的图片和拟合的曲线是那样别致，散发着令人陶醉的光。这样的磨练后，严谨二字早已深深植根于心，再也无法抹去。我学会了在考试中不放过任何一个字的细节，在读书时尝试质疑细节错误，在掌握知识时把握所有的要点和特例，也许有人说这是钻牛角尖儿，可这样的"牛角尖儿"我愿意钻，很多时候不得不承认，细节决定成败。

高一下学期，我有幸得到了参加五月在新加坡举办的国际高中生科技挑战赛的机会。赛前，按照国际惯例准备了展板，并标注了所有的摘录、引用。飞机降落在狮城已经是半夜，第二天开幕式后比赛正式开始，刚拿到需要完成的任务时我们有些茫然失措不知如何下手。三人的团队中我需要负责理解英文的题目，第一次参加这样的国际现场挑战赛，看着那样富有创意的题目，挑战的热情被瞬间激发。除去带来的项目展示，我们还需要完成一个动手项目、一个调查项目，分别是制作化学电池小车和制作 2049 年雅典的城市能源规划报告，而时间只有短短的 6 天，我们明白，想要很好的完成挑战，这几天唯有全力以赴。

我们夜以继日的算着、写着、画着，带来的无机化学、力学原理被研究了一遍又一遍，加上所有的方案设计必须用英文提交，没有一个步骤可以稍有马虎。尽管大量的前期准备后，我们对自己的方案胸有成竹，却还是在比赛的两个小时内因为对药品和器材的预估失误而没能达到设计时对于电压的要求。场地赛时，和绝大多数小车一样，无论怎样调试，它几乎寸步不前。

比赛还在继续，留给我们反思的时间并不多，但我们都明白：预估过程中的大意是我们丢掉第一局的重要原因，面对之后的调查项目，再容不得半点差池。稍事休整后，新一轮的资料收集工作便开始了。这次，我们对每一个所需数据都多方确认、核实后才进入计算步骤，设计图经过反复推敲才最终进入绘制环节，对于演讲所需的稿件和演示文稿，我更是逐字推敲打磨，一天一夜之后，终于在答辩前的一个小时完成了全部内容。也许是比赛时特有的亢奋，顾不上疲惫，我整理好衣装便站在了答辩台前。

颁奖时，我们的"未来项目"拿到了全球第二名的成绩。不想说严谨与细节一定会带来怎样的结果，但我深知，只有做到严谨与细节，才能不放过所有可能的成功。从当初的实验课题到之后的比赛，我两次从中收获。之后，我相继在高中阶段完成了"溶液导电影响因素的探究""用高中常见物质的配比常见缓冲液""什刹海地区居民生活状况调查"等一系列课题，所有这些，无一不需要细致的前期调查、漫长的实施过程、耐心的实验整理，和最终决定性的报告撰写，没有严谨的治学态度，就一定不会有令人欣慰的结果。

高二寒假，我受邀在一所学校为高中生进行关于能力训练的相关讲座和课程培训，高三更是直接开始利用课余时间进行家教的兼职工作并考取了高级对外汉语教师的证书。当身份从学生变成老师，每次备课时面对厚厚的教案，我更加深刻的体会了从小学时老师便开始不断提醒的"细节"二字。和优秀一样，严谨亦是一种习惯。

民主

如果说前面两个词在很多校训中都很常见，我相信"民主"一定是四中的一大特点，但我更相信，民主是融入每一个四中人血液的一种精神。从初入四中时看高年级开学代会时一张张庄重的选票，到面对学生的改进提案逐条回复的学校各级老师，再到每年都在因各种学生建议而修改的校规条例，四中的民主就在每个人身边。四中是一个可以给学生最大限度自由的学校，当然，你要有合理的理由，没有任何人有任何"特权"，但你可以享有你的民主权利。

高一时接到央视的邀请参加《三星智力快车》节目，但因为外地选手的时间原因加之外景录制，需要耽误两天的课程。抱着试试看的心态，我和班主任老师沟通了这个问题，当时正处期中考试前的复习阶段，我竟意外的得到了两天的假。在节目中拿到冠军让我需要再一次参加未来四场的录制，从香港参加 SAT subject 考试刚刚回来便又一次直接入驻栏目组，两周后，我又启程飞往新加坡参加上文中的科技比赛。两个月内的连续事假在开阔眼界的同时并没有耽误我的课内学业，我知道，只因为这里是四中，我追逐梦想的道路才能这般顺利。

对我来说，四中的民主在这时是一种自由。她尊重每一个学生的发展，以学生的发展为前提，而不是简单的以条条框框来约束。真正的人性化正是如此：让每个人以最适合的方式发展，不浪费能力，亦不拔苗助长。

一年后，高二的五月我刚刚从上海参加世博会开幕式回来，结束了两周的 AP 考试后接到学校通知，准备主持四中承办的第一届北京市高中生通用技术创意大赛。在四中，只要你有能力，永远不用担心没有施展的舞台，像这样的活动，从来都不会是老师的一手包办。

学生的舞台远不止学生活动，大到制定校规、主办市区活动，小到为食堂提意见、设计校园展示，学校里到处都活跃着学生的身影。一年一度的四中学代会期间，我们选择自己班级的代表，听候选人的演说，投票选择新一届的学生会团委会，对学校的方方面面进行提案，由学校各级对提案进行细致的反馈并改进，所有这些都是学生主导、负责。而学生会组织部下设的学常会更是要在学校范围内随时代表学生行使权力、反映学生的问题，甚至连给予处分这样看似超出学生权力的事由，学常会都是可以参与听证的。

又是半年，进入高三，面对高考的巨大压力，四中学生还有每年最重要的活动之一——成人仪式。也许只有这里，高三的我们才有权利以自己的方式完全自主的举办这样一场仪式，而不是在高考结束后简单的集会完成一个毕业典礼和成人仪式的结合。很早，年级组长叶老师便提出希望我们这一届的成人能够融入中国传统元素，设计方案时，我考虑加入了汉服成人礼的环节。中国古代对于男女成年分别有戴冠和插笄礼，尽管不是在十八岁，但既然是彰示成人，如此的"移植"便有章可循。加入这样的环节骤增了准备的难度，从逐字研读《朱子家礼》《周子家礼》整理出台本到后期租汉服、购道具、谈场地，我们忙碌着同时也在这一过程中不断学习着。其中的艰辛不足为外人道，我们曾很多次想过放弃，却又因这个全年级同学共同的十八岁生日的意义而咬牙坚持。直至十月一日下午在北京孔庙国子监博物馆最终完成外景摄像才勉强松了一口气，而这只是我们三个小时成人仪式最终剪辑压缩后十分钟的一段视频。

尽管不能说最终呈现的结果是完美的，遗憾也还是存在，但准备过程中我们确实做到了全力以赴就已足够问心无愧。

至今都感动于当初的团队，控制室、灯光室、追光区、后台，很多同学为了整体效果放弃了坐在台下和父母一起欣赏，但我相信即使到今天，不会有一个人后悔当时选择的坚持和责任。成人仪式的主题名为《翔凤凌云——在担当中成长》，感谢那一次，让迈入成人的我们第一次那么深切的体会了责任与担当。而这，亦是四中的民主。

开拓

为了最终"杰出中国人"的目标，校训中的最后一条是开拓，不断进取是追求的方向。四中要求所有在校生3年内要参与至少一次出国活动，拓宽眼界；每个支部每个假期都要组织社区服务、志愿者活动，有服务社会的意识；每名学生都有在学校自己成立社团的自由，最大限度的培养领导力。

高二上学期，我有幸通过层层选拔，作为唯一的中国青少年气候特使参加了在哥本哈根举办的联合国气候大会，在那里向世界传递中国青少年的声音。在两周的会议中，除去每天例行的听会，我还与美国青年合作，撰写了中美青年合作宣言立场文件，那时，初入联合国大会的欣喜与好奇早已被每日繁重的任务一扫而空，面对每天些微的进展和对中国与日俱增的舆论压力，很多时候甚至有些不知所措。在谈判中，对任何主权国家而言国家利益显然是问题的核心，而当利益相近的国家组成的大集团成立后，几大集团之间愈发激烈、火药味儿十足的唇枪舌战、明枪暗箭便构成了谈判的主体。

会议一次次僵持，后期愈发混乱不堪，几天内数次更换主席，Friends of Chair 的出现更是引起了诸多国家的极大不满。整夜整夜的会议，伴随着小集团的讨论，和大会的数次搁置，每一个与会的人都仅剩心底的一丝希望了，尽管在交谈中我们还是习惯性的尽可能表达希望，却还是无奈于严峻的现实。尽管最终也没有拿出理想的方案，但我渐渐明白气候变化的谈判是特殊的，他没有让我们失望的权利，不管每一次的结果是怎样，这都是一场必须继续的"战争"。

高二开始，作为中国青少年发展基金会小天使行动基金的学生主席，为了"爱与乐"项目，我先后两次对青海省互助县和贵州西江县进行音乐教育的调研。相比之前的各类国际活动，走进西部大山深处的小学对我的震撼更大。那是我第一次走上高原，走进小学的瞬间，面对着黄土蓝天、刺眼的阳光和做着游戏的孩子，任何人都不得不被这自然的环境打动。呆呆的看着孩子红扑扑的脸蛋、布制的单鞋和笑时露出的一排白白的牙，阳光照在我带去的长笛上反射出七彩的光，这样的景致让人只有顺从的保持安静。长久的静默后试图融入，用长笛演奏《小燕子》《小星星》《两只老虎》之类熟悉的乐曲，慢慢走到孩子们中间，谁料，那里的孩子连这样的歌曲没有听到过。

走进教室听课后发现，一直只在关注音乐的我似乎已经忽视了，在这样一所学校，连最基本的语文、数学"教学"实际都还达不到通常意义上的教学要求。在这所学校仅有的教室里，有一块小黑板和几套破旧的桌椅，全校三个年级的 20 名小学生在一间教室同时上课。校长是他们所有学科的任课教师，他在告诉二年级的孩子们默读课文的同时要求一年级的同学抄写拼音生词，接着回头在小黑板上写出学前班要学的拼音汉字，带着念了几遍，继而又走到一年级的孩子面前来讲刚刚要求的内容。听着这位中年藏族汉子说出的带着乡音的拼音，看着孩子们长着大嘴拼命喊着重复，我无法描述那一刻的心情，逃避似的走出了教室。站在教室的门外再回头看：黄土堆积的围墙，空旷的黄土操场中央用杂乱的石块立着一根树枝的国旗杆，一面早已在风中褪色的淡粉色国旗。后续，我们从县里得知这样的小学都在面临合并，完成后孩子们至少都会有明亮的教室和宽敞的宿舍。之后的一年，我们用募捐的善款为当地捐赠了几百套音乐教学器具、几间音乐教室，还进行了师资培训。显然，这样点对点的帮助对于整个西部来说是杯水车薪的，但在现在的公益环境下，这样落在实处的改变已属不易。

在这样的年龄以这样的形式来接触公益，应该说我是幸运的，从开始就一直坚持在做发展性公益，面对常见的助学、帮扶等基础性公益，选择了美育教育捐助也许可以看得更远、做得更长久，而这也是公益慈善未来的重要发展方向之一；而同时，我也是不幸的，在这样的年龄便需要见证并亲身体验巨大的贫富差异和发展不平均，直面这个本身并不像新闻联播中那般公平的现实社会，也的确让我有些茫然不知所措。尽管时至今日，我仍然不确定一味的单向帮助是否真的是发展的最好模式，但至少，我知道自己永远不会停下追求公平的步伐。

这些课外的活动让我的高中生活愈显精彩，也同时把课内的时间变得更为紧凑，这些校园之外的故事可以让一个人变得更加立体。又一次想起十四岁生日会，国学徐加胜老师的第一句寄语便是"清人张潮有云：'文章是案头之山水，山水是案头之文章'。"类似的语句还有熟悉的"读万卷书行万里路"等等。的确，行走在路上的那些见闻让今天的我有着比年龄更多的思考、更多的感悟，也同时深知肩上的责任。对于开拓，最后用上这样一句很喜欢的话：要么读书，要么旅行，身体和心灵必须有一个在路上。共勉。

后记

还是无法想象，走出四中已经有半年的时间。其间，《联合国气候变化公框架公约》第十七次缔约方会议于 2011 年 12 月在南非德班举行，这一次，作为中国青年的代表，我再一次走进了联合国的会场。两年过去了，会议依旧没有达成一个可以让全体地球公民不为生存担忧的结果。当关乎到存亡的协议都可以这样被一拖再拖，个体的生活又有谁来负责呢。看似一个又一个的轮回，人生能有几个六年？如此看来，我生命中性格、习惯养成的那最重要的时光便都是在那一间间六角形的教室中穿梭度过的。四中还有一句话，是我最喜欢的，那便是"大气成就大器"，从"勤奋、严谨、民主、开拓"，到"杰出的中国人"，这一切的步骤与环节注定要最终成就"大器"。"大气"二字或是前面所有的最好概括，我更相信，这一准则将是每一个四中人终生的信条。

在"无为"中成长

裴斐

我的女儿张优离开四中校园已有段时间了，她高中三年的点点滴滴依然萦绕心间：得知女儿进入这所百年名校并成为科技实验班一员时的喜悦、了解学校开设了几十门选修课时的欣慰、看到女儿利用学校提供的各种机会参加社会活动并获得赞誉时的满足……在试图利用这个机会将这些细碎的感受描摹成篇时，却苦于用怎样一个篇名来概括这份感受。在反复体味这些感受的过程中，那些华丽的、显像的、乐道的词句都渐渐拂去，唯有"无为"两个字在心底沉淀，并越来越强烈地让我感受它在女儿成长中的意义和作用。

四中的有些"无为"是人们所熟知的，如四中学生四点放学，没有晚自习辅导，没有节假日补课，而有些"无为"却是只有学生和家长才能感受到的，在最初体验这份"无为"时，我们有担心，有忧虑，甚至有抱怨，但随着时间的推移，这份担心、忧虑和抱怨慢慢变成了放心、信任和欣赏。对我而言，感受最深的不是她高中时一次次独立远行，而是2011届学生"成人仪式"的筹办。

众所周知，每一届高中毕业生都会在高三举行自己的成人仪式，而这时也恰好是毕业班进入高考备考期，学习的紧张可想而知。然而，2011届学生"成人仪式"的筹办却主要由毕业班学生自行完成，女儿正是策划组的三位成员之一。所以，在初听这个消息时，我便毫不犹豫的采取了否定态度。尽管历陈利弊，但女儿仍坚持最初的承诺。于是，我便在纠结和无奈中度过了三、四个月，而女儿和她的同学们则在多方奔走和无数个通宵达旦中完成了"成人仪式"的筹备工作。从十多次整体方案修改，到演示文稿、台词和宣传报道的撰写修改；从借用电影公司的道具、服装，参阅大量史料完成方案，沟通借用国子监场地，完成"汉代成人礼"的拍摄，到宣传册、纪念票、请柬的印刷；从联络老校友、数次专业录音棚的录制，详细记录所有收支账目，到安排各班相关工作；从资料收集、视频制作，到主体音乐创作、合成……那么多那么多的工作竟然在他们的努力下完成了。于是便有了

2010 年 11 月 26 日那场庄严、华丽的盛典——"翔凤凌云——十八岁，在担当中成长"。坐在家长席，凝视着大屏幕上那些"成人"的娃娃照，听着父亲的"女儿成长日记"和母亲的"内心独白"，感受着每位"成人"向自己的父母鞠躬、献花，并深情拥抱的一刻，体味他们为班主任献上创意礼物和诚挚感言的感动，特别是看到他们通过展示近现代中国大事，从国家、民族、文化传承的多重责任角度，让同学们深刻领会成长的意义和使命的创意衔接时，我的内心被深深震撼，因为我切实感受了他们在担当中的成长，而这份担当不恰恰是四中老师的"无为"所成就的吗?!

毫无疑问，2011 届毕业生"成人仪式"的意义，绝不仅在于它从四中师生家长处获得的赞誉和"前无来者"的极高评价，它如同四中的很多"无为"一样，其意义在于"无不为"地实现着育人目标。当我的女儿被适合的美国大学录取时，我知道这有赖于四中的"无为"；当我的女儿在一个学年完成两个学年的学分，并计划在两年半内完成本科学习、有目的地从第一年开始衔接并选修研究生课程时，我知道这有赖于四中的"无为"。在深切感受那些"无为"的、给学生能够胜任的所有工作的四中老师的良苦用心和高明之处的同时，我想说一声"谢谢你们"！

武振伟

W u zhen wei

　　我是 2011 届高三（1）班 武振伟。我从高一参加化学竞赛开始，两次获得全国高中生化学竞赛决赛一等奖并两次进入国家集训队。被保送进入北京大学化学与分子工程学院。

　　我很喜欢自然科学，并希望今后能够从事与之相关的工作。

竞赛之路　拼搏之路

选择化学

　　回顾高中这三年，我走过了一条与众不同的路线。我高二高三两次参加高中化学竞赛，两次进入国家集训队，最后因此被保送进入北京大学化学学院。

　　说起竞赛，我是从上高中才开始接触的。因此当一开始我听说身边有许多同学初中时竞赛方面就已经有了一些成就时，确实地感到了一些压力。我一开始之所以选择化学竞赛，其实也不是经过很多考虑才做出的慎重选择，只是分班考试结束后突然要求当场填一张表，当场决定。所以后来我每每想起那时的选择都觉得自己非常幸运。毕竟化学竞赛相对其它科目来讲是比较容易出成绩的，虽然对知识的要求较高，不过需要长时间才能培养出来的能力并不是特别重要。这对于初中基本没有竞赛基础的我是非常适合的。

开始拼搏

于是我开始了竞赛之路。高一开学之前，在不少同学还沉浸在难得的放松之中时，各科竞赛的 A 班就已经开始上课了。

第一节竞赛课上，老师对竞赛进行了具体的介绍。包括各阶段学习的内容，重要的比赛，比赛的奖项以及获奖后对升学的影响。虽然其最初目的只是为了让我们了解竞赛，不过这番话对我的影响是相当大的。这使我立刻意识到，自己面前已经有了一条大路。这条路并不好走，但坚持下来的人一定会有回报。我至今仍清晰地记着，那时的我在心中默念：拼搏，今日开始。

竞赛班上，各科的授课内容当然是不同的。我们化学竞赛班在总结并扩充初中的知识，某天我了解到数学竞赛班在讲平面几何的梅聂劳斯定理，物理竞赛班则是为了更好地解决力学问题而学习正弦定理。还记得这时听了许多令我吃惊的术语，我莫名地觉得很郁闷，后来发现这是因自己没能学习数学和物理竞赛而心怀不甘。最后我终于悟出了高中与初中的一个不同——无论是谁，绝不可能在所有学科或所有方面保持最领先。你能做到的只是专心于某一个方面，并把它做到极致。

正是因为有了这两件事，我在学习竞赛一开始就有了成熟的心理准备。

第一次打击

对于之前没有什么基础的我，一开始不太顺利也是很正常的。记得还是假期的时候，老师在教复杂一些的氧化还原方程式配平。坐在我旁边的同学似乎领会得很快，在我还抓不住要领有时还要求助于方程组时，他拿来一个方程式三下两下就完成了。我暗中着急以至于课下求助于老师。老师并没有像我想的那样教给我更多的技巧，只是说现在不必太急，做多了自然就熟了。我不甘心，这不是我希望的结果。几天后，我找到几天以来做过的所有题重新静下来考虑，观察着每一个式子。然后我才发现其实方程式配平有一个最中心，电子守恒，一定用熟，剩下的技巧多得很，对不同的题要用不同的方法，有的方法甚至不必计算电子得失，用更巧妙的方式完成。我将这许多方法一一总结，记录下来。（后来甚至还做了一个氧化还原方程式配平方法与解方程组之间关联的研究。）之后做这类题目时，总能看到几个别人看不到的突破口。现在看来这些方法后来老师在讲题时也陆续提到了，不过这在当时确实算是"先进的技术"了。

自学之看书·第一次得意

中考时我也是保送进入四中的，从那时开始我有了啃大学课本的兴趣。先是《高等数学》、《线性代数》，竞赛课开始后，我就把重点放在无机化学上。假期的任务不多，我每天都看上几个小时。一点点积累着对那几十个常见元素的了解。这部分确实有些枯燥，不过由于这些元素的很多知识都是初中时从没讨论过的，比如金如何溶于王水，一价铜如何在溶液中存在，铬在酸碱溶液中的变化等等。这时我偶尔能发现一些相似之处，比如不少离子在强碱中与氢氧根形成络合物，在浓盐酸中与氯离子形成络合物等等。不过不同元素在配体个数上是有差别的，当时还不能把这些数字全记住，只是有了印象。这期间我还发现之前学的一些解释是错的，很多方面需要推翻自己初中时的认识。这样看书持续了很长时间，当然我也没觉得这个老师并没有要求的内容有多少价值，只是被好奇心所驱动，不断用似乎无穷无尽的元素知识充实自己。即便不能记住，只是看过的感觉就很好。

某天上课路老师出了一道无机题，给了一些数据，要求经过计算得出 $AlCl_3$ 在气态时的存在形式。算得结果分子量为式量的二倍，那就是 Al_2Cl_6 了，气态的 Al_2Cl_6 分子。然后我隐约想起似乎之前看到过这个二聚体的结构，于是把它画在旁边。过一会儿路老师巡视过来看到这个结构，露出了很满意的表情。这无疑是对我主动自学的一种肯定。不过下课后我得知班上还有一位同学画出了这个结构。后来我才知道他叫陈弘学，他是后面几年里我最大的对手之一。

自学之做题

假期的课程结束了。在最后的考试中我的分数在我了解的人里是最高的。我对这个结果非常满意，而且也确认了自己看书确有其效果。这时我面前出现了一位超级大牛（我找不到其他更合适的词语了）——何劭达。之前我一直不认识他的原因很简单，他不上竞赛班。难道说他是不屑于老师讲的知识吗？对他的真实实力，当时我也无从得知，这使得我有了些许不安。现在看来，如果没有他的出现，我可能早就沾沾自喜，以至于止步不前了。

后来我终于鼓起勇气与他谈了几句，发现他还是非常随和的。他还毫不吝啬地向我推荐了一套竞赛书。这套书确实非常好用，我每次向别人介绍经验时都会提到。它使我重新认识了竞赛的灵活，并逐渐积累了更多的方法。这其中的很多，还包含着脑筋急转弯和小学奥数的成分，最初看来都显得很复杂或高深。还多亏了何劭达同学的热心，每当我有问题时，他一定会给予我最详细的解答。这是高一上学期。这段时间我经常上课下课一直在疯狂地啃竞赛书。虽然课上做确实有些过分，不过这也是以保证课内成绩为基础的。虽然竞赛搞得热火朝天，我的课内的成绩也一直保持在班里前几名。高一时我总觉得每天看书就会觉得很充实，也没有参加社团活动。虽然这曾令我感到遗憾，不过既然参加竞赛，这也是没办法的。

是何劭达让我感觉到，有个人在你前面作目标，一直让你追着，是再好不过的了。

积累

高一就是这样在看书和做题中度过。陈弘学一直是我竞赛上的伙伴，我们经常一起讨论一些题目。陈弘学记忆力惊人。与看完一遍书只能留下大概印象的我不同，他可以完整地把书里那些有感觉的句子背下来，然后第二天说给我听。有不少元素知识我是听了他说的话才记住的。涉足有机后，我们就互相念叨书里那些稀奇古怪，听起来似乎又都差不多的人名（这对一般的初学者来说真的是很难记）。人名反应也就这样逐渐记住了。另一方面，我请求何劭达帮我找了三十套初赛模拟题。做初赛题似乎有点早，因为这些题目有的很怪，不怪的题被老师选来让高二竞赛班做。不过我们并不在意，不管什么样的题，只要有不懂的知识，看过答案，划下来记住就是了。虽然不得不承认题目有好有坏，而且还会有错，但正是这些题目慢慢使我了解如何正确地在题目中使用书里的知识。由于一些题目过难，所以这也是我开始发现就算何劭达也会有不懂的问题的时候。

初赛、省选

进入高二，全国初赛开始了。我们三个作为年级里的积极分子，自然是要报名的。面对全市学过两年竞赛的高三选手，我们当然只是抱着"试一试"的心态。我当时的目标是超过陈弘学，缩小与何劼达的差距。可结果却是惊人的，我取得了全市第三，另两位同学也考得很不错。令我在意的是我超过了何劼达。没事，尽量保持住吧，我这样想。省选那几天，每天要上一整天的课，由于都是化学，所以一天下来多少有些头脑发胀，如果遇到做实验，基本就要站一天。不过就算这样晚上回家还是要复习的，因为省选的时间非常紧张，必须把知识以最快的速度理解并记住。经过一番努力，最后我以第六名的身份非常非常擦边地进入了省队。

我曾经认为三人中只有我进入省队基本是运气好的缘故，因为另两人在用功方面其实是丝毫不亚于我的。一名非常了解我的同学说也许并非如此，因为我很好地综合了何劼达的做题和陈弘学的看书。

飞跃

进入省队的我迎来了一次飞跃式的进步，只觉得视野立刻变得开阔了。周围的人都比自己强，同时老师讲的知识也完全不是一个层次的，每天和许多之前望而生畏的词汇打交道。正是在这种几乎是四面楚歌的情形下人才会产生斗志。我终于有勇气翻开《基础有机化学》里周环反应、缩合反应、杂环化合物那从来不去看的几章，并且开始向物理化学、分析化学、结构化学进军了。有些老师说直接看这些书对决赛并没有太大的好处，不过我觉得这是了解更多知识的最直接的途径，就算有些难，如果真能研究明白不是很好嘛。自己清楚这些知识的难度，实在不明白的地方就不去深究了。物理化学里的许多概念，分析化学里的许多公式，结构化学里的许多理论，乍一看都是些错综复杂，难以理解的东西，不过如果有耐心，慢慢来的话很多都是能够弄清楚的，每一次新的理解都会带来乐趣。这是就不再是把高中知识玩来玩去的初级水平，而仿佛自己已经是化学专业人士一样了。每当我站在书店里"高等数理化"分类下找书的时候就常常有这种感觉。在种种兴奋感和自豪感之中，北京队一个月的培训结束了。

之后，陈弘学由于担心课内课程，听完北京队的课就回学校了，何劼达则是连北京队的课也没有听。若是问我是否担心课内，其实当时没想那么多，只是觉得既然有这个机会还是去吧。若问旷课两个月对我的成绩有没有影响，其实影响很大。记得刚上高二时第一次生物单元考试我是班里第一的，后来的生物课基本没听，培训结束回来常常连平均分都上不了。所以他们那时的选择也是万分正确的。（尤其是何劭达，之后经过努力把自己的年级排名提高到前十。）

不过不管他们的选择如何，我在准备决赛的过程中我还是专心于竞赛。由学校老师联系，我又到安徽中科大跟着安徽队培训。在那里提前体验了自己照顾自己的大学生活。中科大是一个很容易让人静下心来学习的地方，每天听完课就是回宿舍和室友一起在灯下看书，偶尔讨论一些问题。我们还潜入中科大的图书馆，把其中的好书一本本找出来，由于没法带走，就设法在图书馆里复印。"因为是高二，所以有很多时间。"周围很多高三的同学这样对我说。我就这样踏踏实实，慢慢地一边把之前匆匆建立起的基础里不坚实的地方一一填实，一边追求着更深的知识。

这样经过两个多月的修炼，仿佛脱胎换骨一般的我终于迎来了全国决赛的考验。而我仿佛循着惯性一般，不但取得了一等奖而且还是北京队里的最高分。（考虑到我进入北京队时的排名是第六，这还是很不容易的。）理论部分被我轻松搞定，实验部分有些侥幸，在最麻烦的重结晶一步我虽然没有采用正确的操作（相对费时费力）却如有神助般没有出现大的失败。这是奇迹吗？还是对我前面努力的意外的回报？

在冬令营现场我就被保送到北大。后来又有幸参加国家集训队。最后虽然没能进入国家队，不过国家集训队里又是一个学习的绝佳场所。最后，当我结束了大半年的征程回到学校时，我坚信，自己已经远远超过了陈、何二人。

如果当时进入北京队的不是我而是他们二人之一，也许也不会有现在的我了吧。这一次我只是抓住了机会，并且最大程度地利用了它。

竞赛结束·新的开始

真正地进入了高三，作为正规军主力，我第二次参加全国初赛。然而背负了许多希望的我这次却也没有想象中的那样顺利。在决赛的实验中失手（这次是按照正确方法了，不过也许是实验本身有缺陷吧），还好理论成绩比较高，保住了一等奖。在集训队则是又一次止步于国家队之外。

不过这些已经不值得遗憾，我成功地进入了北大，当初心里喊着开始拼搏时暗自定下的目标，现在已经实现了。但拼搏并没有结束。反之，高中三年的拼搏正是我人生拼搏的序章。现在开始，前面是更大的挑战。

回顾

　　纵观我这几年的竞赛之路，我觉得有两点很重要。第一是我的学习不局限于老师所教的内容。在老师讲的知识以外，多看书；在老师做的练习以外，多做题。这种自学让我获得了比其他搞竞赛的同学多得多的知识和能力。不过自学也意味着付出的更多，牺牲的更多。另一点是我不满足于自己当前的水平。在高一的竞赛班上，我以陈、何二人为竞争对手，在初赛超越了他们。在北京队选拔期间，我以其他选手为对手，在选拔中超越了他们。在北京队里，我以另五名同学为对手，在冬令营超越了他们。每一次的对手一开始都不比我弱，不过经过努力之后就得以超越，然后进入更高的层次并继续这一过程。我想，我在竞赛中之所以比其他许多同学走得更远，主要就是靠这两点吧。

回望成长的春夏秋冬

武兴权　高雪莹

　　2011 年 7 月 1 日，是建党九十周年纪念日，同时，这一天对我来说也是一个特别的日子。这天中午，我接到来自北京大学招生办的电话，通知我们去北大领取录取通知书。虽然之前就知道他因为参加化学竞赛被北大保送了，但接到电话后我还是很兴奋，招呼儿子赶快去。不过他却没有像我那样兴奋，还一个劲地对我说，冷静，冷静，低调，低调。

　　低调，是我儿子一贯的态度。他性格有些内向，稳重不张扬，不过又很有计划性，学校的事情都会自己安排得井井有条。这一点，作为家长我有些惭愧，不过更多的是骄傲。惭愧是因为作为家长只能在生活方面给他关心和照顾，学习方面没能给他太多的帮助。骄傲是因为儿子取得的这些成绩都是靠自己的努力拼搏。

　　记得刚进入四中时，他自己还有一些迷茫，不知道自己在这个新的集体中能够排在什么位置。第一次期中考试前他对我说，心里说不出是不安还是兴奋，如果在100名之后怎么办？在50名之前是不是可能？我说，儿子，平常心就行了，尽量发挥自己的水平，现在先不考虑排名的问题。能进入四中就是机会，这次考试只是开始，不要现在就有思想负担。目标明确了，他也如往常一样开始了紧张的考前准备。几天后成绩出来了，他说自己考了班里第三，年级第十，说这下放心了。虽然只是简单的一句话，但我看出了他心里的轻松喜悦。对他来说，在四中的第一炮打响了，这给了他信心。

　　他参加化学竞赛有些偶然。初中时数学是他的最强项，自学了不少高中甚至大学的内容，不过进入四中后考虑到职业规划和四中的学科优势，他选择了化学。三年的竞赛一路走来，有付出的艰辛，也有成功的喜悦。因为竞赛学习与课堂学习内容不同，也要耗费很多精力。为了快速提高竞赛水平，他自己找学习材料，购买了很多很多化学方面的书籍。从高一开始每天晚上学习之余都要为竞赛准备几个小时的时间，常常看书到深夜。高一的寒假里，学校外请老师来讲课，虽然是面对高二同学，他也一次不少地去旁听。暑假里，他们接到国庆的任务，每天上午都要参加训练，就算这样他下午也要去听课。听他说一开始还有几个高一同学和他一起旁听，但没几天就坚持不住了，听到最后一节课的高一同学只剩下他一个人。

　　初赛是九月份，国庆训练也到了最后关头，好几次深夜彩排。虽然很累，但他并没有放松竞赛的学习。最后的成绩他是北京市第三，这让我们都感到非常惊喜。

　　然后他就接到通知去参加北京队的选拔比赛。参加全国比赛的机会难得，他又是高二，和一些高三同学还有差距。不过他很珍惜，尽力而为，在那几天里晚上学到很晚。他以第六名的身份入选了北京队参加全国比赛。这时他又得到了学校的大力支持，参加了两个月的培训。参加正式比赛出发前，我们交谈时我告诉他这次只是锻炼一下，是否拿到大奖并不重要，重要的是见见世面，争取明年拿大奖。所以不要给自己太大的压力。表面上他显得很轻松，但我知道他心里有股劲，不会辜负我们父母和学校的希望的。考完后我给他打了电话，他只说考得很好，分数不错。回来之后我才知道原来他的了一等奖，而且还被北京大学保送了。那天晚上我非常兴奋，躺在床上想这些事情久久没有入睡。

　　我家楼下有我的一个朋友，她的孩子比儿子小一岁。小学和初中都是在同一所学校。但由于种种原因，初二初三开始学习出了问题，常常晚上出去玩，有时深夜才回来。一次和他家长聊天时她说："你家儿子多好，不用你操心。我那个儿子现在管不了，说什么都听不进去。我跟他说你家儿子的事，他却说，那么用功当然学习好，肯定没时间玩了，那多枯燥。"是的，学习有时确实很枯燥，有时确实需要牺牲很多时间。全身心的投入，不受外界影响地专心学习，并不是那么容易做到的。

儿子的事，很多朋友都知道了。有些人询问我有什么好方法把儿子教育得这么优秀。我总是说，孩子的成功，不单单是家长的教育。家长在小时候的管教非常重要，但随着孩子习惯的养成，孩子自身的因素就逐渐变得重要，作为家长，只是起到一个监督和引导的作用。就像入学时家长会上老师讲的，孩子的培养就要从小事做起，从培养习惯做起。无论是学习习惯还是生活习惯，有了好的习惯才是一切的基础。之后的学习是孩子自己的事。严格的计划、艰苦的付出，都要靠自己去做。

振伟就是这样，从小学时就有很好的习惯。做事专注，做完一件事再做下一件。后来初中时作业多了，尤其是周末，他就做一个粗略的安排，考虑每一项需要多少时间，根据这个安排决定自己的休息时间。放假时的计划更加详细，但绝对实际，因而基本都能够按计划完成任务。在儿子保送北大之后，高三的学习压力一下子没了，这时就是因为有时间的安排和计划，他能够继续坚持保持良好的学习状态，每天背背单词，看看课外书。

常言说得好，孩子是祖国的未来，家庭的希望。我们家长只有一次教育子女的机会，不能试验，也不能重头再来。能有这样一个好的开始，我感到很欣慰，同时也希望孩子能继续走下去，脚踏实地，取得更大的成就。

胡 笑 蕾

Hu xiao lei

姓名：胡笑蕾

班级：高三（2）班

特色：班长（曾任团支部组织委员）学生会宣传部干事。参与文学社、街舞社。

最高荣誉称号：北京市优秀学生干部。获加分20分

考入：中央财经大学中国金融发展研究院 金融学（国际金融）专业

成长于斯　感悟经年

直到收到了催交的短信，我才不得不坐在电脑桌前敲这段文字。

或许，有人可能会觉得是我懒惰，会像大多数人一样心想着既然毕业了这个作业就可以不必完成。可是错了，之所以我迟迟没有动笔，是因为，我潜意识里不太想写这篇类似回忆录的东西。似乎动笔写了它，这三年在四中的种种，都成了过去时的东西，我就和那些过去断了线。

2011年5月27日，毕业典礼上教师和学生代表都说，我们成了现在北京四中最年轻的校友。在我还没适应自己这个新的身份的时候，毕业典礼结束了。记得初中的毕业典礼是在中考结束后的，可是这一次，离高考还有十天的时间，我们却散了场。在校园的各个角落和同学合影留念，青青的草坪、楼前的大槐树、稳坐的训诫石、蜿蜒的连廊、新建的空中走廊、幽静的漱石亭、庄严的老校门，想把这里的一切一切都清晰地定格在脑海里。

接下来的这些天，我不知道那些和我一样天天来学校自习的同学，除了在学校能够安心学习，是否和我有同样的心思。我总不愿意承认，我不再是

四中在校生，而是校友了。每天出门前，依旧是边数边拍口袋保证带齐了应该带的东西，胸卡必列在其中，仿佛还能用它刷开校门就证明我的身份还是四中在校生。记得这张绿色的胸卡是在高一暑假时统一换的，结合了饭卡的功能。胸卡被做成绿色实在不招我待见，而现在的我，却习惯了这样绿色的卡片，眼里没了这绿色，便觉得空落落的。

这其中的缘由在这三年的时间，我一直成长在这个叫北京四中的地方。

选择四中是为了什么

其实，初中时的我对四中的了解微乎其微，到了初三仍旧如是。或许，如果没有班主任的一番话，我就留在东城了。自己有足够的成绩，就考了来，来到了这个不一样的校园。

迎新会，也是第一次年级会，年级组长叶长军老师说出了一句被大家调侃了三年的话：三年之后，你将何去何从。呵呵，可能大家记住了这句话，起初只是因为那浓重的山东味儿吧。但渐渐的，何去何从，成了所有人心中的问号，也是所有人对自己敲响的警钟。

"选择四中是为了什么。"

印象中，这句话听好多人提起过，年级会上的老师，助学时的学长，都问过我们同样的问题。是为了考上清华北大吗？如果是这样，那我这三年就彻彻底底失败了。但我不相信我失败了，因为选择四中，走进那两所名校并非唯一的追求。

还在初三时，便听学长说过四中社团之神通广大，尤其是模联；入学教育时，拿到了小黄本才知道这个学校竟然有 173 条校规，而且水瓶的摆放位置也列入管理范围；各种大大小小的会议，我们听到了一遍又一遍的"做杰出的中国人"，四中人当是如此！

仅仅列举这几点，选择四中的理由就又多了几个。现在想想，只有走过了这三年的人，才能说出，自己当初选择四中是为了什么吧。当你以四中人的身份走出校园时，你也会告诉自己，三年前的选择没有错。

做学问先要学做人

我承认，进了校门，我便被小黄本里密密麻麻的小黑字打败了。与之前所见过的校规相比，里面出现了许多奇奇怪怪从未见过的条款。刘校长说，我们在做杰出的中国人之前，要先做合格的四中人，其次是优秀的四中人。那么，合格的四中人，都是在那173条校规的禁锢下练就的吗？

勤奋、严谨、民主、开拓，八个大字在每天的阳光下在综合楼的外墙上闪着光。2班教室的位置一直在教学楼的西侧，一直面朝着窗外那一片金色，我们见证了因久经太阳曝晒、雨水冲刷变了色的简体字变成了崭新的繁体字。四中人做事，总是要围绕着这八字方针，久而久之，那成了大家的一种习惯，或者称之为信仰。在我还是宣传部干事的时候，为了迎接下一届的新生，被部长召唤去学校出迎新板报，我负责写这八个字。一笔一划地勾边、填色，当那些字布满了整个版面的时候，我试图寻找它们曾在哪些地方体现着。想着身边的同学都在努力地学习老师都在认真地工作；想着学校的每一次活动都井然有序；想着上一届学代会上候选人的发言；想着我们一次次走出校园和社会接轨。这些早就成为潜移默化的一种分度和底蕴了吧。

再说说我反复提到的173，相信每个人都会把这个数字记得很真切。水瓶的摆放位置、教室里灯开的数量、晚自习不能看的书，连这些小事都在一时间成为同学们关注的焦点，我们在学代会提议过、反抗过，当然，最后也接受了、做到了。还记得刚上高一的时候，每当值周生走进教室时，都会有人小声提醒大家："水瓶水瓶。"然而，还是总能看到黑板的右下角被无情地写上了"水瓶 −1"。水瓶的话题，总是在每年学代会提案的榜首，可是每一年代表们都一无所获，我想这便是四中对正确事情的坚持吧。到了快要毕业的时候，恐怕想要看到"水瓶 −1"都很困难了，大家笑谈快毕业了再不违纪就没机会了，但还是没人主动去挑战。想一想，像水瓶这样一开始就颇受争议的校规大家都做到了，那173是不是不再可怕了？三年就这样在条条框框下走过，谁说那不是一种磨练呢？

当然，在四中还有些东西不是文字所能承载的。这里，教给了我太多课本之外的东西，比如说大气，比如说稳重，比如说洒脱。以2009年暑假的国庆训练为例吧，每个班都有三名同学作为替补，我就是其中一个。同学们背颜色顺序的时候替补闲着，同学们去站位的时候替补跟着，同学们拿道具训练的时候替补看着，同学们在礼堂训练时替补在操场溜达着。第一阶段训练总结里，我写过这样一段话，"作为替补，比起其他同学来，轻松了许多。不必为背颜色顺序而苦恼，不必为了记住那四十八个颜色而费尽心思把它们编成口诀……可看着其他同学手中的花球，我承认，自己有一些羡慕了，多希望自己也可以站在站位点上，和他们一样成为那一幅巨大图案中的一抹颜色。"是啊，那时的我的确很羡慕那些知道自己在几排几号的同学，羡慕那些有花球有牡丹有麦穗有各色道具包的同学，总是会抱怨自己只是个替补。可是训练久了也就想开了，慢慢适应了替补的生活。每天给同学拍照片，每一阶段训练结束做总结班会，有人请病假了兴高采烈地补上去。9月7号凌晨的合练，12班的同学没来，我被抓去替她翻花。在学校出发之前，我就站进了他们班的队伍，周围没有一个认识的人，临位的同学给我了她的道具之后也再没和我说过话。我心想，在这样一个环境中，我怎么熬过这一夜呀。那是我第一次作为正式队员参加合练，可也就是在那次合练，整晚我认真地看着颜色顺序和信号灯，没有和周围的同学聊天，没有出一个错误。

作为一名四中人，我彻底领会做学问先要学做人。我想，如今走出校园的我是合格的、优秀的四中人吧。

学习是学生的本职

虽然，选择四中的目的并不仅仅是为了有个好成绩上个好大学，但大家都知道，对学生而言，学习还是至关重要的。

习惯了初中被老师填鸭式的学习方法，到了四中换了老师换了环境，真的有些不适应了。我想，大部分同学都会有这样的感觉吧。初中的三年，老师布置的作业几乎就占据了所有的时间，也就不需要我们自己再找书找题来学习了。可是高中却截然不同，作业在回家不久就能全部完成，甚至在放学之前就能搞定了，那么剩下的时间就需要自己来安排。我承认，应该说我迷茫了好久。看着同学们一本又一本的"王后雄"铺满了桌面，我仍旧淡定地无动于衷。作业完成了就彻底放松下来，翻翻课本，其实也没真看进去多少，完全是打发时间用的。所以，我尝到了苦果，第一次期中考试就让我栽了大跟头。从此，我再也不敢懒散，学着给自己找事做，而且要认真做。当然，我不是在推崇"王后雄"主义，只是别人在抓紧一切时间学习的时候你在无所事事，必然会有学习成绩上的差距的。合理安排时间，是学习的首要纲领。

其次我想说，好的学习习惯也是建立在学习方法上的。在四中，每学期都会有年级会专门找同学来介绍自己的学习方法，大部分同学都能够从中汲取对自己有用的方法，有自己学习套路的同学也收益不少。尽管，在这样主题的年级会前会听到同学的抱怨声，但身临会场受益多多时，抱怨声自然也就不在了。高考后听同学说过一句话，虽然别人的学习方法我们不能照搬，但能从别人的经验中领悟、升华出更适合自己的。对我来说，走过了三年，经历了高考，才能够懂得她这句话的意思吧。学习方法不是靠一朝一夕来寻找、建立的，我们需要尽早找到自认为合适的，然后进行尝试、验证、改进。倘若这种方法没有明显的收益，那么就要另辟蹊径了。只有早日找到真正对自己有用的方法，之后学习成绩的提高便会水到渠成了吧。可惜，我明白得有些晚了。到了高三，才知道之前的学习方法并不太适合自己，而高三的学习任务更加繁重，整日焦头烂额、手忙脚乱，想要学习成绩有显著的进步不是一件容易的事。

再次，切忌让自己成为一个偏科的学生，也就是大家说的"瘸子"。很不幸，我就是瘸子之一，物理扣分总是在个位数，满分也是经常的；而化学，凄凄惨惨扣分总在二十上下，班里倒数的总是榜上有名。尽管到了高三寒假开始恶补化学，小有成效，但也远远落在了物理之后。只能感叹，当我意识到问题所在的时候，为时已晚。我是个凭兴趣做事情的人，对哪个学科感兴趣了，做作业时总是先完成，课余时间也是先做该学科的讲义，越是这样学，成绩就越好越稳定，然后就更喜欢这个学科。结果呢，恶性循环，好的更好，差的不说退步也是没长进。学法指导会上，老师同学也没少说偏科的问题，可我当时还是没意识到偏科问题的严重性，到了学科成绩有了极大差距的时候，也没有后悔药让我补救了。兴趣可以有，有优势学科不是坏事，但还是不要让兴趣左右了学习时间的分配，优势过优未必是好事，关键是不能有劣势科目，从而拖了后腿。

有同学问过，我们为什么不像其他学校一样以应对高考为基准，教学生如何答题能得分才是王道。合格的四中人定然知道答案，这里是个注重培养学生学习方法的地方，有了好习惯、好态度，成绩便不是问题。

四中人的生活里不只是学习

或许，在四中成长的这三年，课本外的生活是最值得我骄傲的了。

认识我的人都知道，我是个闲不下来的人，班里大大小小的事情都有我参与其中。就是从小学担任班长养成的习惯吧，总觉得班里的每件事务都有我的责任。一个集体的优秀与否，和每一个人对她付出的多少是不可分割的，作为集体中的一员，理所应当我要为集体尽到自己的那份责任和义务。高一，担任团支部组织委员的时候，我独自一人策划、主持了开学后的第一个班会。从那之后，每次班会的组织便都有了我的参与和支持。高二，担任了班长，似乎任务更重了，可我依旧做着份内、份外的工作。呵呵，应该也是在高一时大包大揽惹的祸吧。组建班级伊始，班里特色的量化管理方式由我提出，管理方案草案由我一人编写完成，并主持随后的完善工作；每学期初的学费收交工作及日常各种需上交的材料能够主动按时收齐；平日里召集班委定期召开班委会，安排布置近期任务并听取其他班委的建议；协助生活委员编排各组值日次序及日期，并张贴公示；甲流时期，班里同学大面积发烧当天，早自习及时与未到校的同学逐一联系，停课期间建立班级联系网，做好同学与学校间的身体状况汇报工作；注意积累班级各项活动文字、图片素材，形成2班资料库，随时为需要的同学及老师提供；就连毕业了也不闲着，组织了有二十多位同学参加的毕业旅行。三年来，不知有多少人和我说过，能不能把肩上的担子放一放，或者把担子里的东西扔掉一些，这样我会轻松许多，这个班里又不是只有我一个班干部。可我竟还是像中了邪一样执著。2班人告诉我，我是能力极强的2班班长，2班人说，我是个成功的leader。

只是我把这些，都看作我应该拥有的历练吧。除了班级的工作，我也曾想要到学生会中获取更多的发展空间。在宣传部当了一年的干事，等来了学生会的换届选举。做足了准备，冲到了最后一关，可我就是在最后一关倒下了。学生会的竞选我失败了，可竞选设计的海报没有被我扔进垃圾桶，我把它带回了家，贴在一个房间的门后。就是这次失败，教会了我面对吧，就像我会关注宣传部贴出的每一张海报组织的每一次活动那样，面对你应该面对的一切，无论是收获还是失去。我可以对着海报左上角的"宣传部"三个字，开心地笑。有时候我在想，我是不是该庆幸，没有进入学生会，腾出了更多的工作时间，让我专心于我的2班。

转眼间两年轻松的时光就溜走了，到了高二的暑假。在别人忙着写作业、补习功课、突击自主招生的时候，成人仪式的工作又走进了我的生活。本来报名参加的是技术组，却被糊里糊涂地安插到了后勤组，莫名其妙地当上了组长。既然做了组长，当一日尽一日之责。假期的任务就是和校友联系制作宣传图，高三开学了，随着成人仪式的临近，工作更加繁忙。九月录音，带着老师和小朋友在录音棚忙活；十月成人礼，之前要张罗借服装借道具；十一月后期策划、彩排，一下课就要往需要我去的地方跑；而账目的工作，更是从始至终贯穿在每个环节，上万元的收支不能出一点差错。最苦的就数最后那两周了，整个筹备组的所有人，每天从早忙到晚，有哪一天在十点前回过家呢？还记得和技术组同学一起熬夜合成PPT到凌晨五点，小睡一会儿爬起来上学，不知道那天灌下了多少杯咖啡。学校里需要在学习之余完成工作，家里需要和爸妈解释听他们批评教育。我们这些人，几乎家家都是天天处于战争状态吧，和家长哭着保证不会影响上课学习后，又要回来充满热情地完成工作。爸妈和我说，你就只是个后勤组组长，就算你们把成人仪式办得再好，功劳也是别人的，没你后勤组什么事儿，你天天跟着忙什么。那次的期中考试，成绩惨不忍睹，别人劝我辞了吧，再这样下去不行的。可是，眼看所有人忙碌了几个月的成人仪式就要来了，我们的梦想就要实现了，我哪能放弃。那是我们所有人的成人仪式，倘若每个工作人员此时都因怕影响到学习而退出，只剩下一步之遥的梦想就随之破灭了。本来，我就是那样一个一旦放手去做就一定要做到最好的人，所以，顶住学校和家里的双重压力坚守到了最后。直到11月26日成人仪式结束，所有的工作人员在台上合影留念的时候，才有了功德圆满的快感。但我后勤的工作却也没有因为背景LED的关闭而终结，一模前，我还独自一人为纪念光盘的事情忙碌着……

朋友说，你真的是个十足的工作狂。我笑一笑回答，习惯了。是啊，习惯了十二年，习惯了充实和忙碌，除了学习，工作也是我生活中不可分割的一部分。总觉得，一个集体的成败非一人之力，但绝不可缺少一人之力。所以，我又怎能轻易放下。虽然在四中的三年，只是我这十二年学生生活的四分之一，而这四分之一却带给我了从容不迫，带给我了雷厉风行，带给我了最多的经验和自信。当毕业了，同学仍需要我组织活动，告诉我舍我其谁的时候，我知道我可以做好每一件事情。

洋洋洒洒写到这里，满心的话却只想敲下"感谢"二字了。真的要感谢在四中这三年。

虽然，查到高考成绩，拿到录取通知书的时候，心里的失落是那样的清晰可见，和自己走入四中时的预想有不小的差距。但是，当我现在就要停笔的时候，可以说，选择四中，选择四中的育人方式，选择这里学习之外的种种磨砺，我不后悔。四中，见证了我从十五岁长大到十八岁，见证了我对学习的认识与思考，见证了我对待工作的激情和热忱，见证了我能够勇敢面对一切，见证了我在重重问题前的抉择，见证了我渐渐学会责任与担当。我想，此时此刻，每一个四中人都会说，我是合格的四中人，是优秀的四中人。我相信，有一天，我们也会对自己说，我们是杰出的中国人。

我知道一人的感谢很无力，但仍旧是感谢四中。我会记得，2008 年到 2011 年，成长在这个叫北京四中的地方。

培养之重　可言可表

胡可弘　吴智玲

前些日子，一直看到胡笑蕾对着电脑改她的稿子。未料及今日，作为家长的我也需要动笔了。

其实孩子当初选择四中只是出于偶然，初中的前两年半时间她都未曾想过要走出东城。而今，我又觉得选择四中似乎在冥冥之中是一种必然，也是四中给了她更多的历练、更广阔的天空。

在学习上，我不想多说什么，因为就笑蕾的高考而言，她的成绩与她自己及家长的期许还是有一定差距的。她自己说，原因在于没有较早找到适合自己的学习方法，按照合理且实用的方式去学习每一个学科，加上她的刻苦程度受到兴趣的影响，偏科的情况也很严重。可作为旁观的家长，我们比她自己看得更清楚吧，学生工作占据了她相当多的时间，要说工作完全没有影响到她的学习，那是不切实际的，不知多少次了，面对她放下学习和休息全身心地投入工作，我的确不知该喜还是该忧，更不知道在她很幼小的时候我就鼓励她做学生干部的初衷是对还是错。

还在学前班的时候，她便开始承担班长的工作了，还一人包揽了所有科目的课代表。当然，那时没有太多的任务，只是放学了带队出校门，上课前跑去找老师这样简单的任务。看笑蕾乐此不疲地做着工作，我们觉得那是对孩子的锻炼，所以一直全力支持。就这样，班长一做就是十年，成了一种习惯。看着她的学生工作越做越出色，得到了所有人的认可，学习成绩也能名

113

列前茅，做父母的心里当然很欣慰。同时，由于孩子的优秀而被许多家长和老师仰视也成了一种习惯。

到了高一，她的班长工作中断，看得出来她有些失落。不过我以为，换个轻松点儿的工作，她就可以把更多的时间留给学习了，也未尝不是好事。但没想到，她依旧那么忙碌，甚至比从前还要忙碌。作为团支部的组织委员，要组织每一次活动，还要做许多"分外"的事情，制定班级量化管理细则、准备班会等等。我们劝她，做好自己分内的工作就行了，可她说自己习惯了忙碌，闲下来才更难受。我也理解吧，毕竟十年的习惯不是一时半会儿就可以改变。可这种理解似乎成了纵容，众多工作接踵而来，就像洪水泛滥一样淹没了她的生活。我们总问她："这是你该做的事儿吗，别人都干什么了？"她不是说"这就是我该干的啊"，就是说"都是班委啊，帮帮忙呗"。真不知道在她心里学习和工作到底哪个更为重要，我时常为之很郁闷，更多的是无奈！

难道她就是人们常说的典型的工作狂？班里的工作没放下，又揽了些学生会的事儿。我知道，在她得知四中有学生会的时候便已下定决心要试一试了，可没想到她在学习、班级工作这般繁重的情况下，仍旧没有打消这个念头。当了宣传部的干事，就又和水彩画、板报、视频制作打起了交道。不知道她从哪儿听来的那句话，在我们问她能不能把工作放一放的时候说："干事就是干事儿的。"看着她从柜子里翻出好多年不用的颜料和画笔，照着小样仔细画着宣传海报；天色完全黑下来了，还不见她归来的身影，我们焦急地在家直转圈，原来她是在学校完成冬锻的板报才回家；接着，她又学起用软件编辑视频，为电影节各班的视频做整理剪辑。之后又忙上了学生会换届的竞选，她想挑战一下，家长没有理由不支持。看着她冲过之前的几关，到了最后的竞选演讲败下阵来，但她并没有因此表现出失落。我想这失败也应该是件好事吧，一生岂能事事顺心、时时如愿，偶尔的失意也是种历练和积累吧，她能因此而成长、而坚强。

高一过去，正是因为笑蕾的工作太到位、能力太出众吧，时隔一年她又成了班长。她自己说，工作量还是那么多，因为高一的时候已经把那些不属于自己的工作都做了。每天看她完成作业后，如果有班级工作就会义无反顾地扔下课本去做。她一直在收集班里的各种素材，活动照片尤为齐全，每个文件夹都是以活动日期和名称为名。家里的相机好像成了班里的公共财产，背在书包里随时备用，晚上便存到电脑里那个叫"班级照片"的文件夹里。

大家都知道是她一直在收集这些素材，谁需要用了只要一个短信过来，她就会耐心周到地提供帮助。而事实上，班里的大大小小事情哪个又能少了她的参与？甲流期间，他们班成了学校第一个停课的班级。早上五点多笑蕾就接到了第一位同学的短信，说是发烧了让帮忙请假。她比平时更早地赶去学校告诉老师，谁曾想有一半的同学都出现了发烧的症状。孩子回家说，同学们都慌了神，在大家喝着医务室老师送来的药的时候，她给没来上学的每位同学家里都打了电话询问情况。就在学校让整个年级放假回家的时候，她还留在学校整理所有同学的联系方式以便之后给大家传达学校的通知。说实话，我很欣赏她这种从容不迫，能够在大多数人的慌乱之外镇定自若。到此时，我深深感到孩子从日积月累的锻炼中受益匪浅，那种沉稳和淡定比成人有过之而无不及。当然，过人的工作能力也是在这十年中磨砺而出的。就拿班里新年联欢会来说吧，据我所知他们是没有定由谁来主持的，可是她却在期末紧张复习的时候承担做 ppt 的工作。一张张筛选照片，编排各个游戏的顺序，选合适的背景音乐，然后再精心制作到深夜，第二天又要一个人掌控全局。虽然，她在学校里的种种我不能全部看到，但当我去学校开家长会，看着老师说起笑蕾工作时赞许的眼光，我就知道我的女儿一定是一名极为出色的学生干部。

然而，出色的工作能力和极大的工作热情又给她带来了更多的额外的工作。快要高三了，本打算和孩子商量，是时候放下部分手头的工作，把更多的精力留给高三复习了。谁知，她却又有了新任务——成人仪式，当上了成人仪式的后勤组组长。起初，我想后勤组无非就是安排点儿后勤工作，不会占用太多时间，也就同意了。暑假的时候，不像其他同学还要忙着准备自主招生，她可以好好利用这个假期的时间查缺补漏了。可我看到的是：她又开始对着电脑忙碌了。走近一看，她是在用 photoshop 做成人仪式的设计方案。当时我甚是不解，难道出设计方案也是后勤组分内的事情吗？我问她，她说本来是找校友做的，可是他出的图一直达不到所要的效果，只好自己上阵了。本以为设计方案做完就没有太多的事情了，但谁也没料到高三开学后工作任务竟会更重。记得那是中秋节三天假期，可她接到安排竟还要出去找录音棚为成人仪式上要播放的内容做准备。作为家长，我们当然不希望孩子进入了高三还要为学生工作忙得昏天黑地，不想总在凌晨听到她还在和活动策划打着电话。问她可不可以不去，可是她的态度却很坚决，因为她是一旦做了什么就要全力以赴、并且竭尽全力追求完美的人。为此，一番争吵，家里鸡飞狗跳，她还是哭着出门工作去了。眼看着高三开学一个月了，我从未看到笑蕾沉下心来学习过，听到她说十一还有工作要做，真的是又气又急又无奈。我也理解她的个性，从小就做学生工作的她是个责任心高于一切的孩子，多次劝她把手头的工作放一放。可她哪能听得进去。十一过后，她告诉我们，这个月不会再那么忙了，再有事也是到开成人仪式的前夕，占用很少的时间，终于可以消停一下来了。心里的石头刚刚落地，谁知这石头又被风浪卷起。假期那一套设计方案又因策划们换了思路而被推翻，重新制作的工作又落在了她肩上。这次她不敢回家来做，每天放学了在学校赶工，每天都很晚才回到家里。那可是分秒必争的高三，面临的是人生至关重要的高考呀！面对应试教育的现状，差一分就很可能就意味着失去了更好的机会、甚至会失去更美好的前程！一寸光阴一寸金，有哪一位家长愿意自己的孩子每天为了和学习不相关的事情而忙得焦头烂额？不知道她到底是不是真的那么不理解父母的心！面对她多次带着眼泪的请求，我勉强同意她做完这次成人仪式的工作。其实，我心里也明白，即使我不同意，她也不会放下工作的。十一月中旬开始，每晚十点前她从来没有回到家过。看她十点多才有空坐下来去学习，总是气不过要数落她两句。她也总是说："没几天了，让我忙完吧"。成人仪式那天坐在会场里，别的家长都和自己的孩子坐在一起，可我前面的座位是空荡荡的。看着笑蕾穿着一身正装在台前跑来跑去忙碌着，听着她脚下的高跟鞋踏在地上嗒嗒的声响，既陌生又动听，那是生命成长的旋律、那是青春热情的鼓点。那时那刻，我的心里真的又有些许骄傲了，是我的女儿在为这么多人忙碌着、奉献着。三个小时仪式结束，我们这些工作人员的家长也享受特权留到了最后。看着那些孩子们一个个满足的样子，看着女儿幸福地笑着，之前的抱怨也随之不复存在了。

笑蕾能够成为今天这样一位出色的学生干部，与这十几年来的历练是分不开的。正是因为经过了这种种的考验，她才会拥有过人的工作能力与魄力。我想，这一切对于十八岁的她一定会是一笔取之不尽的财富，能够比大多数人提前拥有这一切，她是值得的、更是幸运的。这十三年的工作带给她的，将会使她受益终生！

宋　　然

Song ran

　　2011届高三（2）班班长，高三年级上学期被选为北大校长实名制推荐学生。

　　连续三年被评为校级三好学生、优秀学生干部，曾荣获西城区五四表彰优秀志愿者、北京四中优秀学生、五项标兵等称号。高考中以理科667分考入北京大学光华管理学院。

　　由于家长在银行工作，自小就对商业特别是金融有一定了解并逐渐产生了浓厚的兴趣。性格开朗，喜与人交流，有一定的组织能力和沟通能力，自认为比较适合这一领域的工作。

　　希望在大学的四年里继续追求上进。同时通过多参加社会活动开阔眼界，锻炼能力，努力做到全面发展。至于今后漫长的人生旅途，会有许多意想不到的事情发生，但我想有一个准则会为我指引一条正确的道路，那就是：做人，顶天立地；做事，无愧于心。

只问耕耘

——记高中三年成长思考

　　时光荏苒，转眼间又是三个春秋。诗人说生活像一杯浓茶，越是细细品味越是醇香。也许行色匆匆的我们没有时间且行且思悟，但今日回想起来，往昔峥嵘岁月却依然历历在目，遂作此文，一是怀念过去三年洒满阳光的日子，二是与读者分享自己对高中生活的一点体会。

　　我有幸在四中这所百年名校求学三年。人们说高中是人生中一段黄金时光，事实的确如此。三年来，我从青涩走向成熟，从一个天真而幼稚的少年逐渐转变为一个明确了目标并满载信心上路的青年人。这一阶段发生了许许多多令我印象深刻的故事，但限于篇幅，只在此分享其中对我触动最深的部分。

三年我所走过的心路历程

还记得高一伊始坐在礼堂里参加迎新会时，心中满溢着兴奋，又有一丝对未知的憧憬与忐忑，高中的路就是从那时开始的。当然，最初的新鲜感过后，很快就遇见一个难题，这就是选择。种类繁多的社团、俱乐部，竞赛小组，甚至还有学生会，这一切都是强有力的吸引。还记得因为时间实在不够而不得不放弃好不容易通过面试得来参加模联社团的机会时，心中的遗憾良久不能释怀。其实选择就是这样残酷，对刚入学的学生来说，可以投入的时间与精力总是小于期望，硬要体验一切反而会导致一事无成，所以需要学会舍弃。高一做选择前先要明确自己的大致目标是什么：如果目标是出国，那就应该多参加一些社会活动丰富简历；而如果目标是高考，那就一定把学业放在首位，用适当的课外活动放松身心，培养特长。清楚了本和末，才能有条不紊地融入高中生活。

面对选择，要学会舍弃。

适应了高中的节奏后，就会有对自己的定位。或许你发现周边强手如林，相对众多"大牛"，自己显得极为渺小；也可能你依然可以信心满满地说自己是佼佼者。无论哪种情况，都要保持一种乐观与积极的态度，既不能自卑也不要自负。我们班曾有一位女生写过一篇文章给我触动很大：初中她一直是同学们关注的焦点，然而高中在四中实验班这个卧虎藏龙的地方，她发现身上的光环逐渐褪去了，自己变成了很普通的一员。开始她当然会很沮丧，但静下心来想想，这不能成为自己消沉的理由啊，既是一朵无名的小花，就不要抱怨，争取用绚丽的绽放诠释自己的价值。我想我们都应有这样的态度，佼佼者也不例外而应更多地帮助他人共同奋进。我属于在以前一贯不错的类型，上高中后申请做班长锻炼自己也服务他人，周边的强手多了挑战也就多了，但我想这与其说是压力，不如说更是一件好事，因为在一个良性竞争的环境里，个体反而能被激发出最大的潜能。所以我告诉自己要放平心态，不如他人处就虚心请教，保持一贯的状态和方式，最终也取得了不错的效果。

面对新的环境，要保有乐观与积极的精神。

高中生活的动力来源于哪里呢？如果你选择做个强者，做个不知疲倦的挑战者，那你终将迎来胜利的曙光。我想驱使我们奋进的正是那种精益求精的精神，这并不意味着完美主义，而是一种永不放弃的生活态度。吾辈方盛年，无惧失败，只要坚持终会成功！

高中对我有影响的几件大事

首先是我所承担班长的职务。像其他所有社会工作一样，班长的职务绝不是供人瞻仰的光环，而是沉甸甸的责任。申请时，我曾有过一刻的犹豫：我能否胜任自己的工作？回想之前的岁月，我的性格其实偏内向，也从来没有做过这样的职务，但我愿意争取一次锻炼自身、服务他人的机会，也告诉自己不怕从零做起，虚心接受各种可能的挫折或批评，在实践中积累经验。就是抱着这样的心态，我开始承担自己的社会工作。

我经常想，高中生活给我的最大收获就是只要你能够无怨无悔地付出自己的努力去做一件事，那么一定会取得收获，这里也是同样。工作上的经验很快就积累起来，从第一次主持班会时的紧张，第一周被各种日常事务搞的手忙脚乱，到后来工作时逐渐熟练，沟通时逐渐从容，一点一滴的变化强化着自己的信心。其实我认为无论做什么工作，最需要的都是责任感，具体体现是一种主人的感觉：是班级的主人、学校的主人，所以珍惜他的每一个荣誉，关注他的每一点细节……记得一次国庆背景方队演练结束，我和几个班委把其他同学道具包中被雨淋湿的道具一一取出来，展开放在窗台上晾晒，走出教室的一刹那回头望去，五彩的花球仿佛编织成一片花海般美丽……那一刻，一种幸福感油然而生。幸福，往往在细节中呈现。

承担班级工作教给我很重要的一点是要高效利用时间。工作势必会占用一部分时间，尤其像班长这种统筹性的职务，需要投入的精力更多，这就需要高效地利用时间。怎么做到呢？我想最大的法宝是专注，专注于你所干的事，无论工作还是学习，无论精力旺盛或是已经疲惫，都要百分百地投入。一次考试的前一天，我和另一位同学突然接到通知要主持考后的年级会。时间已经不多，只好利用下午的时间赶写主持稿，于是就只有一晚上来准备两科的考试。我告诉自己不要慌张，与其匆匆忙忙赶复习进程，不如什么都不想，认认真真复习好手头的资料。结果在"专注"中，我吃惊地发现自己的效率比放松注意力时高了很多，最后顺利地完成了复习。高效利用时间是处理工作与学习间关系的正确方法。

工作时当然也要注重方法。有些责任是具体的，像班级的日常事务，要与其他干部、同学配合，有条不紊地进行；但是更多的责任来自于无形，比如整个班级的精神风貌，心理状态，这是长期积累下来的，就需要长期保持工作的热情、敏锐的观察，及时与老师同学交流，还要有一种真诚的奉献精神。另外承担工作有时会给人不错的自我感觉，但也有时会感到无力或挫败：如果是因为自身缺乏经验或考虑不周引发的疏忽，那就要正视并虚心接受来自各方面的批评；如果是工作难以开展，就应该及时与同学、老师交流，寻求建议或帮助；而如果是突如其来的任务使人感到力不从心，要先做好权衡，觉得不行就说明实际情况而不要勉力为之，觉得值得就不要犹豫，全力以赴做到最好。

最后一点是被选为北大校长实名制推荐学生。高三上学期，我荣幸地被选为北大校长推荐候选人。其实这个结果我之前并没有想到，只是一直在尽力调整自己的状态，认真做好该做的事情。但既然得到了这个荣誉——对自己三年来学习生活和工作成果的肯定，我更把它视作一种鞭策——激励自己再接再厉并在剩余的时间里保持一贯的严谨、上进再创辉煌。在此我想给获得校长推荐资格或自主招生取得加分的同学一点建议，取得加分绝不是进入保险箱，诸如此类最终高考落榜的例子比比皆是，要更加努力地证明自己当之无愧。同时取得荣誉也要懂得感恩，是母校的培养造就了今天的自己，自己更有义务做好表率，带动班级积极向上氛围的形成，为集体、同学再尽自己的一份力量。一个上进的环境会激发每个个体的潜能，比如大家不妨考察一下，高考中能超水平发挥的集体一定是凝聚力很强的集体，大家的力量如果汇聚成合力，将是无坚不摧、无战不胜的。

写在最后

高中的生活走到末尾，我平静地坐在电脑前，因卸下了高考的重担而可以长舒一口气。回想往昔三载，尽管有着青春的躁动，有着不得不趋向功利的匆忙，但这段成长的岁月无疑是一段洒满阳光的、朝气蓬勃的日子，是人生中独一无二的宝贵财富。我们的人生路上充斥着潮起潮落、四季轮回，但拥有了乐观的心态、坚定的信念，就有了执着追梦的动力。再看文题，"只问耕耘"，不必非有灿烂的果实，只要有辛勤耕耘过的春夏秋冬，有在追梦路上留下青春的背影，就足以令人无悔。记住：只问耕耘，享受过程是有志者共有的一份睿智与大气。这不仅是我的自我砥砺，更愿与读者诸君共勉。

在最后，我预祝各位读者通过自己的努力最终实现理想，为自己的青春画上灿烂的一笔。记住：只问耕耘，奋斗无悔！

感悟儿子的成长

宋铁明　王林

2011 年 7 月 20 日，我们接到了儿子被北京大学录取的通知书。当时宋然正在前往西藏的列车上，准备利用假期到他一直向往的世界屋脊去舒缓高考前后的紧张，放飞自己心情。之前，在等待录取通知书的日子里，看得出他的焦急，又能感到他的一份淡定与从容。高考之后，儿子就向我们"声明"："不要再提及高考的事情，就等着录取通知书吧。"我们很了解儿子当时的心理，他一向是个对自己要求高，有追求的孩子，从他高考后我们之间交流中的只言片语中我们能感到他对此次高考的表现，总体上比较满意，但其中也出现了自己不能原谅的失误，离自己既定的目标是有差距的。但他的淡定与从容，又传递给我们一种在他身上常常能迸发出的自信与坚定。就这样，我们听从儿子的建议，不再提及高考的事情，跟着他的"感觉"一直默默地等待着录取通知书的到来。

一接到录取通知书，就想立即打开看看是否被他期盼已久的光华管理学院录取，但我们没有忘记征求儿子的意见，拨通了儿子的手机，"妈，您帮我打开看看吧。"我急忙打开录取通知书，光华管理学院一行加重的字体一下子抓住了我的眼球，我立即将这一我们共同期盼的喜讯传递给他。"然然，恭喜你！终于如愿以偿了"。"谢谢妈妈，您帮我把录取通知书收好吧。"听到儿子的声音，我知道此刻的他心里一定也是满满的喜悦，但我们坚信他内心的最强音一定是："相信我，一定行"。这是多少次他从心底传出的"力量信号"。也就是在这种力量的支撑下，在他成长的历程中，有付出的辛勤和汗水，更有收获的成功和喜悦。几点感悟与家长们交流与分享：

孩子的自信心是靠培养和鼓励的。其实儿子从小就比较内向，胆子也不大。作为男孩子，我们意识到应培养他具有坚定的信心和勇敢的品质。从他上小学开始，我们就抓住各种机会锻炼他。记得儿子上小学一年级时，正逢国庆和学校迎来大型校庆活动，他回家告诉我们，老师让同学自愿报名参加并要演出节目。我们问他："你报名参加了吗？"，他说"我们班里好多同学都报名了，我没有报名，我不会演出节目"。我们很清楚儿子一定是胆子小，缺乏勇气，并且他的确没有什么成形的节目可演。怎么办？我们想这就是一次难得的机会，他刚刚上学，第一次的经历会对他影响至深，我们一定要让他有勇气报名参加并上台演出节目。我们动员了儿子去找老师报名，另外还帮助他把在幼儿园里学到的一首诗歌——"我爱我的祖国"进行排练，帮助他树立信心。最终，在学校挑选节目中，儿子的表演受到了老师的认可，并确定他的节目上台表演。儿子像变了一个人似的，天天认真进行练习，看到他的心理变化，听着他那稚嫩的"抑扬顿挫"，我们感到由衷的欣慰。那些天，老师也在鼓励他。表演当天，儿子声音洪亮，极具感情地朗诵着"我爱我的祖国"，之后，台下响起了热烈的掌声。回到班里，老师和同学又为他鼓起了掌，我们也为他竖起了大拇指，那时，我们看到了他的脸上充满着成功的喜悦。这件事，给了宋然很大的信心，在他幼小的心灵中埋下了希望的种子。我们告诉他这样一个道理，"一定要对自己有信心，相信只要自己付出努力，坚持并勇敢地克服困难，就会迎来胜利"。

在宋然成长的历程中，一方面我们通过鼓励孩子多做一些力所能及的事情，通过多参加一些课外活动和社会实践，开拓视野，帮助他逐步树立起自信，让孩子觉得他能行，他一定行！另一方面让他知道我们相信他通过自己的努力一定会达到既定的目标。比如，从小学他主动竞聘班干部到初中担任班级学习委员再到高中以来一直担任班长，我们都积极地鼓励和支持他，并且也鼓励他积极参与各种社区志愿者活动，高二下学期他还光荣地被评为了西城区五四表彰优秀志愿者。我们欣慰地看到了儿子的点点滴滴成长，他从一个内向、胆小的小男孩到他主动争取每一次锻炼和展示自己的机会，而且有着不怕从零做起，接受各种可能的挫折，无惧失败和坚持的勇气，我们感到儿子已逐步成长为一个真正的男子汉！在高中阶段他参加了学校组织的许多活动，作为同学代表赴美出访，在全年级师生到日本游学活动中，他荣幸地作为中国学生代表进行发言，受到了老师和同学们的一致好评；还曾作为学长受老师的委托，在学校召开的迎新会上，送去对高一新生的寄语——这一切，都是对他的历练。

　　在鼓励孩子参加课外活动和社会实践中，不仅能开拓孩子的视野，培养孩子的自信心，更能培养他强烈的责任感和担当意识。值得一提的是此举还能收到事半功倍的效果：就是让他学会了如何高效利用时间，找到最佳的学习方法，争取达到最好的学习效果。当然家长也要正确地引导。作为家长，谁都想让自己的孩子学习成绩好，但是常常用尽"招数"也不"奏效"，与其更多的唠叨，不妨让他去学会合理而高效地利用时间，时间是有限的，想同时做好两件或更多的事情很不容易，如何摆布时间，只有在切身经历的过程中方能悟出"真知"，他才会受用一生。

　　在高效利用时间上宋然对自己要求很严格，这也是他高中三年来在学习上制胜的法宝。他从不浪费时间，做无意义的事情。比如，他给自己制定了严谨的作息时间：每天放学时间大致是规律的，到家后，先学习一会儿，固定时间看新闻，阅读报纸，晚饭时和家人沟通学校及其他一些感兴趣的话题，晚上继续学习到自己规定的时间准备休息。几年来，一直坚持，从未懈怠。正是他不懈的坚持，成就了自己的学业，尤其是高中三年来，他的学习成绩一直名列年级前茅。他能够取得今天的成绩，最大的动力源泉是为自己树立了明确的目标和努力的方向。正像他在申请北大校长实名推荐人选中写到的："在高中的三年里，我不仅要在学业上严格要求自己，力争上游；更要使自己得到全面发展，利用四中广阔的平台，开拓视野、锻炼能力、培养责任感，向着成为一名'杰出的中国人'的目标而努力。"正是这一明确的目标和努力的方向激励着他，最终成为北大校长实名推荐人选并以优异的成绩考取了北京大学光华管理学院，实现了自己的梦想，向着自己的人生目标又迈进了一步。

　　时间荏苒，回望曾经，感悟儿子的成长，思绪万千，其中离不开家长的悉心呵护与陪伴，离不开学校和老师的谆谆教诲和培养，同样离不开孩子自己的不懈努力。在此，我们想以孩子在高三毕业典礼上发自肺腑的一席话诠释作为家长的心声："即将高中毕业了，舍不得的更是四中，这片沃土是我们播撒梦想的地方，也是我们收获果实的地方。他不仅传授给我们知识，更开阔了我们的视野，在潜移默化中教会我们做人、做事。伴随着高中三年学习、生活以及班级工作的点点滴滴，有欢乐、有泪水、有成功、有挫折，一路走来自己在不断地成长。四中的育人理念、老师的谆谆教导给予了我知识和智慧，教会了我做人和担当。我会永远铭记"做杰出的中国人"，用实际行动回报母校和老师的培育之恩！"

熊 思 雨

Xiong si yu

北京四中 2011 届 6 班学习委员。高中阶段连年被评为三好学生、优秀生、优秀团员标兵，多次获得数学、生物、英语等竞赛奖项。在北京大学自主招生中获得 60 分加分；参加香港大学校长推荐计划获得 25 分专业加分，并被香港大学理学院录取。最终选择北大，在高考中以 672 分被北京大学数学科学学院录取。

静水流深

这个暑假，电视上又是铺天盖地的《士兵突击》。初三的时候，正是"不抛弃，不放弃"的口号伴随我们走过了那一年，而今重温，似乎又多了几分感慨。有一幕，成才默默地问许三多："你还能想起在钢七连待过的每一天吗？"许三多木讷却又坚定地回答："能。"而今天，如果有人问我："你还能想起在四中待过的每一天吗？"我的回答同样是："能！"

三年来，我们和四中一起经历了很多。当这些回忆——画面与声响交织成细密的网，从那些缝隙中我们有所发现，这些发现却并不突兀。四中生活，绝不仅仅是学习和各种实践活动的简单汇集，它们背后，有我们成长的思考与抉择。这些回忆太过丰富与繁杂，我试图从中撷取几朵小小的浪花，以此来提醒自己那片大海的存在。在此记录高中生涯几个零星的片段，给自己留下一笔回忆的财富，希望它们能简单呈现一个普通四中学子的平凡生活，也希望这些经历与思考能够成为我们未来发展中一些不平凡的契机。

四中，四中人，且行且珍惜。

　　2009 年 4 月 15 日，我第一次踏入了北京四中的校门。因为父母的工作调动，我也从长沙来到了北京。小学时便知道了北京四中，一直深深地被她大气包容的风范和民主创新的教育理念所吸引，于是我向四中寄出了我的简历。令我感到非常荣幸和感动的，四中同样接受了我。从这一天起，我便成为了一名真正的四中学子，开始了在四中的高中生涯。

　　之前我一直就读于长沙市一中，一北一南，这两所学校却有着许多共同点：同样是百年名校，同样是坚持素质教育，同样是有着丰富的社团和社会活动……不难想象，四中从第一眼就带给我一种熟悉感和亲切感，使我在极短的时间内就适应了四中，适应了北京。

　　当然，这些所谓的熟悉感和亲切感只是一些虚无缥缈的说法，有这样的心理认同很好，但我猜想真正起到关键作用的是那些接踵而至的任务和安排促使我只能马不停蹄地将它们一项项解决，根本无暇去胡思乱想、多愁善感。刚到四中，便得知离高一下学期的期中考试只剩不到一个星期的时间。完全不同的语文和英语教材，版本不同的数学教材，进度不同的物理和化学课程……我面临了来到四中的第一次挑战。于是我借来同学的语文课本复印，在那个周末抱着厚厚的一摞复印纸自学完了必修 2 的全部古文和字词；在叶长军老师格外紧凑的化学课上充实了自己所落下的知识；对照着同学的笔记把物理机械能自学完毕；通过教程掌握了不同的编程软件；其间还进行了选修课和体育课项目的选择。

　　一个星期其实过得很快，但我似乎并未拿出专门的心思准备一场"考试"，而是沉浸在单纯的心无杂念的学习之中，勇敢地毫不退缩地迎接检验，结果当然也是好的。期中后，数学老师将我转入 A 班学习；学期结束时我也如愿进入英语 A 班。四中给了我机会，我也抓住了这些机会提升自己、证明自己。

　　总有人问我，从长沙到北京会不会很不适应？怎么样调整自己的？总之就是期望看到一个充满了挣扎、痛苦、迷茫，最后又因为各种机缘巧合而奋起努力最终欢喜大结局的传奇故事。可事实上，我并没有这样的体会。前一天晚上刚知道联系了北京四中可能要转学，第二天中午就坐飞机到了北京，这算不算一种"无缝连接"呢？另外，来到一个新环境里，我没有给自己任何的心理压力，就只是很自然地按照计划安排，做自己的事情，参加所有的集体活动，和大家一起快乐。就这样，至少站在我现在的位置往回看，一切衔接得是那么自然，似乎在我没注意到的时候，习惯了没有午休下午却更早放学的作息，习惯了大家约定俗成的简称"XTZ"（西城的练习册），习惯了更少的作业和更多的改错总结……

高一下学期正是文理分科的前夕。其实之前从未考虑过这个问题，总觉得自己怎么可能学文呢。只是突然地，年级里热闹起来了，大家都爱互相问问是学文还是学理，（现在想来，那也许正是我们职业生涯规划的第一步吧）于是我也静下心来开始规划自己的未来。

从小到大，虽然也没有谁给我渗透过这样的想法，但我潜意识里已经认定自己一定会选择理科。莫名其妙地，班上有位哲学大牛坚持认为我应该转文（而且直到高考结束还这么认为……），着实让我惊愕不已。其实，我对人文学科一直也很有兴趣，必修的史地政自是不必说，就连学校举办的所有讲座最初都是一场不落，每周的随笔几乎都能得到老师的好评……四中的人文氛围亦是相当浓厚，我不知道还有哪个校园有这样的景象：清晨在老校长室前的露天平台上大家手捧《论语》高声朗诵；午休时在连廊上弹奏古琴一派雅士风范；放学后更是有各种人文社科类社团的讲习；更不必说那些亲自上阵出演古装话剧《郑伯克段于鄢》的老师们和那些即使在理科课上也能和老师用哲学原理唇枪舌剑的同学们。当然，理科的严谨和神奇一直是我钟爱的，我也十分希望能够更深入更专业地学习这类学科，挖掘自己的潜力。在那段时间，我没有相信所谓的测评软件，而是仔仔细细自己从各个方面考虑学文或学理之后未来的可能。最终，我轻松地在文理分科意向表上填上了"理"，既然选择了就无怨无悔，既然选择了就要做到最好。

做出选择之后，最后一次文理全科同等比重的大考随之来临，这也给它带上了别样的纪念意义。记忆最深刻的是历史试卷中有一篇小论文，要求简述某一事物或领域近百年来的历史变迁，事实上，这考查的正是我们一项历史课后研究项目的完成情况。既然是自己在课后辛苦搜集的资料，既然是自己亲手撰写过的研究报告，自然答起题来得心应手。我想这也是四中独具魅力的教学风格之一吧。这次考试中，我各科发挥都相当出色，尤其是史地政三科，以至于有同学和老师认为我应该学文。这些声音的确是对我的肯定和鼓励，但是成长过程中，人必须要独立做出一些抉择，并且为自己的决定负责到底。这一次的成功，是高一生活一个圆满的句号，让我不留遗憾地再次上路，怀着对更精深理科学习的期待和揣测，继续策马前行。

高二一年过得飞快，日子如流水般"哗哗"流淌，而这些回忆则是经过冲刷后打磨好的鹅卵石。因为有太多的活动可以选择，我相信每一个四中学子都曾经有过挑花了眼的时候。回首来时路，我的高二过得无比充实，竟不知道该将哪个片段呈现出来好。

也曾犹豫过是否加入留学大潮考 SAT、考 TOEFL，也曾在数学小组冥思苦想那些证不出来的命题，也曾连续几周去温室记录生长素探究实验的结果，还曾作为学委给年级里写学法指导，也曾照着书单将诗词小说一一蚕食，也曾在书法选修课上与国际部同学一起临写碑帖……这一年里，我也经历了成绩的起起伏伏，但更是体会到了学习的乐趣，也逐渐地开始学会自主计划和研究。语文也进入选修阶段，打乱班级限制，大家任意选修三个模块。正是因为这些选修课，整个年级好像融成了一个更大的班级，人人都可能是某门课的同学；而我所选修的"西方现代小说"、"报告文学"、"乡土文学"则留了很多讨论的话题给我们在网络平台上各抒己见，结课时每人须上交一篇论文。这样的教学方式勾起了我的兴趣，似乎我们一下子就成熟起来，可以进行真正意义上学术层面的讨论了。随后抱着试一试的心情我报名参加了生物学联赛，彼时高考大纲范围内的课程甚至都还没有教授完毕，我又从来没有接触过生物竞赛，便只好粗略地浏览《普通生物学》，又从图书馆借来许多参考书籍，最后竟也让我稀里糊涂得了个二等奖。虽然这个结果可能是很多人不屑的，但是它毕竟是我高中生涯中对生物学竞赛的一次尝试，其过程的乐趣远比结果重要。

而高二实践活动的两条主线则是职业理想教育和赴日修学考察。学期中穿插的是各种前期的资料收集和经验交流；寒假里学校通过家长，提供了一部分实习机会，更多的则是我们自己联系单位对自己未来可能要选择的职业进行了解和体验；高考周时我们期待已久的赴日修学终于成行：在佐野第一次见识到了男校，在国会向议员提出各种问题，在伊豆幻想雪夜里的舞女，在东京与讲解员比划着讨论"中心法则"，在每一次的大巴行程中严肃地交流自己的心得体会……四中人展现出了四中独有的风范，而我带着自己关于对比东京、北京城市绿化的研究性学习课题，在这一周里更多地关注了这方面。平时也许我们表现得还像是贪玩的孩子，可是这一次我深深地感受到了大家思想上、行为上的成熟。

如果说我在四中的高一是短暂的，它的关键词是"适应、融合"，那么高二一定是最能提升我们能力的一年。虽然它不如高一有那样独特的经历令人难以忘怀，不如高三离我们现在最近容易想起，但是在略显模糊的记忆中，拾取的却都是一些最能反映我们成长梯度的情景。人这一生的成长，就是有若干个不经意的时刻，让你恍然发觉自己成长的足迹。

从日本回来，"又上一层楼"，我们搬进了高三的教室。第一次的学长助学时，几乎每一位学长学姐都提到了"天道酬勤"，其中一位则说，从高三6班的教室往窗外看，正对着的就是综合楼墙上的八字校训，而如果你坐在自己的座位上，你只能看见其中的第一个词：勤奋。是的，这也是我亲身经历高三之后最大的感受。所有在高三一年踏踏实实走过来的人，最后都在高考中收获了成功。我并不认为自己通过一年的复习在学业成绩上有多大的提高，可是我能清楚地感受到每个人精神的沉淀和内心的日趋强大，而高三的主线依然是抉择与思考。

最重要的当然是潜心于学习。正如四中03届学长所说："学习是要吃苦的，是要忍得住板凳上、台灯前的寂寞。"知识的总结，主干的梳理，基础的夯实，能力的提升……这些都不是一天几天可以很快见效的，你只能忍住内心的躁动和怀疑，再次沉静下来，期待着积累足够量之后的质变。然而，你同样会发现，高三这一年又同时充满了各种学习之外需要去关注和花费精力的东西：愈演愈烈的高校自主招生，也想争夺内地生源的港校申请，北京赌博似的考前志愿填报，甚至一年比一年严苛的体育会考，有艺术和体育特长的同学还要四处去参加专业考试……我是幸运的，因为坚信自主招生结果与平时成绩成正相关，我丝毫没有特意准备自招，而自招结果也让我很欣喜，使我能够更无所顾忌地冲击最后一战。

虽然学校里总会强调大家量力而行，但社会对自主招生的关注和那些加分的诱惑依然使得几乎每一个高三生都跃跃欲试。事实上，我认为自招这件事无非是水到渠成。首先，学校会根据每人的意愿以及综合情况产生一份校荐名单，当然，也可以通过自荐的方式获得笔试资格。无论是校荐还是自荐，都需要根据高校的说明准备一份申报材料，其中最重要的就是一份表格（包括学术成绩和实践成果），所以能否通过初审其实取决于高三之前的努力和积累。而2011年的笔试放在了高三第二学期开学的前一天，本就没有专门准备自招笔试的我，这下更是把寒假的精力完全投入到校内的学习。接下来，笔试、出分、面试、等结果……每一项都平静而毫无波澜地过去了，正如在某次年级会上科老师归结的："没考上就没考上，考上也当没考上，最终得凭高考上。"自主招生周期很长，但值得一提的事情却几乎没有。它带给我最大的感受是，平静的心态和本身的实力才是决定最终结果的关键，很多时候你其实不用理睬外界的吵吵闹闹，只要保持住自己一贯的状态不被外界干扰，那么着一切都会是过眼烟云，不值一提。

我的高三或许没有很多人记录的那么轰轰烈烈、刻骨铭心，没有熬过夜（虽然我无比想尝试一次但到现在都没有实现过），没有疯狂地刷过题，没有一整天待在教室里不下楼就为了钻研一道难题；相反的，我们的体育课每天依然有，直到毕业那天，我们该参加的活动一项也没有少。高三不是高中的特殊群体，这也许正是四中引以为豪的素质教育的一个小小方面吧。我不记得考过什么题，却记得我组织过的那几次班会；不记得哪天统练，却记得哪天是体育小课，哪天是排球选修……总之，我为高考付出的，感觉却并不痛苦，而是我在通往自己理想道路上所心甘情愿做出的努力，这也应该是一种很理想的状态。

高三这一年，磨练的是意志。耐得住寂寞，挡得住诱惑，才能更好地选择，更好地实现你所选择的价值。我相信，在这个时候，我们都是无怨无悔的。

丘吉尔有句名言：伟大的代价是责任。四中人以成为杰出的中国人为己任，在追求伟大的路上，我们必然面临更多的抉择，必须承担更多的责任。四中学子的内心是永不停歇的，自强不息的；四中学子是坚忍不拔的，永不言败的！

静水流深。这是我的好友曾经给班上写的每日格言，也曾经是某次年级会的主题。静水流深，表面平静无波，实则内有丘壑。人生也是如此。谨以此来纪念我在四中度过的高中生活，也借此表达我对四中同学和老师的深深感谢。

我家有女初长成

赵冬梅

1994年4月4日，那是我们此生难忘的日子。就在这一天，上帝把可爱的女儿思雨赐给了我们。从此，在这个世界上，我们多了一个亲人，多了一份快乐，多了一份牵挂，同时也多了一份不可推卸的责任和义务——把孩子培养成一个身心健康、行为高尚、对社会有用的人。

2011年7月20日，是女儿收到北京大学录取通知书的日子。我和家人都感到十分欣慰和自豪，单位的同事也替我们高兴，有的说，身边同事来自北大清华的多，但下一代考上北大的，在我们这个年轻的单位还是第一个。

很多朋友在祝贺女儿考上北大之后都会问一句："你们是怎么教育的？怎么培养的？"有的甚至半开玩笑半当真地要我们介绍经验。说实在的，我们理不出头绪。因为越是试图总结越是感觉没怎样教育，越是努力思考越是认为教无定法，作为家长，我们所做的其实不过是在孩子成长过程中为她创造了一个和谐安定、积极向上的家庭教育氛围，做她坚强的后盾和最信赖的朋友。

良好习惯，点滴培养

俗话说，"三岁看大，七岁看老"，人的很多习惯都与孩子小时候的家庭教育有关。好的习惯是养成的，坏的毛病是宠出来的。回顾女儿的成长历程，她的学习兴趣和生活习惯都是从点滴中培养起来的。

思雨自小在外公外婆家长大，但没有受到隔辈人的过分溺爱，感受的是老人们的质朴和善良，以及大家庭里平等和独立的氛围。由于外公外婆年龄比较大，带孩子出去的时间相对少一些，有时候在家里给她讲点故事，更多的是自己看点小人书，这样女儿很小就培养了学习的兴趣，上小学之前基本已经能读书看报。那时，听女儿用稚嫩的的童声给我们念故事是我们最享受的时刻之一。小松鼠的尾巴、海的女儿、高斯的故事……伴随我们度过了许多幸福与温馨的时光！女儿因此也喜爱上了阅读，广泛的阅读对她后来的写作帮助很大。

除了培养孩子能静下来学习思考之外，我们也注意培养孩子能动起来。从上小学开始，我们就鼓励她积极参加学校的各种活动，她也一直热心为班级和同学服务，曾任长沙市一中《湘苑》杂志社和学生通讯社社长，组织策划了几期杂志和校园新闻的报道；高中时不仅做好了班内事务性工作，还多次参与年级的学法指导材料的编写；并参加青年志愿者活动，热心公益。

我们知道，充足的睡眠和休息是孩子学习和长身体的保障，因此，从第一天上学开始，我们就要求她写完作业才可以玩，早睡早起，不要熬夜，这个作息规律一直在她高考冲刺阶段都不曾打破。

依托学校，成就梦想

女儿考上北大，既是幸运之星的眷顾，但更多的是勤奋的积淀和必然。如果把这看作是一种水到渠成的幸福，那这水到渠成需要之前无数个日夜的涓涓细流不曾间断。我庆幸自己为女儿选择了适合她成长的学校，女儿也深深爱着她的那几所母校，并对其充满感恩之心。

在中国目前的应试教育大环境下，真正实现素质教育是件极其艰难的事情。我一直推崇快乐教育和赏识教育，希望学校以培养孩子的综合素质和健康人格为重。

高一下学期期中，因我们工作调动，女儿转学到了北京，北京四中以无比包容和宽广胸怀接纳了女儿，至今都让我们心存感激。在这个浮躁而功利的年代，四中的教育理念更是多年不变，它恪守教育的良知，恪守教育的本质意义，关注学生自身的发展，执著地培养学生"做杰出中国人"。不难想象，北京四中从第一天起就带给了女儿一种熟悉和亲切感，使她在较短的时间内适应了四中，适应了北京。四中优质的教育资源、先进的教育理念、教师的学识与敬业、对学生品质与意志的培养，以及丰富多彩的校园生活使孩子终身难忘、受益终身。职业理想教育、赴日修学考察、学校举办的所有讲座女儿最初也是一场不落，每周的随笔几乎都能得到老师的好评……看到女儿这么快适应四中生活，学会自主学习，我真为她感到高兴。

因为历次考试成绩排名靠前，高三上学期，女儿获得了参加北大自主招生考试的校荐资格。因为坚信自主招生结果与平时成绩正相关，女儿也就没有特意准备自主招生，没有理睬外界的吵吵闹闹，保持住了她一贯的状态不被外界干扰，寒假更是把精力完全投入到校内的学习上。经过笔试、面试，几轮下来，女儿如愿成为北大自主招生人选，并获得30分加分和专业10分的优惠。后来，北大对此次自主招生比较突出的学生，又给予了适当的放宽优惠，即在30分加分的基础上，进一步放宽优惠到降60分录取，女儿成为为数不多的幸运儿之一，为她以平常心参加高考，增添了一份自信。凭着这份自信，女儿高考发挥出了正常水平，最终以672分的实考分圆梦北大。

言传身教，营造氛围

如果说学校是孩子成功的摇篮，那么家长无疑是孩子的第一任老师，我们深信父母的言行对孩子的影响是深远的。在家里，我们尊老爱幼，家人之间互相尊重、体贴，无形中给了孩子良好的道德教育；工作上我们兢兢业业，工作之余，我们读书看报，热爱学习；家庭里的这种好学氛围，让孩子耳濡目染，激发了她对学习的兴趣，让她有一种强烈的上进心。同时，我们也注意尽可能地为她创造良好的学习环境。刚到北京时，我们住得离学校比较远，孩子在路上要花一定时间。上高三前，我们在四中附近租了房子，为她提供一个比较好的学习环境。

平时，我们也注意孩子成长过程的积累。从小学开始我就将女儿写的所有文字打印成电子文稿，起初是出于赏识教育的考虑，后来就一直这么坚持了下来。11年来共整理打印390多篇，其中：小学5年（跳了一级，未读四年级）收录打印243篇日记、作文以及25篇新闻评论；初中3年打印75篇文章和3万字的家校心得；高中3年打印72篇文章。这些文章，不论是好是坏，都代表了女儿的水平和精神状态，每一篇都是一份经历，一份感触，一段时间的结晶，记录女儿11年来的成长足迹。

在女儿成长过程中无论遇到什么问题，她都愿意与我们倾诉，而我也总是抽出时间耐心倾听，给予建议。高三前的那个暑假，虽然没有像平时那样出门旅游，但也陪孩子听了音乐会，看了几场电影，去了几回公园。周末时间我还和孩子一起做生物的果酒果醋实验，和孩子共同体验实验的神奇，分享实验的快乐。

高考冲刺阶段，家长在做好后勤工作的同时，也需要在心理、心态上做很多工作，需要帮助孩子调整心态和释放压力，向她坦诚表明父母心迹，这一点我感触很深。女儿在高考前经历了成绩的波动，西城一模时只考了640多分，排在了年级44名。尽管学校强调一模较难，620分以上是可以报北大清华的，但这也并不是她的正常水平。分析原因，我觉得她过分追求考试结果，心理负担较重，影响正常水平的发挥。在这种情况下，我清楚不能再给女儿施加任何压力，而必须想办法引导她排除各种干扰和杂念。于是我利用放学后的时间和她谈心，帮她鼓足勇气，告诉她无论结果怎样，父母都会永远支持她！退一万步讲，咱不是有那60分嘛。学校年级组长叶长军老师和班主任高珊珊老师也分别找她谈心，帮她减压，帮她打气。最后，女儿终于在考前调整好了心态，一身轻松地走进考场，发挥出了应有的水平。

女儿的每一点进步，都凝聚着老师们的长年付出和默默耕耘。特别感谢北京四中的老师们，为女儿撑起了一个寻找、创造、把握机会的平台，感谢同学们的激励鞭策，为女儿的十六七岁增添色彩。

王 舒 墨

Wang shu mo

王君舒墨，北京朝阳东坝人，自云祖上琅琊王氏，后知其戏言。

舒墨身长八尺，容貌甚伟，后因思虑安定，日渐发福。方脸浓眉，双眼炯炯，音若洪钟，时未见其人而先闻其声，穿堂入室，众人习之，竟不以为奇。

舒墨少时好动，多有嗜好。初好京戏，后转入西方美声，入合唱队。以其住宿故，常于楼梯连廊教室揣摩练习。旁人侧目之，而其终不以为意，众亦渐习，且有倾慕者。

又与傅君一行开办溪云诗社，广揽同仁，声势阔大。其离骚串讲受众广布京师，乃有四川云南友人亦来。其余如诗朗诵、DV、话剧等多有名声。舒墨能为文，有禀赋，恢恢乎游于风格。其文章不群，词采精拔，跌宕昭彰，横素波而旁流，干青云而直上。

舒墨多有异于人处，贵能故我，久之独成一格。其为人也，性慷爽正大，进取不息，三载之间由文艺转而入西方思辨哲学，再入儒学，所好所学，皆能贯注其中，有所领悟，而志益笃诚，思益精微。与人交友，能谅，能正人之过。善交友，朋友数，然渐以为轻薄烦扰，深戒之。

舒墨长于言谈，口吐莲花，能服人，能悦人。其思高远，其言深隽。然亦滔滔不绝，流于空泛，患之，尝每七日禁言一日，法不得当，收效微。

舒墨历任文学社副社长，诗社创始人兼社长、人文班班长、副班长。高考后入蜀求学。

离弦的箭矢
——建立内在信仰的黄金三年

我的高中三年经历了许多曲折、弯路——当然，这两个词还可以解读为"看到了更多风景"；可是，如果让我为有志于在人文之路上有所思求的朋友们提供一些经验教训的话，我当然还是要截弯取直，只谈这三年"人文生涯"里我最看重的的东西。

十五到十八岁，恐怕是一个人自我意识成型的最关键时期。在这个阶段，我们能否把握自己内在观照的方向，能否自为地激发精神生命，将成为影响我们一生的关键因素——理论上一个人可以在人生的任何一个环节开始他的内在境界的提升；然而只有这三年，高中三年，才是让心灵由匍匐而直立，由蒙曼而光明的黄金时期。

直言以告：这三年，你要抓紧时间向内观照；向外思求的事情真的没有那么着急。也许你眼看着周围同学一个个知识丰富、才艺超群十分眼红，但你还是要把握住自己，主要去观照你的内在世界——或者说，要建立起一种属于自己的信仰，一种内在的、坚实的判断体系。在这三年间，这个任务或许不总是最急迫的，但长远来看它无疑最为重要，你要用它来确定你一生的走向。

"一生的走向"并不指专业选择或者职业选择，而是意指：你笃定决心要去过什么样的生活。这就好比你站在校场的中央，四周摆了一圈靶子，你要把弦上之箭射向哪个方向呢？在你高中三年里，你要有一个基本的决断：是追逐高官厚禄，世俗享乐；还是澹泊自守，不求名利？是要忍辱负重，为天下苍生立命；还是自足自安，老婆孩子热炕头儿？

你射向哪一个靶子都是正确的，因为这是你自己的选择——只是，开弓没有回头箭，你选择的就是你要坚持的。

这个选择很重要——选不选很重要，选什么更重要。

先说选不选。

我认识一些中年人，知道一些中年人，他们生活到三四十岁，从没有真正做出过自己的选择，被机缘和命运匆匆忙忙地裹挟着，兵荒马乱间中胡乱就把这支箭射了出去——十七八岁射出去的箭，一晃就到三四十岁了。箭到半途，才发现奔的不是真正的人生靶心；不甘心得过且过，一错再错——然而改道，又谈何容易呢？那时的委屈与憋闷，就不是吾辈少年所能理解的了。

一个人在少年的时候，就该为自己立一个志向——这个志向是个大志向，不是什么工程师科学家之类的。得大到什么程度呢？——"为天地立心，为生民立命，为往圣继绝学，为万世开太平"要有这样大的志向才好。也许，最后你的现实只不过是老婆孩子热炕头，但如果你立下成就德行的大志愿，老婆孩子热炕头也可以比宝马香车更高贵。

这一支箭，射向哪里先不说，最起码它要是你自己从容选择之后才射出去的，箭离弦的那一刻你应该知道：这箭射出去，是不打算回头的。譬如说，一个人的志向是救中国与水火，一旦他的箭发出去了，他当个教师传圣贤之学也是奔靶心，他转行做工程学家研制高铁也是奔靶心，将不再有一丝一毫地改变了——因为这是他自己选的，中途被风吹落或者力道不济掉落，他也不会后悔了。

再说选什么。

关于选什么的话题，并不像选不选那样具有判然而别的明确性，因为选择的多元性是近代以来最令人类文明骄傲的成就之一。如果我在这里大谈"唯一的正途"，就无疑是一次对近三百年文明进步的一次反攻倒算。（当你看到一些人散布文化沙文主义或者原教旨主义的时候希望你想起我这句话。）所以，我想简单地谈谈我的选择，以及我是如何做出这个选择的。

对我来说，自我意识的萌发并非渐进上升的，而是阶梯步进的——一开始是文艺，后来是哲学，最终归于信仰。

我从十四岁左右开始，自觉地培养对诗歌与文学的鉴赏力与体悟力。在那一阶段，我像许多文艺气浓重的少年一样迷醉在诗词文赋的世界里，那时我幻想自己能成为一位唯美主义者。我觉得周围不懂得诗词的人都没什么品位，而我是孤高的——当然，直到现在我依然热爱文艺，自诩有着不凡的鉴赏力，但关键在于，那时我认为文学与艺术是具有至上性和唯一性的。我崇拜柳永、曹雪芹，对"不顾世俗的眼光浪荡不羁创造美欣赏美的才子"十分憧憬，对道德、信仰等板起面孔的说教有种莫名的鄙弃——我相信，有这种感觉的人不会特别多，但也不算少。

这个阶段一直持续到我十五六岁，其间我一直生活在一个粉色的大泡泡里，自我陶醉自我欣赏——然而，如今回忆起来，那时我已经隐隐感受到了一些不对劲儿：好的，这些很美，于是然后呢？换句话说，他们的价值与意义何在——我的价值与意义何在？那时的我，每次被问到这个问题，都会作文人清高状：他们的美本身就是一种价值嘛！——这是一个解答，但连我自己都没有从心底认为这是一个根本解答。

高中阶段，我短暂地向哲学的方向思求。平心而论，我的思辨能力十分有限，尤其是和我认识的一些同好相比，我简直是"586"，而他们是双核。这一时期，由于进行了太多的思辨游戏，长久以来我对价值相对性的认知由自发走向了自觉——简单地说，原来我就模模糊糊地觉得，价值是多样的，每个人都有每个人的活法嘛；这会儿我更是坚定地相信：善与恶，好与坏，一切都看思辨者的立场。我常对别人说：只要逻辑上自洽，怎么说都可以。

在我认识的朋友里，抱有这样认识的人非常多——说真的这种想法非常适合青春期的学生，又潇洒又高深，充满了怀疑精神和思辨精神。当然啦，到现在我依然努力去理解每一个学说站在他们立场上的合理性，依然努力提高自己的怀疑水平和思辨力；然而，我与我的许多朋友，把价值、道德的相对性看成一种对问题的解答——有一些朋友就此对寻找价值标准失去信心而开始经历危险地虚无主义阶段（注意，如果经过漫长思考而选择了虚无主义，我是可以理解和尊重的；但青年人一般都不是这样的情况，所以我说是危险的。）

"怎么说都行。"当然不是对问题的解答。

这就好比我问一个卖苹果的："苹果多少钱一斤？"卖苹果的说："价格是随着价值量和供求关系变化的。"

卖苹果的说了一句正确的话，却没有回答我的问题；我要叩问我存在的价值与意义，却告诉自己"价值是相对的""意义是根据立场而变化的"——谁问你这个了？我关心的，就是眼前摊子上水果的价钱；我关心的，就是我的立场与我的价值。

再深入一步："意义是根据立场而变化的"与"价格是随着价值量和供求关系变化的。"都是研究者的语言，他们对客观现象进行研究然后得出结论——上述结论也无疑是正确的。然而诸位同学，我们到底是研究苹果市场的学者呢？还是卖苹果的贩子呢？我们可以是个学者，但我们首先是个卖苹果的——连自己摊子上苹果多少钱一斤都不知道，还谈什么研究苹果市场呢？也就是说：连自己的价值与立场都还没有确立，就要潇洒而混沌地大谈价值与立场的相对性，完全是本末倒置的。

而升入高二的我，已经明确地认识到这种纯粹的思辨完全无法给我答案。思辨是一辆车，能让我快速到达目的地——然而花了许多时间找这辆车，却忘记要确定一个目的地——走到哪儿是哪儿听上去很浪漫，但实际上只令人感到惶恐与空虚。

接下来要谈的内容更加私人化，未必普遍的指导意义，仅供参考。

在高中生涯过去一半的时候，我接触到了儒学——更准确地说，我接触到了一位在信仰层面授课的老师——用中国话说，传道之师——朱翔非老师。

我对朱老师充满的感激之情。朱老师对我有极大的恩德，可以说，在朱老师课堂上学到的东西将改变我的一生——不过，对朱老师个人的介绍不是本文的重点，让我们继续来关注我冗长的心路历程。

给我们这些高中生传道真的很困难。打个不恰当的比方吧：中国有着庞大的手机市场，苹果和诺基亚为了攻占中国的手机市场而绞尽脑汁相互竞争，看起来蛮辛苦的——然而试想，假若中国根本就没有手机市场，苹果和诺基亚就要口干舌燥地告诉大家世界上还有手机这么神奇的东西，鼓动大家来用手机。我们这位老师，首先要为习惯了处于无信仰状态的我们创造一个全新的"信仰维度"，然后才好在这个维度里传道。

在朱老师的课堂上，我的认知中出现了这一全新的维度。我开始认识到，我需要的是具有如下特性的学问：超越、永恒、无限、绝对。这与我此前的认知完全不同，然而当我开始涵泳这些词语的意义时，我发现他们恰恰解答了我在文艺与思辨中都无法解答的问题：即关于我这个个体的价值、意义与立场的问题。我不再是一个审美者，亦不再以研究者自居，我开始关注自己到底什么立场，我对价值到底有着怎样的判断。我站在一个全新的高度，开始重新审视我既往的所知与经验。

进入到这个维度只是一个开始，我们还将遭逢许许多多的问题——这些问题涉及太多有关宗教、信仰、人性的内容，超出了本文的讨论能力，笔者也不敢说能够完全解决这些问题中的任何一个。但在这个维度中不到两年的体认与探索，使我获得了一些大致的方向——回到前文的那个比喻：我射出了自己的那一支箭。

我的靶子是什么？简单地说，那靶子是个体与宇宙精神的贯通，是人性在我身上的彻底舒展，达成内在的光明与和谐——非要说的话，就是这些有

137

些高阔不切与实际的词句，但非此不足以概括我理想的全体。

如果要具体地去说，我将志向定在孔门学问上，学习儒经，深入国史，修养心性，希望能为道统的接续献出自己的一份力，为中国文化的真精神争一个话语权，以期能够重建中国人的信仰——最重要的是，不辜负自己的精神追求，不违逆自己的内心。

这仅仅是一个大方向，在这个方向上，无论是学者，还是传道的教育者，乃至于人道主义工作，都可能是我未来的路。我才十九岁，很多人都告诉我，你还年轻，随时会变的——然而孔夫子十五岁时箭矢就已离弦，一生都没再回头——我射出这支箭的时间，实在已经算晚了。

也许各位朋友无法理解我个人的具体选择，但我真诚的建议你，在你做出自己选择的时候，考虑如下几点：

你的选择，是否能让你在精神层面，由速朽走向永恒，由拘泥走向超越，由相对走向绝对，由有限走向无限？

你的选择，是否能让你自己感到血性而不是怯懦，仁爱而不是冷酷，高贵而不是卑下，完整而不是残缺？

你的选择，是仅仅服务于你有限生命短暂享乐，还是将终究的目光投向一种形上追求、一种理念？

这篇文章所言的观点，并不能迎合大多数人既有的观念——况且我又不是一个深入浅出、妙趣横生的写作者、说理家——所以也就没有盼望能为每一位读者带来启迪。然而，假若我的这些怪想法，能够稍稍触动你某个封闭已久的关窍，那么很欢迎你联系笔者，我们来做更深入的探讨。

孩子的成长之路

慕莲

从孩子上学那一天起，作为家长就甘苦与共。经过了小升初的被动与无奈，中考的等待与惊喜，终于来到了高三这一备受煎熬的阶段。

在孩子成长的同时，我们也在成长。作为独生子女的家长，每一个阶段的心路历程都是无法复制的，为了纪念这个独一无二的成长过程，就让我用笨拙的文字回顾一下儿子走过的路，尤其是高中这一段重要的过程吧。

儿子从小是一个能言善辩的孩子，对人文类的知识很感兴趣。从三年级开始就动手写科幻小说连载，别的孩子写作文为凑不够字数而发愁，他却为想写的东西太多，时间不够用而苦恼。从小学五年级他就立志学文科，从而显露出偏科的倾向。别人都不理解我们两个理工科毕业生为什么会培养出一个对文科感兴趣的儿子，我们自己也觉得不可思议。也许这里有我的影响，但是我相信更多的是他自己的选择。

舒墨小学毕业后，因为没有任何获奖证书，无法进入任何一所名牌中学。为了避免因电脑排位进入附近那所声名不佳的中学，我们咬牙把他送进香山附近一所民办寄宿中学。在这所学校里他的偏科越发严重，所幸他在我们的干预下意识到理科成绩对于中考的重大意义，也充分认识到中考对于前途的重要性，在中考前对数学和物理进行了一番恶补，结果是中考得了一个相当凑合的分数，538分。作为海淀的学生，很多人都希望进入人大附，但是儿子和我们更喜欢西城区北京四中的博大胸襟和人文情怀，最终儿子以第一志愿进入了这所百年名校。

进了高中，儿子一头扎进了人文班，真是如鱼得水，个性得到了极大的发挥。作为文艺委员组织各种文艺活动、参与文学社、组建诗社、参加话剧演出、参加合唱团、参加各种校际交流和比赛，他忙得不亦乐乎，甚至趁着原来的班长和副班长在文理分科中都改去理科班之际，通过竞选还当了一个学期的班长，这在他的成长历史中算是绝无仅有的经历。舒墨不是团员，迄今为止一次三好学生都没当过，成绩始终在中下游徘徊，但是这一点不妨碍他自信满满，兴趣多多。

一直以来，我算不上一个很严格的家长，虽然跟绝大多数家长一样望子成龙，但是并不想因此剥夺他作为一个孩子的快乐，所以对于他的各种与功课无关的爱好，比如京剧、比如唱歌、比如动漫、比如垒球……我都抱着默许的态度，虽然看到这些活动占据了他大量的时间和精力，我也很矛盾。

但是毕竟已经到高三了，十二年的学习进入冲刺阶段，再洒脱的家长也会关心最后能得到什么样的结果。因为儿子住校，我跟他沟通的时间并不多，只能利用周末时间了解儿子的想法，观察他的状态。实事求是地说，在高考备战的一年里，儿子进入状态非常晚，直到高三上学期结束，他的成绩还很不理想，但是他的志向却不低，一门心思想进入北大，在自主招生的准备方面花了很多精力。随着一模、二模成绩出来，北大离他越来越远，他不得不接受了与北大无缘的现实。最终他以高考成绩597分的成绩被第二志愿四川大学录取，这其中的曲折风波一言难尽，总之我觉得这还算是一个可以接受的结果。

回顾儿子成长的过程，我觉得自豪的是引导了他对阅读的兴趣，拓宽了他的视野。从小学开始，儿子每学期都能获得"兴趣最广泛之星"的称号，他对一切事物都有浓厚的好奇心，在语言表达方面表现出了很强的能力。进入初中以后，他意识到一个人的精力是有限的，开始有选择地吸收知识，有意识地寻找自己未来的发展方向。在这个阶段，我更注重的是对他价值观和世界观的引导，我始终认为，对待学习，更重要的是态度，其次是方法，成绩是最后才需要关注的。

耳闻目睹周围很多朋友的孩子度过的暗淡无光的高中生活，我觉得儿子的高中生活过得相当快乐，我很庆幸他能进入这样一所重视素质教育，鼓励孩子发挥个性的学校。虽然他的学习成绩始终让我心有不甘，但是他的精神状态让我很是满意。尤其是进入高二之后，他开始对国学产生了浓厚的兴趣，初步把对儒学的学习和研究作为自己未来的发展方向，并为之付出了极大的热情。通过对国学的学习，他的气质胸襟都有了明显的改变，在待人接物方面常常让我自愧不如。在高中阶段，他表现出正直、善良的品质，善于沟通，跟老师同学都保持着极好的关系；他才华横溢，文笔出众，同学和老师都给予他很高的评价；他热心助人，对社团和集体的活动不遗余力，力求完美……我很高兴地看到，他在四中成长为一个有思想、有才华、有热情、有人缘、有能力的好青年。

但是，我也不得不遗憾地承认，在某种程度上，儿子存在着自视过高、眼高手低的毛病。而且他也不是一个计划性很强的孩子，自我管理能力比较差，导致了他时常违反学校的纪律，给集体给个人都带来了麻烦。从小学到高中毕业，他在民间的口碑还不错，但是却从来没得到来自官方的奖励。追究起来，儿子的这些不足跟我们做家长的有很大关系，在他幼儿时期我没有地坚持让他自己整理玩具和个人用品，上小学时，因为工作很忙，我也没有注意培养他的良好学习习惯，而是采取了大撒把的做法。等我发现他缺乏归纳整理的好习惯，计划性差等毛病时，已经是积重难返了。在对孩子的教育问题上我得到一条教训：家长要有恒心，有毅力，从一点一滴开始，从孩子的幼儿时期就开始培养良好的生活习惯和学习习惯，在小学三年级以前重要的是习惯和方法的养成教育，而不是学习成绩。此外，言传不如身教，父母本身的行为举止给孩子带来的影响是决不能忽视的，缺乏条理性的父母很难培养出一个严谨细致的孩子。

如今，舒墨即将启程去四川完成大学的求学阶段了。作为一个喜欢文科却被家长强制学理工的人，我对未能从事自己喜欢的领域始终心存遗憾，对儿子自己选择的方向非常支持。希望他能够保持所有的优点，义无反顾地追求自己的理想，同时在前进的路上时时内省，努力克服阻碍自身发展的缺点。儿子，去做你喜欢的事吧，希望你早日达成人生的目标。

李秋池
L i qiu chi

我是北京四中 2011 届（2）班的一名毕业生。2011 年凭借全国高中数学联赛一等奖（省级赛区）获得了保送资格，并顺利通过了清华大学的保送生选拔测试，最终被电子工程系录取。此前也曾参加了清华大学的暑期夏令营，并通过综合考试，获得了清华大学降 20 分录取的资格。虽然已经提前被清华大学录取，但我今年还是亲身体验了一回高考，获得总分 657 分。

我从小喜欢数学，成绩一直比较突出。高中开始进行了较为正规、系统的数学竞赛培训，先后获得北京市数学竞赛高一年级一等奖、全国"希望杯"数学邀请赛北京赛区高中组一等奖、"联盟杯"高中数学竞赛第一名，全国高中数学竞赛省级赛区一等奖，香港国际奥林匹克数学竞赛二等奖（第四名）。

我的业余爱好是围棋，现为业余 5 段。曾获得全国、北京市少年儿童围棋比赛年龄组冠军，并多次代表北京市参加国际比赛，获得好成绩。踢键也是我喜欢一项运动，曾代表四中参加多次区、市级比赛，并取得佳绩。

数学竞赛一盘棋
——高中三年的数学竞赛之路

光阴似箭，岁月如梭。入学时老师和学长谆谆的教导仿佛还萦绕在耳边，我却即将离开这所我无比熟悉和热爱的母校，告别我无比尊敬的老师和朝夕相处的同学。三年丰富多彩的学习生活，即将变成我人生一段美好而又难忘的回忆。

最终我如愿以偿地实现了大学梦想——进入清华大学电子工程系，为高中阶段画上了一个完美的句号。我非常庆幸在关键的高中阶段能进入北京四中这所具有深厚底蕴的百年名校，先进的教育理念，科学的教学方法，良好的学习氛围，使我的学习能力和综合素质均有了很大提高，我的数学专长也得到充分的展示和较好的发挥。伴随高中三年的数学竞赛历程，使我的学习生活更加充实、更加富有挑战，让我尽情地品味了成功的喜悦与失败的苦涩，在点点滴滴中领悟奋斗与拼搏、努力与坚持的内涵，锻炼了意志，建立了自信。尽管我最终获得了全国高中数学联赛一等奖（省级赛区），并以此获得了保送生资格，但离我的目标、老师们的期望还有一段距离。结果固然有些遗憾，但感觉竞赛的过程也让我收获颇多，这段经历不仅让我对数学的奥妙有了进一步的认识和理解，而且也使我的心智得到了很好的锻炼。它为我的高中历程添上了浓墨重彩的一笔，成为我成长阶段一笔弥足珍贵的精神财富。

围棋是我的业余爱好，多年的训练和比赛，是我对围棋有了较深的感悟。三年的数学竞赛之路，感觉正像一盘棋，数学竞赛的奋斗历程，恰如围棋的几个阶段。虽然这盘棋最终胜出，但过程确是非常的艰苦和曲折，这是我学生阶段最难忘的一盘"棋"。

布局：明确方向，确定目标

围棋的布局非常重要，既是打基础，又是确定全盘战略的关键阶段，在很大程度上决定了一盘棋的走向。

参加学科竞赛，这是我高中入学前确定的计划。初中阶段的学习十分顺利，逐步形成起了适合自己特点的学习习惯，学习效率比较高，投入的精力不多，效果还很不错。因此感觉比较轻松，没有受到太大的挑战。老师们都说我智力条件比较好，高中阶段学习应该不成问题，有能力去参加一些学科竞赛。老师们的鼓励增加了我的信心，但如何选择竞赛的方向，确定自己的目标，却有些犹豫不定。主要考虑如下：

数学：有兴趣、初中成绩突出、有一定竞赛基础、非四中优势竞赛科目、不易出成绩；

理化：有兴趣、初中成绩优异、无竞赛基础、四中优势竞赛科目、容易出成绩。

显然二者各有利弊，难以取舍。也曾信心十足地要全面出击，但也必须要确定主攻方向。在父母的帮助下，我逐步有了较清晰的思路：

1. 数学竞赛基础条件较好。小学阶段曾受过较为系统和正规的数学思维训练，初中阶段由于条件所限，未能高强度的竞赛培训，只是根据自己兴趣，零星地参加一些松散的数学竞赛培训班，但毕竟没有中断竞赛的训练。

2. 数学是自然科学的基础学科，应用范围广，学好数学，有助于学好物理和化学，也对将来大学任何专业的学习都有所帮助。

3. 竞赛获奖当然是追求的目标，但不是唯一的目的。即使竞赛最终未能取得理想的成绩，但竞赛训练的过程，会为自己打下良好的数学功底，会使大学学习和今后的工作受益无穷。

虽然父母提醒我数学竞赛难度最大，不容易出成绩，但经过思考，我最终还是确定了数学竞赛作为我冲击的主要目标，并争取在全国高中数学联赛上荣获一等奖。开学时，我报名参加数学竞赛小组，但由于名额有限，数学竞赛小组是要根据成绩选拔的。果然，入学考试后不久，我被通知参加化学竞赛小组，原因是我的化学成绩比较突出。据我了解，化学竞赛一直是学校的强项，相对来说更容易出成绩。但我没有为之所动，并获得了父母的支持，决定仍然要以数学为主，可以兼修化学。经过努力，我终于进入了数学竞赛 A 班，同时也参加了化学竞赛小组的学习。

虽然布局阶段不是一帆风顺，但还是取得了理想的结果。确定了目标，明确了方向，就应该坚定信念，并为之付出努力。

中盘：磨练意志，奋力拼搏

中盘战斗是围棋最艰苦的阶段，整个过程跌宕起伏，变幻莫测。或高歌猛进，或举步维艰。这是能否进一步延续和发挥布局的思路，通过艰苦博弈，获得全局主动，并最终确立优势的重要阶段。需要具备聪明的智慧、冷静的头脑、正确的方法和坚强的意志。

（一）正确调整心态

在冲击数学竞赛过程中，保持一个正常的心态非常重要。首先在时间投入上必须有足够的思想准备。数学竞赛小组每周有两次课，总共大约 6 个学时，主要讲解竞赛内容及相关例题。由于我数学竞赛基础并不是很好，感觉很多知识都没有学过。数学竞赛内容难度比较大，理解和消化需要付出一定的精力，同时需要做大量做题和测试，训练解题技巧以及考试心理，因此总感觉时间不够用。为了保证挤出更多的时间，我首先保证正常课程学习的效率，疑难问题要及时在课上解决，同时尽可能利用午休或下午放学后的时间尽快完成当天所留作业。其次，为了提高时间的利用率，我选择了在学校上晚自习。感觉学校晚自习时间安排得紧凑，学习气氛好，注意力集中，尽管家离学校比较近，但我始终坚持在学校上晚自习。晚自习中，除解决部分当天课堂遗留问题外，主要精力放在数学竞赛上。此外，在周末或假期，也要有选择地参加一些较为正规的数学竞赛培训。数学竞赛的难度在于必须建立起正确的数学思维方式，除非是绝对的天才，否则一定需要时间的积累，对此，必须有足够的心理准备。

如何处理好高中阶段正常课程学习和竞赛训练的关系也非常重要。正常的课程学习是根本，确保较好地完成正常学习任务是参加竞赛训练的前提，绝对不能本末倒置，孤注一掷地去参加竞赛。"双线作战"对自己的学习能力和把控能力是一个很大的考验，要想全面获胜，必须付出更多地努力。实践证明，只要坚持，无论结果如何，也会受益匪浅，因为这个过程会使自己得到很好的锻炼。

"双线作战"的强度比较大，因此必须合理地安排作息时间。由于白天的学习任务比较重，所以必须保证足够的睡眠，白天才能有较好的精神状态，这也是我坚持住校的主要原因之一。另外，也要保证参加体育锻炼，充分利用体育课和下午放学后的时间，积极参加户外活动，健康的体魄是面对高强度学习的重要保证。

在冲击竞赛的过程中，坚定信念固然重要，但也要根据自己的情况及时调整战略。要对自己的学习能力和学习效果有正确的客观的评估，不能心存侥幸，盲目自信，一条道跑到黑，结果会有很大的风险。在实际准备数学竞赛的过程中，我发现难度比预想大的多，由于基础不是很好，与数学竞赛绝对优势的某重点中学相比，感觉已经输在了起跑线上，因此，要迎头赶上，必须投入更多的精力。原来预想在化学竞赛上也有所斩获，感觉不现实，因为化学竞赛更是从零开始，没有任何积累。经过权衡，心理上及时做出了调整。虽然客观上仍然坚持参加化学竞赛的学习，但主观上已经对目标进行了调整，放弃了冲击的化学竞赛梦想，改为为今后的自主招生做准备。调整之后，感觉心理负担轻了许多，可以心无旁骛、专心致志地进行数学竞赛地准备了。

（二）探索有效方法

战略目标往往是通过具体的战术来实现的。常常有人向我咨询好的学习方法，我感觉所谓好的学习方法因人而异、因具体课程而异，不能一概而论。简单地说，对于某种课程而言，最适合自己的学习方法就是最好的学习方法，因此在很大程度上需要自己在学习实践中去摸索。数学竞赛的课程与正常的课程学习有很大的不同，建立正确的思维模式是解题的关键。具体的解题思路往往都很难理解，有的很巧妙，有的很怪异，因此必须集中精力听老师讲解，跟着老师的思路走。所以，我在课上尽可能集中精力听老师讲解，主动思考，并积极与老师互动，不忙着记笔记，否则就会顾此失彼，跟不上老师的思路。其实，课后补笔记是一个非常有效的方法，可以重温课上讲解的内容，重新整理自己思路，并适当记录一些自己的体会，从而加深对知识的理解。做题对于数学竞赛来说同样非常重要，课上认真听讲，课下大做题已成为冲击竞赛的固定模式。但如何选题，却很关键。我感觉不应盲目追求难度、追求数量，一定要结合老师讲的内容，尽可能同步选择一些典型的，具有代表性的习题，有助于巩固对所学知识的理解。做数学竞赛题不仅需要数量的积累，更需要质量的保障。当我遇到实在不会解的题时，往往先看答案第一步，然后在脑子里预想解答的方向，再与之后的答案相印证。这样相比较之下，我就能发现自己思考之中的问题，不断修正自己的思路；有些经典好题，我要做 2 到 3 遍，每遍都不一定能做对，但可能会有新的发现以及不一样的体会。对每一道题而言，学习具体的解题方法固然重要，但通过这道题掌握正确的解题思路，逐步建立正确的数学思维模式更为重要，这可以使自己能够举一反三，又能应对各种各样的题型变化。

（三）勇敢面对挫折

正确的心态和有效的学习方法，一度使自己取得了较好的学习效果，并因此获得老师们的普遍认可，被赋予了较高的期望。在高一阶段，曾取得北京市高一数学竞赛一等奖，总排名第六的好成绩，这是我与某著名重点中学数学竞赛的尖子们一次正面的交锋，单从成绩上看已不落下风。其实，一次考试具有一定的偶然性，可我当初并没有意识到这一点，开始盲目乐观，放松了对自己的要求。这个时期，我又迷上了桥牌，注意力开始分散，直接导致成绩逐步下滑。最惨痛的一次失利是希望杯初赛失利，就连班上没有专攻数学竞赛的同学都顺利通过了，而被认为班上最有数学天赋的我竟然止步于如此简单的考试面前。考试的重创使自信心遭到严重打击，情绪也一度跌入谷底，感觉抬不起头来，虽然平日里依旧和同学有打有闹，有说有笑，但我感觉他们对我的态度，已经发生了微妙的变化，同学们关注的目光正逐渐远离我。我越来越感到，我已经失去了同学默默的支持，我就像一个孤胆斗士，要凭一己之力挽狂澜于既倒，扶大厦于将倾。知耻而后勇，正是这次失利再一次激发了从小养成的不服输的斗志，师长的鼓励也使我幡然猛醒，我决心要重新用成绩去证明自己。为了增加学习时间，我不再住校，但仍然坚持在学校上晚自习。每天回家后，稍作休整就开始做数学题，夜深的时候比较安静，注意力集中，效率比较高。感觉自己正在逐步积蓄着力量，蓄势待发，等待着证明自己的机会。

冲击竞赛的过程是异常的艰苦和曲折的。特别是数学竞赛，难度比较大，两三个小时，甚至一两天都做不出一道题的情况时有发生，需要耐得住寂寞，忍受折磨。如果放弃，那就前功尽弃。如果坚持，才会看到希望。爸爸常跟我说，男孩子要锻炼自己坚强的意志，从小的围棋训练也使自己的意志得到了很好的锻炼，也多次尝到坚持给自己带来收获的喜悦。在冲击数学竞赛过程，我选择了坚持，不仅收获了较好的结果，过程也使自己得到了很好的锻炼。

（四）建立必胜信心

坚持就会有希望，机会也总会眷顾有准备者。班上一位取得希望杯复赛资格的同学，由于复赛时间上与其主攻竞赛考试时间冲突，把参加希望杯复赛的机会让给了我。同学的信任和鼓励给我增添了很大的力量，我决心积极准备，一定取得好成绩。功夫不负有心人，全国"希望杯"数学邀请赛高中组唯一的一块金牌终于落在了我的头上。这次翻身仗使我的自信心有了很大的提升，进一步激发了我冲击全国数学联赛的斗志。与以往相比，此次胜利并没有让我冲昏头脑，我清醒地意识到，北京最优秀的数学竞赛选手并没有参加次竞赛，距离仍然存在，形式不容乐观。在肯定了自己进步的同时，也冷静地分析了自己的差距。我的心态也发上了巨大的变化，在提升自信的同时，更加增添了对数学的喜爱。我不再急功近利，而是心态更加平和地潜心研究，在数学这浩瀚的海洋中尽情地遨游，静静地感受数学的魅力，体会对称与和谐，简洁与深奥的优美。良好的心态、坚定的信心、不懈的努力使自己的成绩稳步提升，在全国数学联赛前，曾获得"联盟杯"数学竞赛第一名，并因此获得了代表中国参加香港奥林匹克数学竞赛的资格。

官子：坚定信心，从容面对

官子是围棋最后的一个阶段，对胜负的影响看似小，实则大，它决定着能否把此前的优势转化最终的胜势。稍有不慎，一点细小的失误都可能将此前辛辛苦苦取得的优势瞬间葬送。围棋是这样，数学竞赛亦是如此。越到最后的冲刺阶段就越要绷住劲，在所有人都在奋力最后冲刺时，一丝一毫的松懈都可能让你留下永远无法弥补的遗憾。

经过艰苦的努力，我在数学竞赛方面有了很大的进步。老师和同学们对我的数学能力有了很高的评价，竞赛辅导老师甚至认为我在高二阶就已经具备了获得高中数学联赛一等奖的势力，我的最终目标应该是进入国家集训队。但是高二时参加高中数学联赛并没有如愿考好，对此我已经有了足够思想准备。因为此前的一个学期，我校承担了国庆 60 周年庆祝活动天安门广场背景翻花的任务，我也光荣地成为其中的一员。为了能圆满完成任务，大量的课余时间都用来练习了，这使得竞赛考前的最后备战计划彻底被打乱，不仅没有时间做最后总结性的复习，而且高强度的翻花练习和演练使自己体力和精力消耗很大，很难保证以一个良好的精神状态去参加随后举行的高中数学联赛考试。虽然这次没有取得好成绩，但我并不后悔、不遗憾。因为参加天安广场庆祝活动是一个光荣的政治任务，同样也是一个非常难得的锻炼经历，经过半年多的练习和最后参加广场庆祝活动，使自己受到了一次很好的爱国主义教育，自己的责任意识、团队意识、荣誉意识均有很大的提高，受益匪浅。

数学竞赛高三还有最后一次机会，感觉是是背水一战，压力陡增。但平时的努力和成绩，已使我的自信有了很大提升。此外高三的课程内容也有所增加，部分课程已经开始进入总复习阶段，因此感觉时间更加紧张。此时最关键的是不能出现慌乱，要平衡好高三课程和竞赛的关系，制订周密计划，合理分配时间。根据自身的具体情况，我先是申请了数学单科免修，后又申请了两周时间的全科免修，利用大量的时间做模拟题，尽可能熟悉竞赛考试的特点。之后，为了提高最后冲刺阶段训练强度，有针对性地加强实战性训练，我利用十一长假，去苏州参加了"数学之窗"组织的赛前培训。我的备战计划得到学校和老师的大力支持，使我在最后的冲刺阶段，无论的是在竞赛内容方面还是心理调整方面均取得了较好的效果。

正因为此次吸取了以往的教训，没有骄傲自满和松懈大意，使得我在最终的考试中有了较为正常的发挥。虽然结果不是很圆满，但也实现了我当初制订的目标。一等奖的竞赛成绩帮助我顺利地实现了大学梦想—清华大学，而且两年多的竞赛备战经历也是自己感觉很充实，很有收获。

数学竞赛这盘"棋"终于下完了，它将鼓舞自己下好今后人生的每一盘"棋"！

素质教育成就梦想

李特　李爱军

最近经常有人问起我，如何把孩子培养得这么优秀？我一时难以梳理出很清晰的答案。由于缺乏比照，我们很难发现与其他孩子相比，他身上的闪光之处何在。在我们看来，他在整个学习阶段似乎都很正常，按部就班，中规中矩，只是在冲刺高中数学联赛的最后阶段，才有明显的超乎寻常的投入。平时我们也曾担心他时间抓得不紧，用功程度不够，但每一次的考试成绩又让我们无话可说。从普通小学，到重点中学，再到理想的大学，每一阶段都上升一个台阶，而每上一个台阶又看似如此的顺利（均被提前录取），总结其原因，一方面得益于小学阶段培养出较高的学习兴趣，初中阶段养成了良好的学习习惯，更主要是在高中阶段，四中优秀的教育理念和良好的学习氛围使他的学习能力得到了很好的培养和锻炼。

李秋池在成长过程中很大程度的受到了围棋这项运动的影响。围棋是一项非常好的益智运动，特别是对于少年儿童，系统地学习和训练，不仅可以使思维能力、计算能力以及意志力和专注力等得到很好的锻炼，而且可以潜移默化地理解和掌握许多深奥的哲学理念。比如大与小的含义、先与后的含义、强与弱的含义、急与缓的含义、局部与全局的含义，舍弃与获得的含义，积蓄与发展的含义以及平衡、效率的内涵等等。这些能力的培养以及思维习惯的确立，是无法通过简单地说教让孩子们较早的理解和掌握的。

李秋池5岁开始学习围棋，很快表现出了良好的围棋天赋，不到8岁就

149

已经升为业余 5 段，曾获得了北京市和全国比赛的冠军，并荣获国家二级运动员的称号。长期的围棋训练和比赛，使他的智力得到了很好的锻炼，思考能力、计算能力、记忆能力有了显著提高，以致于他能够在提前入学，并且跳一级的情况下，仍然能够轻松地保持非常优异的成绩。出色的围棋成绩，说明他对围棋中蕴含的道理有了较为深刻的感悟，这不仅直接影响着他性格的形成，而且对培养他的学习兴趣、养成具有自己鲜明特征学习习惯也起着积极的作用。

给我们印象最为深刻的是他的意志力，也是我们非常佩服他的一点。记得上小学的时候，由于他年纪小，体育课上踢键、跳绳、仰卧起坐等项目只能完成一两个。他很着急，每天回到家里要我们帮他练习，开始由于身体协调性不好，进展很慢，急得直哭，边哭边练，两个小时几乎不停，经常汗流浃背，我们看着都心疼。这样的练习，他竟然能不间断地坚持了两个多月，最终这几项成绩在班级都名列前茅，老师和同学们都很惊讶。长跑一直是他的弱项，为了避免中考时丢分，他从初三下学期开始每天坚持练长跑。除了在校内练习外，每天上学的路上自己要求中途下车，跑到学校。那时正值北京的初春，天气还很寒冷，他脱去棉衣，一气儿跑到学校。大约一公里的距离，跑到时已是满头大汗。这种方式的练习，他一直坚持了一个多月。被四中录取后，得知学校有游泳课，为了能够适应学校的要求，我们专门为从未学过游泳的他请了教练，练习游泳。他认真听了教练讲解动作要领后，开始按照教练的要求练习。开始掌握的不好，经常呛水，但仍然一遍一遍地坚持来回游，只是偶尔在池边短暂喘口气儿。教练看不过，劝他上去休息，他都不肯。这样，他竟然只用三次学习机会，就顺利地拿到了深水合格证。他的教练是个中学体育教师，说从未见过如此刻苦、如此有毅力的孩子，也深有感慨地说他明白了为什么李秋池这样的学生能够考上四中。生活中如此，学习亦然。顽强的毅力，使他勇于挑战和攻克学习中的难题。这种善于坚持的性格特征使得他在每个学习阶段都能使成绩逐步提高，最终名列前茅。

超强的专注力是李秋池另外一个比较明显的特点。在 NEC 杯围棋赛电视转播中会看到这样一个场景，在两名棋手在进行冠亚军决赛的同时，现场还有一个大盘讲解，另有两位棋手拿着麦克风在为观众讲解比赛的进程，以及形势的分析和手段的探讨。观众也许会担心现场的讲解会影响到棋手，其实专业棋手长期的训练和比赛，养成了对弈时注意力高度集中的习惯，自己的思路轻易不会受到外界的干扰。虽然李秋池还达不到专业棋手的境界，但长期的围棋训练已使他在专注力方面得到了很好的锻炼。都说他比较聪明，其实并不是他的智商比别人高多少，而是在专注力方面他有明显的优势。专注力对学习效率有直接的影响，注意力高度集中可以既可以保证获得良好的听课效果，而且也会大大提高做题的速度，大大缩短记忆的时间。"快"是大家公认的李秋池的一个显著特点，他常常被同学们作为评价试卷难度的标尺，考完试会经常听到"这张卷子李秋池半个小时就能做完"、"这张卷子也只有李秋池才能做完"这样的议论。在家我们很少听见他背过单词，但却发现他的词汇量增速惊人。高中阶段副科较多，大都需要记忆，期末复习的时候从未见他刻意地去背，但每次考试的成绩却又非常好。我曾就此问过他，他说像英语单词、语文需要背诵部分大都是在课堂上解决的，那些副科则需要看书时在理解的基础上进行记忆。我认为围棋使他具备了一定的驾驭注意力的能力，这使他接受得快、记忆得快、做题快，应对各门功课都游刃有余。

此外，我非常赞赏孩子追求上进、善于学习的心态。他善于发现周围同学学习上的长处，并总是习惯上与自己的短处相比，寻找自己差距。在与我的聊天中，他会经常有"××非常细，很少看错题"、"××太用功了，中午都不休息"、"××作文太棒了，我永远都赶不上"等类似的话。在他的作文中也经常出现分析和总结周围同学好的学习方法和好的学习习惯的情况，而且往往分析得比较到位。这说明他确实有过认真的思考，并形成了印象，这会使他在学习过程中下意识地去模仿和学习。这样的习惯无疑对他学习上的进步有着非常正面的影响。

在非常关键的高中阶段，非常有幸结缘了四中这样一所百年名校。先进的教育理念和教学方法不仅使李秋池的基础素质有了很大提高，而且使他的个性和专长得到充分的发挥。四中非常注重培养学生主动性学习和研究性学习的能力，提倡自我设计，对自己的学习和目标进行规划。李秋池结合自身的情况，确定了高中阶段明确的奋斗目标和详细的追赶计划，从而使他有了明确的努力方向，例如：理科抓细节，英语抓阅读和写作，语文抓基础知识。有了明确的方向，在学习过程就会不断根据自己的目标和计划，对自己的学习效果进行分析和总结，寻找不足，从而适时进行调整。这样的过程使他自主学习的能力有了明显提升。四中没有使学生们陷于题海和试卷当中，正常的课时安排给学生们提高了较大的自主学习的空间。老师们在教学过程当中也会因人而异、因课而宜，没有通过"一刀切"的灌输方式限制学生个性的发挥。化学任课老师曾跟我说，李秋池的化学几乎是自学完成的。我本以为是对他提出的批评，没想到老师对他的学习方式给予高度肯定。老师说李秋池接受能力强，课上所讲的内容很快就能明白，所以他自己总是埋头或看书、或做题，但偶尔在关键处，也会抬起头，认真听讲。如果单从课堂纪律讲，也许要对他提出批评，但是老师了解他的特点，并没有那样做。结果不仅提高了他的课堂时间利用率，而且也很好地保护了他学习兴趣，这使得他化学成绩一直很优异。数学是李秋池优势科目，成绩很突出，并且一直在进行数学竞赛的训练。数学老师根据他的情况，在课堂时间利用、作业的要求等方面也给予了一定自由度。四中提倡的素质教育可能在表面上看与应试能力的培养有一定的冲突，但从本质上讲，自主学习能力的建立和整体素质的提高，不仅有助于取得较好的学习效果，而且对今后的大学学习，乃至以后的社会工作都有着非常积极的作用。

李秋池的大学生活已经开始。大一的课程多，难度大，他能以一个轻松的心态从容面对，有条不紊地进行选课，安排自己的学习和生活，很大程度上得益于四中所秉持的素质教育。感谢北京四中！

卞 格

Bian ge

2011届高三（3）班文艺委员，全国高中物理联赛省级二等奖，校级三好学生、优秀团员，高考分数635，清华暑期学校加分5分，考入武汉大学物理学基地班。计划毕业后出国完成硕士和博士的学习，回国做一名大学老师。

卞格的变革

高中过完，我真的有种强烈的感觉——我长大了。不是因为又多了三年，不是因为成年在这里，是这三年摸爬滚打的经历让我成熟了很多。四中给我的第一印象是灵活，在四中第一次觉得时间不够用，第一次在宿舍洗漱都用跑的。现在回忆四中我觉得是一种稳重，再忙也要忙得按部就班，整合、条理、规划、大气是这三年的关键词。最终高考的结果并不是让我满意的，但或许这就是生活，尊重命运，努力前行。

目标要明确，然后就要坚持，坚持，再坚持

我一直要求自己，在高中阶段要坚持做完一件事。

我高一一入学在数学A1，当时选竞赛科目时我就想选物理，可爸妈说数学是最基础的让我学数学，我一想不听老人言吃亏在眼前，就妥协了。那时候我几乎一点数学竞赛基础都没有，上来杨虎老师讲的平面几何，我听的懂，但自己做做不出来。后来高一参加了一个学科竞赛，我数学拿三等奖，

物理拿了一等奖，于是毅然投奔物理小组。正好也赶上物理分班考试，从A2到A1，再到最后剩下两个女生，我是其中之一。

就是要坚持。这是一个淘汰率很高的项目，物理竞赛更多的是提供一个平台，我觉得很难有人能在竞赛上做得像高考似的，拍着胸脯说"爷没有不会做的题"，因为你不可能花那么多时间给竞赛。所以这是一个没有终点的长跑，永远有新的高峰等你冲刺。我是在这里找到了全心投入的感觉，心无旁骛的感觉，那种状态很值得怀念。

有同学告诉我，有个老师说过我不是学竞赛的人，我到现在还不知道这个老师是谁。物理竞赛对于我可能和对于其他同学不一样，我一定要做完一件事，高中三年我尝试过科技俱乐部、参加过DI，我可以选择的这么几件事都让我在中途不得不放弃了，最后不巧只剩物理竞赛一件，再放弃我就违背原则了，所以到最后我一直坚持，无论多差，为了那个原则我也会做完。所以竞赛成绩不是我追求的重点，我在竞赛上只是说我一直在做，我坚持下来了，物理竞赛是我完成的一个小事业。我很有期望的时候就会玩命搞竞赛，不很有期望时就捎带着学。所以后来结果这样，我可以平静地接受。但是我现在也不后悔投入时间去完成这件事，因为再来一次四中我还是有可能会去搞竞赛的。这一两年，用计算器拼句子取乐；在光具座上用放大镜拼望远镜；天天背着很厚的盗版书拼命做题；哭嚎着在某几个下午留下来静静地上课，至少很充实。结果很重要，只是能把握的只有过程。

我心中的物理竞赛大概就是这样，如果你能在一头雾水的时候相信自己的智商，踏踏实实把知识啃下来；如果你能够耐下性子把一本又一本七八厘米厚的竞赛盗版书做完；如果你能在每次期中期末考试考完那个下午，当别的同学都去看电影了，还安心留下来在物理实验室上竞赛课；如果你能在别人都嘲讽你投入那么多时间和努力到最后什么功利的东西都没得到时，依旧不觉得后悔，依旧硬着头皮走下去。那么我想，李德胜老师在微笑着冲你频频点头，物理竞赛小组欢迎你。

肯干就好，没有什么神奇的学习方法

现在想挺有趣的是我高一高二经常二百名开外，一个原因是当时史地政算在排名分内，另一个是我几乎没有绝对优势的科目反而有绝对劣势的英语做恶猖獗。

后来大概从高二下最后开始有了飞跃，总体可以说是数学带动我有了这个进步。在高二的时候，为了好好学习，我退宿了，从住校改为走读。当时是有个同学跟我说，数学就是做题。在他的引领下，我开始买数学练习册，开始做题。我之前是除了作业多一道题都不做的，这是真的。后来数学考试，我虽然比起给我介绍经验的同学还有一定差距，但是在班里已经比较有优势了。很幸运，高三一年数学一直不错，不敢说在班里绝对顶尖，但确实有比较大的优势。

学习上大概就是这样。数学就是做题，高一高二做练习册，高三听老师的话，每天做两道大题（倒数第一和倒数第二），到最后我给自己加量到每天一道15，16，17类型的大题，18，19位置各做一题，再来一套选填。物理由于学竞赛我多一点时间都不给。化学我一直很困惑，我只要多做题成绩就会下降，这确实是真的，所以我只看错题。语文上有一点，要从高一就开始积累底蕴。最好有一个你最感兴趣的东西，把它发展成素材上最擅长的一点，你要用三年的时间来钻研，有工夫就读这方面的书，对这里的术语和流程等细节融会贯通，钻研到北京市大部分老师学生都没你强的地步。对于我来说就是京剧和武术，我会在课余时间学习京剧、参加武术队的训练和表演，通过阅读了解京剧和武术的文化内涵以及历史渊源，我基本上能达到让外行刮目相看的地步。做到这样的话，就很有可能在高考作文中用到，不仅个性十足能够在几万份答卷中脱颖而出，而且颇富文化底蕴能够张显丰富的人文精神。剩下的科目大概我就没资格说什么了，还有一些学科力度分配的问题的我在规划部分会有所涉及。

懂得规划是成长的证明

让我懂得规划的人就是高一高二的班主任皇甫老师。那时候他每周都会印计划表专门给我们班，起初是强行要求每个人写，并且每周都要上交给他批阅。后来变成自愿领取计划表，我是少数坚持领计划表的人之一，我一直写到最后老师都忘了去印表还在管学委要旧的表写。每周的计划我一般会安排写作业，写练习册，以及社团活动或是班委的任务，大考前会加上复习的相关词条，主要内容集中在学习和偶尔的班委工作上。后来班里没有表了，我就买了日历，在日历上写每天的任务。

规划在假期里的地位更重要，假期刚开始，我会先把假期要做的是分排在每周，在每周刚开始的时候把这周要做的事安排进每天，每天晚上安排明天做事情的具体时间。这样比较利于应变，先大块后小块，很清晰，有足够的空间调整。到高三最后也是如此，我会在很早就写出来到几月为止，我要看完哪些书，做完那些总结，写完哪些练习册。几个月的分完了再分最近的一大段时间，几个月分到每月，快到每月再分周的，周的再分天以此类推。

除此以外还有一个大规划，我写了大规划可是写得不够早。在高一末的时候我写了一个对于自己出路的探讨，出国 or 高考？在一张纸上写，我选高考。再想自己可能获得加分的渠道，科技 or 竞赛 or 体育竞赛？再想专业，学医 or 学基础学科？以及对最终高考的设想，哪些是绝对优势科目？那些不差就可以？每科大概要考到多少分？我觉得这个设计还是很重要的，最好在高一一入学就写，因为很多东西是要你三年都这样努力才能达到的。

比如学习上，要把每个科目对号入座，哪些是绝对优势的，哪些是不拖后腿就行，哪些是不得已要拖后腿的。你制定了哪些是绝对优势学科，你就要在接下来的时间里在这些学科上投入更多的精力，找到你学这个学科的个性方法，真正让它成为你的亮点。比如我把数学设定为自己的绝对优势学科之一，所以我自主学习时间给数学的较多，忙的时候我扔别的科，不扔数学。对于不差就可以的学科，绝对不能撒手不管，基本的作业、错题反省以及基础知识的复习还是要到位的，成绩只要达到班级平均分就可以，因为对多数人来讲你不可能有精力把所有科目都做到完美。

在选专业上也是，你不可能到高三最后再投入时间去纠结学什么，所以跟着学校在高二确立好职业规划非常合适。对于我来讲，我当时在要不要学医上很纠结，学医是我十几年来的梦想，但是大陆的医学界现状确实不容乐观，我又不太愿意移民国外，所以在这个问题上很是难以定夺。我的父母都是学医出身，由于工作环境不满意双双跳槽，都改入他行。我正好借用爸爸在医学界的人脉，在高一后暑假到北京中医医院急诊部实习了一天。后续时间我和许多许多医生谈过话，谈他们对医生前景的看法，我发现其实越是高级的大医院医生越能接受自己的子女学医，所以医生生活如何和在哪个医院很有关系，后来我还去液压工厂做过职业见习，也和学物理学数学的老师交流过，通过比较，最终确定基础学科优先。至于医学，只要大学允许，我计划在大学作为副修学位修一门护理，也算是圆个梦想，陶冶情操了。

规划越早做越好，有了规划不一定说以后就必须这样走下去了不能改了，而是说在你没有更好设计的时候有一条设计好的路可以走。做好规划轻易不要大改，它会让你这三年过得比较清晰有条理，让你知道每一步自己是要干什么，从一开始就想好什么时候做什么事，做这些事的目的是什么，后面再做什么。相信如此，高中就不易虚度了。

再信任一两个人，懂得做个坚忍的人，勇敢抵挡哀莫

高中三年还是有很多事情会让我们觉得迷茫，觉得难以看清前途，觉得很痛苦很痛苦的。我还是比较没心没肺的人，都会有刻骨铭心的几次"大痛"，别人兴许更多。难受的时候，一个是自己要坚强，实在不行就不要去想；一个是要有那么几个可以随时发牢骚的人，能陪你哭的人，想说点什么的时候有人回应，不想说话的时候一起沉默。

高二的寒假是我三年来最迷茫的一段时间，很痛苦，基本是种挣扎。高二开始的大考成绩都要参加平均成绩的计算，最终学校会根据平均成绩来分配各高校的自主招生校荐名额。我高二前两次大考的名次都惨的可怜，是属于对于清华北大望尘莫及的靠后。那个假期我就一直在想，三年以后我将何去何从，我和同学约好了要一起考清华，我要失信了，我失败透顶。那时候就是不能静下来，一静下来就会觉得前途迷茫，就会觉得无助，就会哭。那时候有一个同学就一直陪我发短信，给我讲他迷茫的时候，跟我说迷茫了什么都不做就更沉沦了，跟我说硬着头皮总会好些。我不是那种受到鼓励就立刻热血沸腾的人，他说这些给我，我还是迷茫，但是至少觉得不无助了，就是有人陪着你低沉就会好很多。后来我只能不想，一想就会上血那样身体难受，就是跟那个同学说话，转移注意力，熬过来的。

后来，我和同学组队参加 DI 比赛。DI 是什么我不想在这里啰嗦了，概括一下是一个需要花费非常大量的时间做准备的比赛，但确实很好玩很好玩！要先经过国内的比赛选拔出优秀团队去美国参加世界的总决赛。在高二下期中的时候，我们在国内比赛轻松拿到第一，打算去美国参加全球总决赛，在这时候我特别纠结去还是不去。当时的现状是去就可以顺便在美国看一看，比赛完一回来就马上要参加学校的赴日游学，加起来有半个月不能学习，去美国前还要有很多很多的准备工作，上一段说过我当时还是 200 名开外的成绩。我真的真的很想去比赛，但又真的真的担心自己的成绩，200 名开外在试验班是差不多要垫底的成绩。于是陷入疯狂的低迷……于是和小宏讨论日本游学和比赛的取舍，半个身子趴在班外的窗台上，比较比赛和游学

的优点，笑谈同样考着200多名却还做着清华梦的现状，分析疯玩半个月对我高考的影响。于是和小晨讨论对物理竞赛的影响，那时正准备一个小竞赛，高谈知道拿不了一等奖还想坚持的疯话，遐想背着那摞竞赛盗版书到日本去做物理题。于是和小鲶讨论我学习上的失败，被他数落我那可悲的分数，被迫看清现状和目标之间的鸿沟，被迫直面惨淡的现实。于是和小雪讨论放弃的痛苦，她说她放弃学文的痛苦，我说我放弃比赛的痛苦，两个人在两头哭着互相发短信，哭着相互说鼓励的话，哭着相互加油。

要有那么几个人，可以陪你站到四中的最高点——天文台上肆无忌惮地扯着嗓子嗷嗷大喊你们的梦想。要有那么几个人，可以跟你去一家新疆小饭店吃那么两三种饭菜开开心心的吃一年。要有那么几个人，可以和你一起唱《珊瑚海》跑调跑飞了还一次又一次要唱。要有那么几个人，可以陪你骂陪你笑随时有无数感情小对策给你挑。要有那么几个人，可以跟你说无论在哪都可以随时向我发牢骚。要有那么几个人，可以在你很受伤的时候告诉你你有那么多朋友在。一块笑的时候可能真的不多，更多的往往是一起哭，哭痛快了笑着说句加油。很多时候就是要你摔得生疼爬起来，硬着头皮下来就会发现 you will never walk along。

就自己而言，最好的方法就是——不要想。有什么难事干脆不要想，你只要做就好了，做个坚忍的人，才能挺立到最后。董权先生写过一本《伟大是熬出来的》，引言部分有一段话写得特别好，它诠释了什么叫坚忍，这段话送给大家："坚忍是不受自己情绪的干扰，不受外界眼光及言论的影响，即使在最困难的时刻，也能冷静从容地做自己该做和能做的事的能力，耐心熬过时间的洗礼，用时间去验证结果。不寄望于奇迹、不依赖于他人、不满足于平庸、不放弃诚信，把改变现状、达成目标的责任承担起来。搏击手在与对手擂台相逢时，无论对手多么强大，就算是世界冠军，明知不敌，也要冷眼视之，纵使体能耗尽，纵使皮开肉裂，也要战斗到最后，这就是坚忍，也是一种熬的历练。"

杂记，随便说点什么做结尾了

最后上了二志愿，学物理。我在当初选择专业的时候，就是想学物理，因为搞竞赛嘛，就比较倾向于熟悉的东西。但后来呢觉得又有点脱离生活，我的妈妈是个高级会计，所以听她的描述就打算做会计了，也比较适合女孩子。所以二志愿前面报的是财务类，后面为了充数报了个物理，但是阴差阳错，二志愿前几个专业不录，又转回到物理上了。我觉得这也算种命运吧，既来之则安之，不管怎样我对自己有信心。

回忆这样三年，我有很强烈的感觉自己长大了，思想境界有很大的提高。写完这些就想哭，天将降大任于斯人也，人的成长真的不容易，感动和痛苦相伴。

未来的路还很长，我相信我的未来一定会很美好，我会有很好的命运，我会认真奋斗努力，我不是孤军奋战。等到有一天，我死了，会有那么几样东西让这个世界记住我。

莫让浮云遮望眼　人间正道是沧桑
——帮孩子克服高中阶段青春期的躁动与迷茫

卞学华　王玲

我们的女儿卞格今年高考虽以几分之差与清华失之交臂，但也以较好成绩被武汉大学物理学基地班二志愿录取。回顾陪伴孩子度过的高中三年，我们感触颇多，但觉得帮助孩子克服高中阶段青春期的躁动与茫然，是家长不如忽视并必须全力做好的一件大事。

高中阶段是孩子由天真烂漫的少年成长为日渐独立的成年人的重要过程。这三年是他们生长发育的高峰期，也是心理发展的重大转折期，因为身体迅速发育而强烈要求独立，又因为心理发展的相对缓慢而保持儿童似的依赖性。青春期就是在这种相互矛盾的心理状态中挣扎，难免会出现很多的心理问题，而常见的就是逆反心理（青春期心理断乳）。他们需要很长的一段时间，通过反复的尝试、碰撞、回视，慢慢地走向成熟。

在这段时间里，老师尤其是家长要以极大的耐心和开放的胸怀，为他们创造尽可能宽松的环境，静观他们的表演，适当的时候给予肯定和赞扬，帮助他们克服青春期的躁动与迷茫，保护他们的自信，铸就他们的自尊，才能使他们圆满地完成高中学业，顺利地进入理想的大学。

现代心理学研究认为，青春期的心理有如下特点：情绪上容易波动，而且表现为两极性，即有时心花怒放，阳光灿烂，满脸春风，有时愁眉苦脸，阴云密布，痛不欲生，甚至暴跳如雷，可以用"六月天孩子脸"来形容，父母在碰到这种情境时，千万要冷静，否则很容易发生冲突。人际交往上更多地愿意结交志趣相投的同学为知心朋友，他们无话不谈，形影不离，视友谊至高无上，这些举止往往令家长很难理解，而这恰恰是典型的心理断乳表现，只是发生得太快，家长没有心理准备，如果此时的家长愈加束缚，他们离家长愈远，有的甚至逃离家庭去投奔同学。同时，青春期是性心理萌芽期，表现为开始比较注意自己形象，特别是异性同学对自己的评价，也尝试与异性交往，但是在交往过程中心理变得很复杂，一方面渴望接近对方，另一方面又很害怕别人发现，结果，交往过程神神秘秘，羞羞答答，反而显得别扭；一般情况下，他们并不是真正意义的恋爱，只是彼此有共同的语言，喜欢一起交流和彼此欣赏。情感上由原来对亲人的挚爱之情，拓展到对同学、老师、明星、科学家和领袖人物崇敬和追随，他们对成功人士、名人崇拜得五体投地，对坏人坏事疾恶如仇，就因为他们在现实生活中无法妥协和容纳不同意见的人与事，所以很容易受到伤害。思维上，高中阶段逻辑思维、创造性思维迅速发展，他们能够从不同的角度、多维的、立体的考虑问题，并且通过综合、分析、推理找出本质和规律，他们好辩论，喜欢钻牛角尖，打破沙锅问到底，敢于挑战老师和家长，呈现出初生牛犊不怕虎的闯劲，但是，有时由于缺乏交流技巧，容易遭遇挫折。

总之，青春期的心理可以形容为疾风骤雨期，他们充满热情和抱负，但又富于理想主义，对现实缺乏了解。由于抱负和理想，使他们好高骛远，想入非非，但是，现实又很容易让他们心灰意冷，甚至忧心重重。我们体会这一时期，青春期的躁动主要表现为"早恋"，而迷茫则以"逆反"的形式表现。

应该说，高中阶段孩子出现的各种变化是青春期生理、心理发展的必然结果，是他们由不成熟向成熟转化过程中的正常表现。如果孩子有类似的"问题"，作为家长应该保持平和的心态，用积极的态度、科学的知识、正确的方法引导孩子。

首先要给孩子创造一个宽松的生活学习环境。祥和安静的家庭氛围，和睦亲切的母子、母女、父子、父女关系，是孩子学习成长，克服心理障碍的最好良药。父母不但要尊重孩子，更要互相尊重，在照顾好孩子的生活起居的同时，注意做到在孩子面前和声细语，不大声争吵，孩子学习时少看电视多看书，等等。

其次家长要以海纳百川的胸怀包容、理解、接纳孩子。孩子出现的一系列身心变化，孩子自己也是始料不及、难以控制的，此时特别需要父母的理解和接纳。千万不要看到孩子的某些变化，或者发现孩子的反常行为就大呼小叫、惊慌失措，更不要打骂训斥，横加指责。否则，适得其反，只会加剧孩子的逆反心理，增加与父母的隔阂。我们也有过粗暴干涉孩子的行为，但事后反省都是有害无益的。

第三家长要主动做孩子的朋友，注意从学习、生活的细节入手，用"润物细无声"的方法引导和搀扶孩子平稳渡过处在青春期高峰的高中阶段。这个时期孩子的最大愿望就是渴望尊重、渴望独立，希望别人把他们当成大人，平等相待。这就要求家长要转变角色和教育观念，改变居高临下、命令式的单向教育为平等、探讨式的双向教育。从单纯关心孩子的生活起居转变到指导孩子的发展和成长，努力成为孩子的良师益友。据调查，90％以上的青少年有了苦恼后不是向父母和老师诉说，而是找朋友倾诉。那些顺利、平稳度过青春期的孩子，大多具有良好的家庭气氛与和谐的母子关系。

"莫让浮云遮望眼，人间正道是沧桑"。孩子总是要长大的，我们的责任就是让他们少走些弯路，少受些挫折，少些磕磕绊绊，但不犯错误的孩子又是长不大的。只有让他们不断地尝试，不断地经受磨难，跌倒了再爬起来，继续前行，他们才能到达理想的彼岸。

王 静 璇

Wang jing xuan

北京四中 2011 届毕业生。

考入北京大学医学部药学院。

兴趣广泛、爱好写作。

曾获"流石"文学奖、北京市科技创新大赛一等奖。

在纠结中抉择

——讲我的故事给你听

还记得中考结束后的那个夏天。窗外的浓荫掩映，和窗台上斑驳的树影。在那段无比惬意的时光里面，"纠结"这个词语，还没有在我的世界里面流行起来。如果那时的我有一点先见之明，知道接下来的三年中，我会发生如此"天翻地覆"的变化，那么，那一个夏天的时光一定会被我过得比悠闲懒散更有意义。

不到两个月的"清梦"转瞬即逝，三年的崭新征程在我还没有完全醒过来的情况下开始。

大概就是在那之后的不久吧，"纠结"这个词语在我的这个世界里面越来越流行。

学文？学理？

学文还是学理，这几乎是我从高一上学期一开学就开始考虑的一个问题。要知道对于我来说，这的的确确是一个很严肃很重大很值得深思熟虑的影响深远的抉择。

在我正式进入四中之前，有一位老师非常推荐我进入人文实验班。原因是我跟他提到过初中时参加时事竞赛的事，他看重了我的"文科突击能力"，即在没有任何底子的情况下从 9 月 29 日到 11 月 28 日仅两个月的时间准备时事竞赛。有人称赞我的能力我当然很高兴，可是当时我就立即说服我自己，理由是：我毕竟没有得一等奖啊。

然而，问题并没有那么简简单单地结束。

或许，它还没有开始。

开学了。我以一名科技创新实验班学生的身份顺其自然地站到了理科的阵营中。然而，强烈而自然的兴趣把我吸引到了文学社里。在文学社的那些日子，让我突然明白自己一直以来的对文学的热爱。

提到文学社，自然是不能不提到校刊《流石》。要说起我和《流石》的缘分，又不得不再回到中考结束后的那个夏天。

作为一个编辑的女儿，我无法不对书和文字感兴趣。两岁零三个月的时候我趴在爸爸的桌子上"伏案写作"（其实就是仔仔细细地在每一个格子里面画上饱满的圈儿，不过画满了 1600 个格子），六岁的时候我与爸爸同事的女儿一起写童话书并自己"出版"（印数 2 册），九岁的时候我的三篇作文被编入正式出版的范文集，十三岁到十五岁我和好朋友们一天不落地写满了十本交换日记……所以，当我说"在那个悠闲懒散的暑假，我在四中的校园帖吧上看到《流石》的征稿启事"这句话的时候，你一定可以猜到下面的情节：我自然是立马来了兴趣，并随即把自己初三时写过的一首小诗投给了一位编辑。当时的我并不知道，那位自称"小编"的编辑，就是《流石》的第一任主编。投稿的第二天，我收到了她的回信，信件的内容是征求我的意见，愿意把那首小散文诗放在"心事心志"栏目还是"古风新韵"板块。而在随后不久的与班主任的第一次会面中，我的新老师把当时最新的一期《流石》送给了我。所以说，我和《流石》的缘分，早在我正式进入四中之前，就开始了。

入学后我兴高采烈地投入到了文学社的工作中（其实等价于"《流石》编辑部的工作中"）。通常，恰恰是在稿件匮乏的时刻，编辑们发挥出了他们最大的用途——他们要尽力用自己手中的笔去填补那篇空白。当然，我往往是属于主动写、自动交稿的那一类。闲暇的下午，我经常跑到长廊或者漱石亭里面去，费尽心思想到一个合适的词语，描绘我的心情。于是一期一期，常见"雨棠"这个名字下的文章。现在想起来，那段时光的确被我过得太过悠闲了。

至此，如果你觉得我动了学文的念头仅仅是因为在每一期校刊上发几篇文章或者拿几个小奖，那就错了。

我很喜欢看居里夫人写的那本自传，电影比起书来就没多大意思了，不过里面有一句话却令我印象深刻，就是居里夫人从自己的小阁楼顶望向星空，呢喃出的一句"亲手从夜空中摘下一颗星"。在那个年代，科学的星空中一颗又一颗耀眼的星星被一个又一个伟大的人摘下。如今夜空中依然繁星密布，但它们的遥远使我并不奢求自己能够摘下一颗，可是我热切地期望能够"把自己亲手编织的星星挂到天上去"。另一片天空。并且让尽可能多的人，看到它的明亮。是的，我幻想自己能够成为作家。也正是这样的想法，使我觉得，如果去学文我或许可以离它更近一些。

这真的是一件无比严肃的事情，对于当时的我来说。如果单纯为了一个在除我以外的所有人的眼里都是异想天开的"理想"去学文，如果不考虑自己对历史地理没有多少积淀也没有多少兴趣就去学文，如果放弃了自己真正感兴趣的化学还有后来的生物去学文……我会不会后悔？

一时间不清楚了自己真正兴趣所在的我，十分想要相信"测试"一类的东西。但是很无奈，结果表明我的文理倾向十分不明显——都近似百分之五十。我甚至还想相信一回"手相"（原谅我实在想不出别的词儿了），可是由于我右手的食指比左手长一截，出现了左手无名指比食指长，右手食指比无名指长的情况。对应到"无名指长学理，食指长学文"的说法，左手告诉我应该学理，而右手告诉我应该学文。相信谁呢？无奈的我还画过一个表格，左栏理右栏文罗列出了我在它们各自领域表现出的才华和为它们努力的事例证明。一边是战绩累累，一边是大大小小的奖项；一边是坚持了多少年的奥数，一边是同样坚持了多少年的日记……这样的一个表格没有让我理清自己的思绪，反而让我明白我对它们都有着割舍不下的感情。

《萌芽》总是很响应我的心情。2009年第一期，它就特地推出了专辑：理科生的文学梦。我第一次意识到，原来这个问题纠结的并不只是我一个人啊。

在这个时候，那位推荐我进人文实验班的老师也就是我的导师，诚恳地告诉我，我在文理选择这个问题上面花费的地时间太多了，何况高一上学期，本来也不是考虑这个问题的时候。迷茫的我向老师寻求建议，我记得我只听到了一个字——"等"。

的确，在这个问题上我已经傻乎乎地花费了太多宝贵的时间。

想不明白就先不想了吧。可是嘴上说着不想，做梦的时候甚至都在纠结。不过我涣散的精力终于稍微收敛一些了。不去刻意地想这些头疼的问题，我倒是在一些意想不到的时候迸出一点儿新的想法。

渐渐的，我觉得我似乎明白了。

"文学"不是"学文"。

两者组成的字都一样，但是意义的确是千差万别。文字是思想最好的载体，承载着思想的文字才可能拥有不衰的魅力。而这些"思想"绝对不是每日只坐在书桌前空就可以想出来的。写作，更需要真实的阅历来积淀。这就意味着"想当作家"也不一定要去学文。古今中外不学文却以文学作品出名的人不胜枚举。鲁迅"弃医从文"而不是"弃医学文"，2003 年诺贝尔文学奖得主约翰·马克斯韦尔·库切 1960 年获得了开普敦大学数学学士学位，纳博科夫认为自己真正的身份是一名鳞翅目昆虫学家——世界上有一种蝴蝶还是以他的名字命名的呢！而学文却并不意味着文学的专长，倒是直接指向了我并不擅长的历史地理，学文的人必须要面对的学科。

文学气息应该是融在生活的一点一滴当中的。如果刻意去培养，可能会适得其反。而且我希望我的文学是自由的。我希望我能够一直保持着对她的发自内心的热爱，而不要有压力，不要有功利主义的左右。

其实从另一个角度看，学文学理，或许也不是那么重要。"乃文乃理，且仁且智。"当时篡改成的一句口号。实际上文理的最高境界都是相通的。这才是最高境界吧！

经过如此漫长的纠结，最终，我决定学理。

当然某种程度上是考虑到我对历史地理着实没有多大兴趣。不过对于某一些人来说这或许是个令人满意的决定，就像极力反对我"想学文"这个念头的爹妈所期望的那样。

我不敢说自己今天的选择会让日后的我离自己的初衷有多大的偏离。不过我向我自己保证，文学会始终在我身边的。她将是我一生的爱好、一生的财富。

建筑？医学？

事实上当我开始考虑专业这件事情，从我脑海一下子迸出来的词儿比这两个要多得多。我还记得初三时我的同桌说我唱歌很好听，我甚至因为这个原因很想去当歌剧演员。当然这是玩笑的。不过，建筑、中文、新闻、数学、生命科学、机械工程、医学，这些我都仔细考虑过。它们都一度登上我的"第一梦想宝座"，可是有的坐不到几天，就被另一个替换了。

时间最短的应该是机械工程吧。参观过一个机械制造厂以后我就不再想它了，因为工作环境着实有点儿艰苦。

时间最长的应该是建筑。而足以支撑我那么长时间的坚持的理由应该是我对林徽因的崇拜。光是林徽因的传记我的书柜上就摆了三本。陈学勇的《莲灯微光里的梦》是我最喜欢的一本，里面"伦敦"一章我几乎都可以背下来。实际上现在想起来因为这样的崇拜而想学建筑是有点儿不太理智的成分，而且光是这样的崇拜也是不太理智的——我还记得看书的时候，非常喜欢拣有梁思成和徐志摩出现的片段来看。不过建筑这个词语从此的的确确成了我的世界里的"轻纱笼罩的梦"。想学建筑就要着实地考虑如何才能进一个建筑系。玩儿得太狠的高一和高二的前半个学期（要知道我参加了五个社团）让清华的建筑系变得遥不可及，每年只招一个人且坚决不扩招的同济建筑系对我来说也明显不靠谱。所以如果我想学建筑，只有考虑天津大学或者东南大学的建筑系。虽然都是"老四所"而且难度已经被降到了很低的水平，可是我又有一点儿不甘心。

至于为什么想学中文，原因是显而易见的，如果你看了我上面啰啰嗦嗦的那么一大堆的话。可是如果真的去学中文又与自己定下的"学实业原则"不符。

很多人认为新闻对我来说是不错的选择。可是最了解我的爹妈却一致认为他们的女儿怎么看也不像是会到处跑新闻的记者。

医学是我一直以来持有偏见最大的领域。我一想到它，就觉得全世界都被染成白色的了。而医学给我的印象，用一个拟人的说法吧，有点儿傲慢。事实上，我对医学，真的像 Elizabeth 对 Darcy 一样慢慢消除了偏见，然而这个过程却远比这一句话的结果要纠结。

我说过的，《萌芽》总是很响应我的心情。2010 年第九期，在我纠结不知道自己学什么好的时候，它又特地推出了专辑：纠结。

正所谓旁观者清，看着那些人的纠结，我明白了一个道理：人们之所以会纠结，是因为思考无序。如果思维过程清晰有条理不重复，也就用不着"掰开揉碎翻来覆去"地去想了。而当很多东西同时出现在你的脑子里造成拥挤的时候，不妨把它们一一写下来。所以，对于以上这些专业，我罗列了一张表格，分别写出自己参与过的与它们相关的社团或是研究性学习或是选修课，发现自己实际上没有兴趣的就直接划掉，对于自己真正兴趣浓厚的再列出其他一些"指标"，并按照自己看重的程度给它们"加权"，综合比较、排序。

比如像这样：

项目 \ 专业		建筑	中文	新闻	数学	生物	工程类学科	医学
适合度	了解程度	了解	了解	不了解	比较了解	比较了解	不了解	了解
	相关经历	参观北京建筑研究院、阅读林徽因	《流石》父亲工作	撰写文学社社稿	数学竞赛	植物组织培养/动物细胞培养选修课	VEX 机器人/数控选修课，还书箱/条码计划（研学）	植物组织培养/动物细胞培养选修课
	兴趣	浓厚	浓厚	有兴趣	有兴趣	浓厚	浓厚	有兴趣
现实问题	相关职业	建筑师	作家	记者	广泛	狭窄	工程师	医生/研究人员
	收入水平	高	难说	难说	高	难说	难说	难说
	劳累程度	辛苦，要熬夜	相对轻松	相对轻松	相对轻松	相对轻松	辛苦	非常辛苦，要熬夜
	出名难易	难	相对易	难	难	难	难	难
	生活方式	非常喜欢	非常喜欢	非常喜欢	不喜欢	不喜欢	喜欢	喜欢
大学	大学	清华/东南	北大	北大/人大	北大/南大	清华/北大	清华/浙大	北大医
	难度	高/低	高	高/高	高/低	高/高	高/低	低

我看中的依次是：我对该专业的兴趣是否浓厚、将来对应的生活方式是不是我喜欢的、职业是否受人敬重、大学平台、劳累程度、出名难易、收入水平。我尝试过每一项都打上 1～5 的分数，然后对各项进行加权，算出每一个专业在我这里的分数。可是这种方法没有经过什么科学的验证，不一定靠谱，在此就不展开了。

经过这样一个比较的过程，至少你会很清楚自己的想法了。那接下来就跟随自己的心的方向，作出抉择吧！

我最后的决定是学医。我给自己的理由是：医学是一种艺术，而我相信我有这种气质。

放弃？坚持？

我相信，许多人不会知道我在这个问题上面纠结过。以我的性格，如果一件事情被确定是我想要做的事情，那我一定会尽我全力坚持到底。但是当"我认为重大的事情"和确实重大的事情冲突在一起的时候，问题就变得复杂了。

"条码计划"和高考。

简单地说，"条码计划"就是一个数学课代表收作业收得太烦了，事实上，她再也不想抱着一大摞作业一本一本对着记分册划钩了，于是她突然感慨道："如果收作业能够像在超市里面买东西一样只要刷一下条码就好了，那该多好啊！"好吧。我就是那个懒惰的数学课代表。当时"同事数学课代表"立即表示赞成。于是，我就真的开始想这个想法可不可能称为现实。那天是 2010 年 1 月 20 日。

回家向爹妈兴奋地描述我的设想，他们却一致地毫不客气地绷着脸泼了我一盆冷水。"不可能，根本不可能！这成本得多高啊！"可是我想，如果小超市都能用得起，那一定不会很贵啊！于是我把这个最初始的想法写进了通用技术课的"寒假作业"。没想到老师却认真地找到我，跟我说他觉得这个想法是可行的。

在这之后，我频繁出现在通用技术组与老师谈论更加细节的问题比如使用条码的码制、编码方式、成本、操作模式等等，有一天，居然遇到了校长。本来在旁听的校长对我们的谈话显得很感兴趣，问了我实际操作中可能遇到的几个问题，并且他表示，很愿意支持我，并且希望有进一步进展的时候，及时告诉他。

于是当我想好了第一个完整的系统方案，我给校长发了一封邮件。没想到，第二天就收到了校长的回信。那是 2010 年 4 月 3 日，是一个星期六。当我兴奋地告诉爸爸妈妈校长觉得这个想法很可行，值得进一步的尝试的时候，他们却显得不那么高兴。事实上，他们很不高兴。之后，"很不高兴"

演变成了"气愤"，继而引发了一场唇枪舌战。其实我爸爸妈妈生气的原因很简单，就是因为他们都觉得我的想法没什么创意，没什么可行性，很幼稚，还傻乎乎地到处宣传。

那天晚上我很伤心，也的确很生气。也就是在那个时候，我暗下决心：我一定要把"条码计划"这个想法变成现实。而且要做得很漂亮。

于是本来一个小小想法变成了研学，又变成了科技创新大赛的参赛作品。因为是2010年初开始的"计划"，所以最近的北京市级比赛在2011年3月，还要经过12月的区赛和2011年1月的北京市初选，那个时候的我，已经是一个高三学生了。

什么事情都要经过一些挫折干成功才更有意思吧。高三之初，我和我的"条码计划"受到了我爸爸妈妈的第三次阻挠。

我这个动不动为一点小事纠结个半天的人这个时候不动摇是有一点不太可能的。我仔细地考虑了一下。现在的我在念高三。而且是基于"我的高中的前三分之二的时间几乎都是在纠结和疯玩儿中度过的"这个现状念高三，所以我理应要比别的人都更加刻苦，更加专注。可是当我想到"放弃"这两个字的时候，我突然觉得我眼前的一切都黯淡下去了。我实在不忍心看着自己一度引以为傲的"迸发的灵感"如此就黯淡下去。是的。我不能够放弃，即使是在硝烟弥漫的高三。我要把梦想进行到底，让我曾经的灵感迸发出更加耀眼的火花。

在已然落后于他人的情况下时间又比别人少，这是极为不利的。当我熬夜熬到很晚改论文的时候，当我用别的同学学习的时间做展板的时候，当我翘掉统练去参加答辩的时候。我尽全力让自己专注，无论做什么。

高三上学期转瞬即逝。在那之后，我度过了第一个每天6：30准时起床的寒假和有"史"以来第一个不看"春晚"的春节。我用那四个小时的时间，做完并订正了"我人生的第一套理综"。

"条码计划"顺利地通过了12月的区赛和2011年1月的北京市初选。决赛的日子，被定在了我生日后的第十天。伴着《Tangled》里面的一曲"I see the light"，我经历了整个答辩、展览、颁奖的过程。没错。我像故事里面的Rapunzel一样看到了梦里面的满天星光。

感谢那个"未成年的自己"，选择了坚持。

169

冒进？保守？

我曾经幻想，到填报志愿的时候，我可以像《花开不败》的作者职烨一样潇洒。可是命运没有如此便宜我。我着实又纠结了一番。

一边是梦想的清华建筑，一边是宝贵的青春年华。

我曾经有一段时间坚定地想过：我就认定清华建筑了。今年不行就明年，明年不行就后年。我真的不觉得"为梦想拼搏到底"有什么不值得，可是高一高二的懒散让我无缘自招加分也不再拥有用我一年一年的时间当赌注的魄力。而客观来讲，这样的想法今天看来的确不太理智。因为大学需要同样或是更大程度的努力，高考不是结束，一切或许才刚刚开始。

事实上，对于我这种底气不足的人来说，只有经历过才会体会到，高考确实是非常残酷的。

我初中时的一个同学，是一个一向谨慎的人。高一成绩优秀处于年级前列，高二贪玩成绩下降，高三的时候经过大半年的扎实复习，在海淀一模、西城二模、海淀二模三次比较大的考试中发挥出了很高的水平。但我说过，他是一个比较谨慎的人。因为高二有过一段低迷时期，又因为他确定学工，所以在清华和浙大两所学校之间犹豫。经过很长的犹疑不定他最后报了清华，但是考试前心态因此受到了影响，无缘清华。

相反地听老师说过一个学生第一年报考清华落榜，第二年一模发挥失常，失去了再报清华的勇气，结果考到了 670 以上的高分，后悔万分。

当然这两种情况都十分的遗憾，所以就像无比正确的老师们告诉我们的那样，还是要先仔细考虑自己的心理素质等各方面因素再考虑志愿的事儿。如果一贯谨慎即使有一些加分也不要随便用高考玩"大冒险"，可是如果是一贯大考爆发，一定不要让梦想与你擦肩而过。

高考不是人生唯一的十字路口，但是它确实是人生中第一个比较大的十字路口。

曾经纠结过、彷徨过，也曾经专注过、坚持过。认真地享受高三的整个过程，然后从容地走向高考考场。我的高中，至此结束。

明天，就可以说"还记得高考结束后的那个夏天"了。这才发现，自己是多么舍不得。草长莺飞的三月，漫步在校园里，仔细欣赏着一树一树的玉兰花开。以后很难经常欣赏到窗外的玉兰了。但是当时拾起的那些花瓣，却会在我的书页里面，继续散发她醉人的芳香。

为孩子插上一双隐形的翅膀

王凯　顾金萍

周围好多人都认为：教育孩子是件非常辛苦的事，听说我孩子上大学了，在送来祝福的同时总不忘说了声："恭喜你们，终于熬到头了啊！"可在我看来，教育孩子应该是件轻松且非常愉快的事情。寓教于乐，与孩子共同进步，感觉她踏进小学校门的一幕仿佛就在昨天。可是现在，我的孩子确实已经走进大学校园了。我认为，教育的目的不在于教孩子会做几道题目、考很高的分，而是应该将教育的重点放在培养孩子的学习兴趣、学习方法和学习能力上，培养孩子的爱心和正确的行为处事能力，教会她要客观对待前进道路上的挫折并树立起社会责任感，协助孩子规划好独属于她的人生的每一步。

一、培养浓厚的学习兴趣

只有肥沃的土壤才能长出好庄稼，只有良好的家庭环境才可能培养出学习优秀、聪明活泼的孩子。父母是孩子的第一任老师，身教重于言传。这一点，我的感触就深刻非常。

孩子的学习兴趣与生俱来，从一开始的模仿到以后形成的爱好有一个不断发展变化的过程，不同的年龄段、不同的家庭环境，孩子的兴趣往往呈现各自的独特性。从孩子从牙牙学语时，我们就有意识地给她讲故事、听音乐，培养她对未知事物的兴趣，带她玩沙子、堆雪人，尽量让孩子自己多动手，让孩子从学、从玩中享受其中的乐趣。

孩子年龄幼小时要培训孩子的直接兴趣。像画画，孩子用画笔在画布上涂抹那明快色彩的同时，她的思维、想象也跟着任意延伸、遨游、旋转。虽然开始时孩子画得并不怎么样，不能符合成人的审美要求，但一定要多表扬、多鼓励，才能增强孩子的自信，把要学的东西掌握好。就像我家孩子，

171

尽管学龄前的那几年油画绘画经历不能让她成为这方面的专长，但那段美好的学习经历对她高三参加北京市科技创新大赛时的"广告创意"着实发挥了那么一点作用，并为最终获得取得北京市科技创新大赛一等奖立下"宣传方面的一点功劳"。这不正是我们当初培养的目的么！

正是因为兴趣，我们支持孩子从电子琴学到钢琴、再学到小提琴；正是因为兴趣，我们鼓励孩子从《中小学生优秀作文》写到"交换日记"再写到"流石"文学奖。

二、创造宽松的学习环境

创造宽松的学习环境，这句话说起来容易，做起来确实有些困难，毕竟我们面对的是高考这样一个大环境，最终都要以分数说话。然而尽管难，但必须这么做。否则，如果死板地强硬地要求成绩，每天盯的死死的，不让孩子有半点放松时间，只会把孩子的心境破坏，陡增心理压力，对最终参加高考会产生巨大的负面影响。

在学习过程中我们也遇到过低谷。孩子初三上学期时参加瞭望杯时事竞赛，一贯厌倦历史政治的孩子在突击准备材料时的确投入了相当大的时间和精力。竞赛完后便参加月考，结果破天荒地考了个100多名。本想安慰理应沮丧的孩子，没想到听到的却是孩子的安慰声："爸爸，你放心，这次只是我把更多的精力用在比赛上了，你就当是我的一次调整吧，下次再考，我肯定是进步最快的！"不管接下来怎么样，在面临重大失误之时，孩子能用如此轻松心态面对，已经让我们感到欣慰。而在随后的几次考试中，我们的孩子表现的确很出色，直至一模考试，考中年级第一。

当然，并不是有了成绩我们才为孩子高兴，而是看到孩子在困难和挫折面前所表现出的精神状态才让我们深感欣慰：培养一个心态阳光、身体健康的孩子，才是我们整个社会的教育方向。

我家孩子从小就是一个乖巧懂事、勤奋好学、从不服输的孩子，但初进四中时看到的更多的是各种活动、各种丰富多彩的社团，可以说是充满了新奇、刺激与挑战，而忘却了这毕竟是一个能人聚集的群体，是高手竞技的赛场。用高一高二两年时间，以一名理科生的身份，在校刊上发了几十篇文章。然而这着实让我们感到担忧。尽管她发表的文章都属散文类，但每篇的构思写作、揣词琢句都花费了不少时间和精力，但同时又看不起别人对所学知识的强化练习，总认为自己只要听懂会做就行，总是用自己偶尔能做出数学考试最后一道题的"功绩"来贬低别人扎扎实实的成绩，安慰自己的"失误"。所以每次考前总是信心满满，可也总是在总结教训时才知道心痛，而在下一个学习阶段开始时却已忘了旧痛，所以，高中前八次考试的排名都惨不忍睹。这段时间，我们所能给予的除了信任就是提醒，尽量不提成绩，多给些宽慰、建议——我们只要过程，不要结果，给孩子以信念——只要平时功夫下到了，最终出成绩肯定是水到渠成的事。所以要一定要相信孩子，勇于面对挫折，培养阳光心态，引导孩子不能只为成绩去学习，而是要从学习中找到快乐，在克服困难中享受到攀越障碍所带来的乐趣。

三、养成良好的学习习惯

中国青少年研究中心的专家指出："习惯决定孩子的命运。"习惯的力量是巨大的，一种习惯一旦养成，孩子就会不自觉地在这个轨道上运行。好习惯必然会使孩子终身受益，而童年阶段是培养习惯的最佳时期。

培养习惯应该从小事做起，比如吃饭习惯、带学习用具、整理自己东西，要求自己事情自己做。当然必须根据不同年龄提出不同要求，从力所能及事做起，这样才能真正养成良好的习惯。在教育孩子时我们能做的到事一定要以身作则，不能一边让孩子不能做这样不能做那样，而自己却我行我素，比如吃饭要求孩子不剩一粒米，可自己却总是吃不干净，这样不仅说服不了孩子，而且还会降低自己在孩子心中的威信——您就是言行不一的人，教育效果就可想而知了。

从小学一年级开始，我们就教育孩子一定会学、会玩。这里所说的会学就是在学习时一定要有很高的学习效率，学习就是学习，提高专注度，做题目要快，准确率要高，让孩子养成珍惜时间的概念。对学习效果最佳的检查办法就是让孩子给我们讲做题的思路、方法，并验证结果，因为有些题目孩子依葫芦画瓢也能弄出答案但未掌握要领，这样就可以找出漏洞，提高学习效果。（当然这个办法只能用于小学阶段。）会玩，则是强调把所学的知识掌握后，让孩子对自己感兴趣的东西尽情地去探究、演绎，无论是郊游或游泳抑或去"探险"，我们都全力支持尽可能全程陪同。毕竟书本上的知识实在有限，要想真正为了兴趣去挖掘去钻研，还是要到社会到大自然中去读这本无字之书。

四、发现孩子的天分

孩子，就像未经打磨的璞玉。而我们所需要的，就是一双善于发现孩子闪光点的眼睛。

我是出版社的编辑，经常把稿件带回家看。记得孩子两岁零三个月的时候，（不知道是不是受了我这个编辑爸爸的影响）竟然自己趴在我审阅稿件的书桌上，像模像样地"工作"起来——她在好几页方格稿纸上认真地画起了"圈圈"，每页800个格子，一格不出，一格不落。也许她正在用自己发明的语言书写大作吧。

影响通常是潜移默化的。我们鼓励孩子广泛地进行阅读，让她自主地去发展对于文学的兴趣。正是由于从心底生发的喜欢，才可以支持一个孩子在紧张的中学六年中一天不落地写下六本随笔。

其实每一个孩子都有他/她独特的地方。如果傅雷没有仔细观察到儿子听古典音乐时专注的神情，也许傅聪就要做"强扭的瓜"去习画了。而我们的世界，可能会因此少了一位杰出的钢琴家。

所以我们要用一双敏锐的眼睛去捕捉孩子闪光的地方。并尽可能地创造机会，去把它发扬光大。

五、教会孩子宽容、包容

我们的孩子基本上都是独生子女，每家就一个，个个都是父母掌上的宝贝，眼中的明珠。可也正是这样奇缺的宝贝，收到的更多的是宠爱，有的甚至是溺爱，不会关心照顾他人、会懂得尊重他人基本上是他们身上共有的特征。我们平时所做的是教会孩子要有一颗感恩的心，要感激在成长道路上为你付出的老师和陪伴你一起走过的同学，感激世上一切真、善、美对你的滋养，以这样一份感激之情来实现孩子的理想。人生的道路是曲折和漫长的，人生不可能总是一帆风顺，不管遇到什么样的挫折与困难，父母都希望你正确对待，客观评判；不管今后你走到哪里，都要认认真真做事，踏踏实实做人，做一个真诚善良、有爱心有责任心、知大礼懂事理的人。

平时同学聚会或家庭朋友聚会，大家都知道我们孩子比较优秀，亲和力特别强，特别是大学同学聚会时几个小朋友为不能坐在孩子身边而大哭一场。他们几乎都在请教同一个问题：我们是如何教育的，都让我们传授经验。他们的羡慕，并不是因为我们孩子有什么成功，而是孩子的乖巧懂事，努力上进，让爸妈省心不操心，放心不担心。平等交流，民主议事，相信孩子，爱要适度，正确引导是我们家的做事原则，关键是要培养日常良好的学习和生活习惯。

六、培养孩子阳光心态

现在的网络比较发达，有点丑恶现象被报道后就会受到无限放大，其负面作用也会被彰显。同时，尽管《新闻联播》中每天都会播出身边优秀共产党员人的光辉事迹，但被群众关注的却较少，被大家用来议论的仍是那些少数的阴暗面。作为家长应该从正面教育孩子，对负面的内容要引导孩子看国家的政策方向、看党对贪污腐败惩治的决心和力度，对正面的先进事迹一定要从我做起、从自身做起，主动学习垂范，用自己的言行去影响孩子，正直、坦荡做人，光明磊落做事，敬业爱岗，用正确的人生观、价值观、道德观引导、教育孩子，培养孩子面对社会的阳光心态。

我们孩子也像她的同龄人那样有着青春的叛逆，而为她拨开云雾让她自己去追逐阳光正是我们要做的事情。从被志愿到主动积极参与国庆阅兵仪式立场的转变，从对军训刻苦的抱怨到对纪律重要性的深刻认识，从成人仪式上幼时的快乐记忆到对父母庄重的表白。增强的是荣誉感，强化的是团队意识，铭记的是那份责任和担当。而这些都是阳光心态的具体体现。

今天的人们常说，美国是自由之国度，但是，说这话的人似乎忘记了一点，当今美国也是纪律最为严明的国家，其宪法能细化到规定每个人可以做什么，不可以做什么。自由愈是发达的国家，纪律也必然愈是发达。纪律与自由是相辅相成、水涨船高的。不能为了自己的自由而忽视了他人的自由，不能为了自己的利益而侵占了他人的利益。这肯定不是自由所要的最终结果。而我国所强调的集体荣誉感、团队意识、纪律、责任，不正是真正自由的保障么！我们的孩子，更应该继承这种优良传统，并把它们发扬光大。

十八年前，我的孩子还是一个只会哇哇大哭的婴儿；而今天，她已经成长为一个阳光独立的"最年轻的成年人"。十八年，看似是漫漫长路，在我们眼里却是"光阴似箭、岁月如梭"。在这十八年中，我们扮演的角色更多是"幕后的导演"，在隐形之中为孩子插上一双翅膀，助孩子一臂之力，给她力量在更加广阔的蓝天中飞翔。我们欣慰于这样的角色。相信在孩子在不远的将来，在更加符合四中"成为杰出的中国人"的标准的时候，会感谢我们今天选择的教育方式。

佟 浩 功

Tong hao gong

我是北京四中 2011 届（3）班班长佟浩功，曾获得区级优秀团员等荣誉称号，并获得 2011 届北京大学校长实名推荐资格。通过三年的努力，我在高考中以 664 的卷面分数考入北京大学数学学院。

我选择数学科学院是因为数学是所有科学的根源，天下新事物，皆由数学来，学好数学有助于在今后的发展中灵活转入各种行业，并且能增强在各类行业中的适应性，本科数学对学习能力和思维水平的提高很有帮助。我深知个人力量的渺小，但我也晓得领袖的影响力无穷，做一个杰出的青年领袖，以我的知识和责任感影响更多的人，这就是我的理想！

我的三年

有句话说的很有意思，人生中最可怕的两件事，一是梦想破灭，二是梦想实现。

如果说考上理想大学是我们人生前十八年的梦想的话，那么上面这句话，在今天的我看来是错误的。高考结束，分数公布，虽然没有完全达到我的真实水平，但人生第一阶段的理想也算是稳稳地实现了。在这个"终于可以松一口气"地时刻，我非但没有感受到那种所谓梦想实现后的空虚，反而我对未来充满期待，这是一个新的起点，我要面对的是一条我人生中第一次真真正正是我自己选择的道路，正因为此，我的内心第一次获得宁静，不是一潭死水的宁静，而是风平浪静的海面，正在酝酿一个巨浪前的宁静。十二年的紧张生活如今终于迎来一个短暂的休息机会，使我能好好整理一下刚刚过去的这三年发生的事情，反思一下这三年的得与失。高中三年，我做了几个正确的决定，做了几个错误的决定。

一、初来乍到

四中是一个聚集了各种精英人才的地方，人人都有自己的绝技，人人都有足够的潜力站在队伍的最前排，站上山体的最高峰。我记得当时老师们都指出一个不好的现象，就是很多同学因为考进了北京乃至全国最好的高中，就心比天高，自信心过度膨胀。虽然话是这么说，但那时的我一点都没有这种感觉，我做好了充足的思想准备，从中考的全区前五名，变成到四中学生的下半区，这样的身份落差，我是能够应对的了的。即便如此，在这个群英荟萃的地方，我和所有人一样，都想在旅途开始之际好好表现自己，为后面的学习生活打下一个好的基础。日常的校园生活中，很多人不放过任何一个细节来表现自己的能力，我很快败下阵来。有幸我这时做了我高中第一个正确的决定，我决定开始保持低调，尽管我是班长，在班里年级里都有一定的声望，但我会尽可能保持低调。后来的事实证明，成熟的稻穗一定是低着头的，谦逊的态度在长久的竞争中会给人带来意想不到的结果。不到一年的时间，谁才是真的精英，谁只是在为自己造势，大家就都看的很清楚了。最终我成为一个有威望有能力，成绩也算出色的学生领袖，没有为了出一时之风头而忽视了细水长流的个人发展。眼光放长远一些，其实大可不必在意此时的落寞失意，优秀的人早晚会被人发现的，聪明人不会为了出一时的风头而竭尽全力，而是要关注长久的发展，经营长久的人生，这是我在四中最早懂得的道理。

二、艰难的适应期

我初中来自东城的一所重点中学，我的母校成绩非常出众，在全市也是前三甲的水平，但来到四中后我最大的感觉是，四中的学习和我在东城时的感觉完全不一样！这里没有老师每天用堆积如山的作业折磨我们，更没有老师会督促我们要做很多题。班主任当时的一句话让我惊讶了近一周的时间，有一天他介绍四中的各种活动，最后补了一句："放学后都别在教室闷着，都去操场参加体育运动。"这在我以前是闻所未闻的事情，数学老师怎么让我们用课余时间去操场打球呢！应该是回家好好做题才对啊！这样的细节还有很多，颠覆了我对基础教育的概念，这在很多人听来可能是夸大其词，但对于我这样一个在习题和考试中摸爬滚打了三年，几乎没听说过全面发展的人来说，还真的是个全新的，新鲜有趣的生活。当然，不可避免的，在这个全新的体系中我适应的很差，我一直都觉得自己是一个适应性较差的人，我不适应这里的活动，不适应这里讲的知识，不适应这里的学习方法，唯一适应的，是那些和初中相比显得很宽松的校规。我跟风报名参加了化学竞赛课程，明知道自己不是那块料，但在虚荣心的驱使下，坚持在班上学那些听懂都费劲的东西。此外，我在考试的问题上更是一败涂地，我虽然不指望年级前十前二十这样的成绩，但节节败退到一百开外实在让人难以接受，更糟糕的是，我找不到问题所在，没法加以解决。我感觉我永远理解不了四中的教育理念，自学，是我从来不曾体会过的。于是我做了一个错误的决定，我又搬来了初中的那一套，我决定自己探索一条和四中的基本理念不太相同的路，此时的我，眼光窄的只看得见眼前的芝麻，不想也不敢冒险去找找远方的西瓜。我重新捡起了题海战术，我又过回了自己熟悉的生活，习题册一本一本的做，我成了别人眼中最刻苦的人，尽管我心里清楚其实我的大脑是懒惰的。

结果是，这一次我还真赌赢了，我一下子从一百多名变成了前五十，然后又变成前三十、前二十。作为班长，有一个好看的分数撑腰，开展工作也变得更容易了，各种荣誉称号我都收入囊中。一时间，我觉得我开始找回失去了一年多的自信心。尽管如此，我还是觉得事情发展的不太对劲，当时我说不上来到底是哪里出了问题，直到高考的两个月前我才想明白，那时的我，做了多么错误的决定。如果我咬牙坚持了四中的教学理念，现在的我将会站的更高。

三、高一和高三之间的日子

到了高二，学校里大大小小的事情都经历过一回了，慢慢适应了这个地方。学习成绩也稳定下来，我保持在年级前三十名，应该说是个不错的水平。作为学生干部，工作上也渐渐形成了自己的办事风格，各项工作开展的有条不紊。我在校园里逐渐成了小有名气的人，生活也没有了高一时那种"晕船"的感觉。高一是摸着石头过河，而高二可以说是风平浪静的一年。

181

在这一年中，我继续采用高一的学习方法，以"量"的优势来增强对知识的熟练程度，并在考试中一路高歌猛进。高二的校园活动很丰富，日本游学毫无疑问也是最吸引我的，在日本我学到很多，我终于知道，人，可以把细节完善到何种令人瞠目结舌的程度。日本的这趟经历，对我之后的高三生活有着深刻的影响，不只是心态上的，日后还有一次能力和意志力的磨练，这是后话。

值得一提的是，从高一开始，我一直在心理上回避高考这件事。沉醉在素质教育中，我有意无意地让自己不去想高考，因为高考和我当下的生活氛围是不符的，我很难想象我将为了一次考试，花费近一年的精力，忍受那些让我想想就觉得晕眩憋屈的痛苦。而到了高二下半学期，尤其是日本游学归来后，无论是年级组的引导还是我自己的内心波动，都促使我开始思考有关高三的事。实话实说，我很害怕。我觉得我一直都没准备好，我没准备好高中入学，没准备好第一次期中考试的亮相，没准备好担任班长这一要职，现在，我觉得我根本没准备好进入高三。我并不怕高三的苦，我怕的是那种没保障的生活，每天要拼死拼活的干，而结果是怎样的，没人知道，就算成绩再好的人，恐怕也不敢拍着胸脯说自己一定能考上某某大学。高三不是初三，高三是要真刀真枪的拼，初三只是小儿科的把式，初三体会的是凌驾于所有竞争者之上的快感和安全感，而高三要忍受的是身边任何一个人随时都能把自己甩在身后的危机感和恐慌。这是我高二快结束时对高三的设想，日后的经历证明我的设想都是对的。高二和高三交接的暑假，是一个提升成绩的关键时期，这一段时间如果利用好，可以使自己在高三开始时获得相当大的优势。我是个自制力挺强的人，这个暑假我基本没怎么浪费时间，唯一的困难是我八月初莫明其妙的病倒了，高烧一连十多天，完全打乱了我的暑假计划。

卧床躺了十多天，康复后没几天就去参加清华大学的暑期夏令营。这个夏令营对我高三的志向有着很大的影响。因为在清华生活的五天，我体验的是清华大学最传统的生活，在那里结交了很多来自全国各地的朋友，我过的非常开心，可以说这五天是我高中三年中最快乐的五天。尽管夏令营牵扯到自主招生加分的问题，但营员们谁都没有把这五天看成是竞争，来自不同学校甚至不同文化区域的同学们在一起打球赛，唱歌跳舞开联欢会，一起听讲座一起吃住，人与人之间的关系很单纯。作风朴实，感情真挚，这就是清华大学夏令营主办方想让我们感受的校园氛围和校园文化，而我很喜欢这种放松的感觉，不用张扬，不用争不用抢。尽管后来我做出了与此时的感受相矛盾的选择，但我想起这五天的经历时仍然回味无穷。

还有一件事我一直引以为豪，我在竞赛训练的冲刺阶段选择了退出，退出意味着前两年的竞赛学习全部打水漂，学费浪费了，时间白花了，但正是这个决定，使我避免因竞赛而耽误时间。在这件事上我很理智，我没有因为虚荣心而硬挺，我很清楚自己不是那种单科的天才或鬼才，竞赛不是我的舞台，所以我退出。

四、高三

从清华回来，就开始了艰难痛苦的高三生活。

高三，是对我前两年自己所谓的那套学习方法的否定，但这种否定来的很慢，最后给我一个突然的打击。

高三的生活就从九月底我接到的一个任务说起吧。九月底是我学习上的第一个低谷，状态极差，我开始迷茫我最终的归属会是哪个学校，我还能不能考上清华北大这样的顶尖学校。就在这个艰难的时刻，学校突然让我策划日本游学总结交流会。这个大会的筹备时间只有短短的一周，却邀请了市区各级领导来观摩，甚至请来了日本国会议员。国庆节假期我本想好好调整学习状态，却不得已把时间投给了这个交流大会的准备工作，当时的我有种举步为艰，腹背受敌的感觉。我搭进整个假期忙活，不巧的是这几天正好患上急性咽炎，每晚咳嗽不停，无法入睡，一连四五个晚上，我坐在床上，右手捂着小腹，左手捶着胸腔，试图压制住咳嗽，整个深夜都是醒着过的，白天还要在学校从早干到晚，疲劳程度可想而知。同时处在高三过渡期，班级工作不好做，各方面压力非常大，一方面我要顾及学校和班级的利益，工作要加紧做，一方面我真是担心自己的学习状态，矛盾得头疼。我打算辞去班长一职，先打理好自己的烂摊子再说。但苦苦思索了几天后，我做了高中的另一个正确决定，我决定坚持。我没有放弃学生干部的身份，我最终因此而受益，处理多方面复杂的关系本不是高三要考虑的问题，但我却能在高三得到了这样的机会来训练自己这方面的能力，长远的看，我比别人领先了很多。这次的经历，给我高三后面的生活打下坚实的基础，尽管状态低靡，我还是在期中考试中达到了应有的水平，并且在接下来的几个月中稳步上升，势如破竹。

很快，大学的选择提上了日程，我选择了北大。这不仅仅是因为我获得北京大学校长实名推荐资格，得到了30分的优惠，更重要的是，权衡利弊，我知道北大更适合我的发展道路。我不想只做一个本分的，精于业务的公民，我希望能站的更高，有更大的影响力和号召力，成为一个真正的青年领袖，而且我为自己有这样的理想而自豪。考虑到这些因素，北大更为开放的氛围显然更适合我。我是一个很踏实的人，生活在一个更踏实的环境里，对个人发展的推进作用就很小了，而清华就是这样一个沉稳踏实得地方。如今我考上了北京大学，我为这个选择而高兴，我期待北大的艰难但快乐的求学生活。

就这样，我顺顺利利的度过了五个月，但是老天爷不会让任何人的高三生活一帆风顺，他会给你出难题，让你深陷挫折。经历了旗开得胜的五个月，我迎来了一模。一模中我无疑是幸运的，理综考的奇烂无比，却凭借英语和语文的超常发挥，第一次考进年级前十，区里的排名也相当不错。但我并不高兴，我感觉自己要撑不住了，不是心理上的崩溃，也不是吃够了苦的宣泄，而是在知识的系统掌握上，我已经显得力不从心了。这是什么意思呢？一个出色的学习者，学完所有知识，又复习过一遍后，应当对知识有一种成体系的认识，对知识有大局观，能够流畅自如地统摄自己学过的东西并巧妙的加以运用，甚至对知识会有一种能上升到哲学层面的认知。这看起来虚无缥缈，但这其实就是衡量一个人学习情况的最好指标，能做到这些的人，一定学的很好，至于考试分数的高低，只是应试素养的差别。这就是为什么我说我高一继续对自己开展"题海"学法是一个错误的决定，因为头两年我用这种立竿见影但没有远见的方法学习，导致一模后的我建立不起这样的知识体系，对学过东西没有强烈的驾驭感，我对知识的理解程度也只能停留在做题这个低级层次。于是，我崩盘了。我感到我被别人甩在身后，甚至每次考试，无论大考小考，连平均分都成了一种奢望。

崩盘后的一个多月过的无比艰难，我从一个能在北大随便挑专业的考生，变成一个想过提档线都困难的人。我心想幸亏有30分的优惠，否则我的北大梦就完了。也许对有些人来说，只要能进北大就可以了，但是我从来都没有允许自己动用那30分的优惠，我始终认为，作为校长实名推荐的学生，出不来成绩是对四中的侮辱，我不想给任何人任何机会否定我得到的这个推荐生资格的荣耀。我必须承认，校长实名推荐生的身份给我不小的压力，顶着这种压力，我尽可能把能做的事做到最好，也就是尽人事，听天

命。而此时突然崩盘，真的，是突然崩盘，而不是缓慢退步，把我推向绝望。我安慰自己，至少现在还能凭着 30 分的优惠挤进北大，但很快深深的愧疚、失落和无奈又淹没了我。我用所剩无几的时间补我缺失的东西，我加强了思考力度，吃饭洗脸上厕所无不在思考知识和提升认知水平。这是很纠结的几个礼拜，一方面我对高考毫无把握，我不知道我最后这几天能补到什么水平，眼见着同学们神速提升，而我似乎一点进展都没有，另一方面我又不断用那 30 分来安慰自己，安慰自己要把目光放长远，走出高中就不再是单纯的知识竞争，多方面的综合能力我比绝大多数人都强，可我又无法接受我裸分过不了北大分数线的这个似乎已经既定的事实。直到这时我才算真正理解了四中的教学理念，我很后当初悔没有坚持下去。

终于到了高考，没信心也要假装很有信心。第一天上午的语文顺顺利利的过去了，下午考数学时却出了乱子，答完题检查试卷，发现无意间在不该做答的地方留下了一道笔迹，我在考场上顿时手脚冰凉，赶忙问监考老师这会怎么处理，监考老师也很含糊，拿不准这会不会按违纪论处，副监老师说不会，主监老师说不好说，我手脚冰凉的考完了剩下的 15 分钟。询问了很多老师和有经验的人，最后我强迫自己相信，肯定不会有问题的，第二天去考理综。理综是我从来都没想象过的难度，大概有 80 分的题我写上答案却没有丝毫把握，不知这是不是影响到下午英语的发挥，英语考的并不理想。等分数的这十几天，不能说度日如年，也是坐立不安，核对完标准答案，我给自己估了个分数，估的比较保守，过提档线的可能性很渺茫。从高考考场上得惊惶失措，到等分这几天得惶惶不可终日，我磨练出一种时时刻刻沉得住气得品质。直到分数出来，664，虽不是什么绝顶高分，但也对得起我从六岁起这十二年所吃的苦。高考，有惊无险的过去了，终于得到了一个皆大欢喜的结局。

五、高考后的思考

有人说，教育就是当你已经忘记了学过的所有知识时，剩下的东西就是教育。我一直很认同这句话，高考刚考完我就已经忘了很多东西，大脑一夜之间就从硬盘里删除了很多所谓的"为高考而学"的知识，我猜再过一两年，能剩下的就只有那些我感兴趣的东西了。除此之外，高中三年我还领悟到一件事，就是坚持的重要性。任何事都不是急功近利完成的，即便是短期的任务也具有长久的意义。入学时不要急于表现自己，要能坚持住在长期的竞争中逐渐让人们看到我的能力，这个道理可能不只是入学时用得上，每换一个新环境都是一样的。同样，怀疑自己的能力时更需要坚持，我不知从什么时候形成了一个非常恶劣的习惯，当我遇到挫折，哪怕是小挫折，我总会先怀疑自己的能力，这其实凭空给自己增添了很多压力和痛苦，解决的办法只有咬着牙坚持。我只有十八年的人生阅历，还没有资格对人生大发评论，但有一句话我觉得真的能很好的概括人生成功的秘诀：成功是世界上最简单的事，因为通向成功的路上唯一要做的，就是在坚持不住的时候再坚持一下。我回想起我自己训练短跑的经历，我按照美国纵跳训练计划，自己进行一项十五周的下肢力量训练。这个训练计划非常艰苦，十五周的时间非常长，每天我的腿都因过度疲劳而颤抖，膝盖因为用力过度而积水，我从小运动能力就很出色，但每晚训练时仍感觉心脏支撑不住这么大的运动量，但是十五周的时间我坚持下来了。结果是，我从一个短跑运动的门外汉，成为一个达到了国家三级运动员标准的短跑健将。这个经历给我的高三生活增添了很多动力，因为我发现，当一个人脑子什么都不想，不想结果不想别人的评价，只是抱着拼一拼和试一试的态度去努力做一件事，他会获得很好的结果，而这种心态，就是高三最完美的心态。

六、写在最后

十二年的基础教育已经过去了，我非常高兴我选择在四中度过我的高中三年，尽管在路。

线上走过弯路，但我认为四中想教给学生的东西我都领悟到了，因此我对即将到来的大学生活充满信心。我知道那将是又一段艰苦旅程，但是这一次我会做更加充分的准备，迎接崭新的生活。

最后，衷心感谢这个可爱的地方的所有老师们对我的栽培，感谢四中给我提供了那么多的机会，感谢我的父母对我生活上无微不至的照料，感谢陪伴我三年的同学们。我为自己是一名四中人而自豪，将来，我也会让四中为培养过我这样的学生而骄傲！

孩子带给我的感动

侯秀玉

自打高考完不需要接送浩功上下学以后，我就没再开过车。早上，我忽然有开车出去转转的冲动。从车库出来，本无目标的我竟然直接开上了去往四中的路！再也熟悉不过的路！

校园里的一切是那么的熟悉，站在四中门口，我心里有太多的留恋和不舍！教学楼，正安静地等候着即将暑假归来的孩子们；礼堂，是最熟悉的地方，在那里不知参加过多少次的家长会；食堂，曾几次申请进去吃顿饭都被儿子婉言拒绝；宣传栏，依然五彩缤纷，光荣榜上儿子的大照片早已被学弟学妹的取代。绿荫、长廊、草地，一切一切，似乎很近，但似乎又正在离我远去！以后，可能没有机会再踏进四中校园，但是，我会经常象今天一样，站在孩子成人前的最后一站，品味孩子给我带来的快乐和感动！

在周围人看来，浩功一贯优秀，考上四中、考上北大是顺理成章的事，可我深深地知道这其中儿子付出了多少辛苦，是只有做母亲的才能深刻体会到的辛苦！一分耕耘一分收获是永恒的真理，成功的道路上没有捷径！

儿子跟我说过，从小他就知道他是一个跟别人不一样的孩子，因为他的父母对他要求很严格。的确，孩子说的一点也没错，在教育孩子的问题上，我从不心慈手软，浩功因此失去了很多儿时的快乐。儿时的他，没有游戏机没有卡丁车，不能随心所欲的看动画片，我偏执的认为这些都会让儿子沉溺于其中，儿子也习惯了我的管教，从不主动要求买这买那。随着孩子的长大，尤其上了四中以后，我常常在反思，我的这种教育方式是成就了孩子还是毁了孩子？我是不是没有让孩子充分地享受童年的快乐？我是不是压制了孩子的个性发展？但儿子说，妈妈培育了他百折不挠的品质，让他从小就知道了自己应该做什么样的人，他收获的远比失去的多的多，他告诉我他很快乐！不管儿子说的是不是真心话，但这多少还是给了我一点心理安慰！

要想学习好，首先要学会做人，这是我教育孩子的一贯理念。从小到大我都告诉儿子，要做个勤奋的人，要做个有理想、有责任心的人，要懂得感恩！高一开学前班主任家访时说，我的理念跟四中的理念非常吻合，老师曾邀请我到班里座谈，但被我拒绝了，因为我知道，我教育孩子的这种理念不会被大多数家长所接受，有人会认为我是唱高调，有人会认为当今的孩子不能这么教育，甚至有人会认为我傻。不管别人怎么认为，我始终坚持用我的这种理念去影响和教育孩子，而孩子也不断地给我带来惊喜。

四中的开学典礼让我猛然意识到儿子长大了，学生生涯接近尾声了，我开始分外关注儿子的这三年。我开始收藏一切跟儿子上学有关的东西，包括各种证书、奖状、儿子扔掉的作文草稿甚至还有家长会通知等等，我珍惜每一次踏进四中校园的机会，再也没有因为工作忙而缺席过家长会。我每天都会从儿子的表情去揣测他在学校的喜怒哀乐、总想拐弯抹角的打听学校里的人和事、时常盼望着儿子能邀请我陪他去这去那……浩功开始上晚自习后，每晚接他回家成为我最幸福的时刻。每天回家的路上，儿子会告诉我白天学校发生的事，有开心的有郁闷的，我都会尽情的跟他一起分享，我常常惊讶于同学们的智慧、敏锐、风趣和幽默，也常常被他们的勤奋、执着、友爱和团结所感动，我曾为儿子筹备班会出谋划策，也曾为运动会、话剧比赛、歌咏比赛准备行头，甚至曾为新年舞会儿子请不到舞伴而着急……四中的这三年，我似乎才真正的走进了儿子的心理世界，真正的理解了孩子。同时，儿子的很多理念也逐渐在影响着我、改变着我，我觉得我是在和孩子一起共同成长。

在四中，学习成绩不再是衡量学生的唯一标准，学习更注重的是对知识的理解和举一反三。刚进四中时，习惯了题海战术的儿子很不适应，然而，还有比成绩上不去更让他焦急的是班级浮躁的氛围，"三班，不是我们混过的一个地方，不是我们高中三年停留的场所，不是我们今天进来明天就要离开的中转站!! 三班是家……"，从儿子写的这段话中，可以体会出作为班长的他内心的焦虑，我一直在鼓励儿子，帮助他寻找办法尽快摆脱困境。儿子的坚韧不拔再一次深深地感动了我，经过艰难的调整和努力，儿子学习成绩稳步上升，班级也越来越有凝聚力。很快，三班成为了学校的标杆，儿子也彻底领悟了四中教育的精髓，真正得到了全面发展！

成人仪式，让我真真切切地感受到了高考就要来到，孩子就要离开父母独自飞翔了，我坐在礼堂，泪如泉涌。我目不转睛的盯着台上做主持人的儿子，十八年来的一幕幕不断地从眼前闪过，多么希望时光能够倒流，能让我再重新享受一遍儿子成长给我带来的快乐！

高考不可回避的到来了！考前的那个周末，我心里有说不出的伤感，在外人面前坚强的我，自打孩子上了高三以后忽然变得多愁善感，想到孩子的辛苦，想到高考的不可知，我不禁潸然泪下！孩子辛苦奋斗了十二年，难道就为了这两天?！我开始既期盼高考又憎恨高考！！

高考，儿子发挥的不理想，期间还发生了一点小波折。考完之后他甚至落了泪，他拒绝跟我提高考，甚至不愿意去学校领答案！我告诉他，高考是全家的事，父母有权力知道关于你高考的一切，父母关注的不仅仅是你的成绩，更担心你的精神面貌和心理状态，一个男子汉，必须要勇敢的面对和承受！儿子又一次战胜了自己，他决定去学校领答案！看着儿子远去的背影，我的眼泪再一次夺眶而出，孩子太不容易了，他既想通过高考证明自己，又想给父母和学校争光添彩，他承受的压力其实比大人大多了。我告诉自己，无论孩子考出啥样的成绩，我都会跟孩子一起坚强的面对！

等待出分的那几天真的是度日如年，儿子表面上若无其事，但我知道他是不愿意流露内心的煎熬，他怕我难过。我开始后悔没让他出国，后悔当初依从了他的"绝不逃避高考"的想法。但是冷静想想，我又觉得高考是孩子人生中一笔巨大的财富，高考不仅检验了学习成果更砺炼了他的意志，不经历高考会是他人生的缺憾，所以我又想说，感谢高考！不管结果如何，孩子能顽强地走过高考就是胜利了！

664分！虽然儿子对这个分数不很满意，但我十分知足。儿子拒绝了香港大学的录取，他相信北大才是自己的舞台，他要为成为一个杰出的中国人而继续努力！

回顾孩子的成长历程，我想告诉很多家长，教育孩子是一个庞大的复杂的系统的工程，绝对是不可以速成的。学校的教育永远取代不了家庭的教育，家长对孩子的影响是巨大的！周围的人经常问我如何教育孩子，我有时很难做答，我始终认为父母是孩子的榜样，养不教父之过！虽然现在早已不是"棒打出孝子"的年代，但是我坚信"严师出高徒"！这个师指的不仅仅是学校老师，孩子人生过程中凡是教给他学习教给他做人做事的人，都是孩子的老师。做为家长，一定要教育孩子懂得感恩，不要在孩子面前抱怨社会、抱怨学校和老师，遇到问题时家长一定要换个角度思考，换个说法跟孩子交流，效果会大大不同。因为，对一个学生来讲，学习好或者说好好学习永远是最最基本的，好好学习与好好做人是相辅相成的，试想一下，一个不爱老师不爱学校不爱社会的学生，怎么会去好好学习？怎么会成为一个好学生?！学习方面，一定要紧跟学校和老师，不必担心老师的水平不够高，孩子只要能把老师传授的知识全部融会贯通，就足以应对所有的考试。我自己也曾怀疑过四中的教学方法，甚至还从山东老家讨来了很多练习题让儿子做，但事实证明我是错的，对知识的理解远比做题重要的多。还有，很多家长认为上了高中就要一门心思备战高考，课外的活动会耽误学习，我恰恰不这么认为，高考固然重要，但我更愿意让孩子接受各种各样的挑战，社会工作既锻炼能力又磨练意志，还可以促进学习，如果您孩子有这方面的能力，不妨让他去试试，要相信孩子。然后，您就会跟我一样地享受孩子带给我们的快乐与感动！

于 洋

Yu yang

原高三（4）班毕业生。以 675 分考入清华大学经管学院经济与金融专业，获得清华自主招生 40 分加分、北大自主招生 30 分加分。曾获得全国中学生数理化学科能力竞赛（物理）二等奖、预赛一等奖、第 22 届北京市高一物理力学竞赛北京市决赛二等奖、第 27 届全国中学生物理竞赛北京赛区预赛二等奖及三好生的荣誉称号。

收获之前的等待

我曾在一篇以等待为话题的作文中想象出这样一种花：它们经过一夜的酝酿，待到第一缕阳光刺穿天际，便纵情开放，恣意取纳朝霞吞吐晨露，守过暗无天日，寥无晨星的黑夜，静候绚烂的黎明。即便真实的大自然中不存在这样的植物，当我经历了高中的三年直至最终完成高考，我发现这段经历很类似这想象中的植物的等待。等待需要忍受寂寞与冷清，但等待并不只是能够忍耐孤独，它还需要力量，需要我们在等待的过程中有不断地改变与进步的力量。

学习是寂寞难耐的，因为它要求的是"宁静以致远"的学习境界。即使是在嘈杂的环境中做到这一点也不是不可能，关键是我们能否把自己的心路铺平延伸，能否全身心地与眼前的朋友真诚交流。相反，当我越发关注自己的学习状态，越发希望看到自己学习成绩的稳步提升的时候，心情也会随之变得焦躁不安，难以控制自己的思考。所以我必须做的是让自己具备一定的控制力和忍耐力，以对抗在学习过程中生发出的寂寞。抽象的寂寞可以这样具体化：周围的人窃窃私语或谈天说地你依然坚持每天在公交车上完成两篇古文的背诵；课间喧闹的教室中只有你在回顾上节课的笔记；中午的下课铃一响你便冲向自习室完成作业后一个人在食堂吃饭只为了节省排队的时间；当同学开玩笑的说你是学习的机器时你笑一笑依旧我行我素；在考试结束后对题的声音充斥教室时你不慌不忙的复习下一场的考试；当成绩排名满天飞时，你忘记过去的荣耀，吸取过去的教训，笃定的继续前进……忍耐住学习中的苦，才会看到收获的日子。为了快乐而学习的口号可以是我们的憧憬，但决不是现实，至少到目前为止是这样的。但这并不意味学习的过程会一苦到底，我最有成就感的事就是每天中午奔到自习室发现我是某年某月某日中午北京四中高中部第一个到达的人，爽。这是行动上的肯定。

意志使我们能够忍受住等待的寂寞，顺利地走在学习的路上。但若想要在学习的路上走的长远，我们需要智慧的学习，在充分了解自己的性格、学习程度和状态之后，积极做出调整与舍弃，寻找值得自己为之努力的大方向。

我在高一刚入学时义无反顾地选择参加物理竞赛小组，但由于成绩不够好，只能在 A2 学习。在高一下半学期的北京市力学竞赛中我糊里糊涂地获得了二等奖的第一名，顺理成章地被"升职"为 A1 中的一员。本以为之后的路会顺风顺水，哪知道，到了 A1 后我才发现其中大部分同学已经自学了电学部分的物理知识，所以老师只把基本知识扫一遍就开始讲题。我在硬着头皮查找题中出现的名词的物理定义，别人就在草稿纸上潇洒地完成解题过程。久而久之，我的"空中阁楼"面临着倒塌的危险，我也逐渐从听得云里雾里转变为干脆不听，只到那写作业或聊天打发时间。我知道自己在物理的道路上走不长了，但我又不甘心止步于此，直到我的英语老师一番话，他很直白地说："在竞赛小组中前 5 名左右的同学应该坚持，但二三十名的应趁早放弃，选择高考或出国。"我仔细分析了自己的情况，在 A1 中位置垫底，物理力学部分忘得差不多了，电学部分基本没学，缺口太大，补不起来。于是我放弃了竞赛这条路。我的英语并非强项，并且没有做过任何有关 SAT 或托福考试的准备，再加上家境不好，根本没有出国的资格。剩下的只有高考这一条路。我又分析了一下自己的优势，自从文理分科后，我两次考试的排名都在年级前 20，虽然这条路比较艰难，但毕竟是最适合我的了。为了增加自己通过高考找到出路的砝码，我确立了在自主招生中获得加分的目标。

总之以上的过程需要非常的谨慎理智，所做的每一个决定都应有理有据，在必要的时候做出取舍，使自己的"利益"最大化。当然在对事件客观分析的基础上，我们也应相信自己的选择是正确的。适当听从周围人的意见但必须有自己的主见。当大的方向尘埃落定后，不妨着眼于每一天具体学习任务的分配上，制定一个合理的计划。

可以这么说，我制定计划的习惯是在高三这一年养成的。虽然高一高二时，我也会在期中期末考试前把自己要完成的任务写在几张便利贴上，但没有规划具体的完成时间，所以我会有意无意的回避拖延那些对我来说很麻烦耗时但又恰恰能弥补漏洞的任务，比如看笔记或总结化学实验。结果一些"增长点"式的任务没有完成，复习的效果不尽如人意。

老师们说：高三前的暑假极其关键，我经过深思熟虑，尝试制定了详尽的学习安排。在经过 50 多天这样魔鬼般的训练之后（当然在这期间我也综合酷暑难耐和自己本身的惰性给自己放了几天假）我在高三的开学考试中考爆了，竟然在高手如云的四中成为了年级第一，随之而来的是同学家长层出不穷的赞美。

平心而论，这次的"年级第一"让我觉得有点无厘头，因为我自认为没有强大到那种程度，多少有点心虚。但说不骄傲自满是骗人的。看到自己的努力终于得到了回报是非常痛快且极具满足感的，但我又不能不小心翼翼地关注着我的学习态度，生怕萌生浮躁的情绪。这对我来说是个挑战：智慧的学习不止是能掌控自己的学习安排，更重要的是掌控自己的心，保持健康的学习心态或者说是健康的生活状态。

一个不可思议的高起点让我有些压力。我告诉自己要保持清醒，高三的路还很长，我也一直认为以我的性格不可能沉浸于年级第一的光环中无法自拔。不知是幸还是不幸，在高三的期中期末考试中我平稳发挥，虽然没有再造奇迹，但一直保持在年级第 10 名左右。但这时我的潜意识告诉我，在高三上半学期的复习中，我并没有达到应有的水准，各科匀留下了不少的漏洞，糟糕的是我根本不知道这些漏洞在什么地方，更别提补洞了。更不妙的是我宁愿相信上天会眷顾我，让我在大考中超常发挥。听起来荒谬，但我当时确实是这样想的。在寒假中，我本打算把高三以来所有的讲义梳理一遍，经过约一个星期的实践，我彻底放弃了这个念头，讲义上干枯乏味的知识网络对我似乎没什么吸引力。我便转战于疯狂的题海中。最后的结果是在高三下半学期中我常常抱怨自己如果能塌下心来梳理完讲义，这时我就能安心刷题，而不是瞻前顾后。后来我才发现寒假中的刷题对理综的效果甚微，因为做好理综的根本在于在有限的时间内使分数最大化，这也就意味着我不可能用 40 分钟完成物理最后一题。多少因为这样，我在理综的这条路上走得坎坎坷坷直到高考。

　　积聚的隐患在高三下半学期的模拟考试中终于爆发了，而且愈演愈烈，一次次考试中我的排名滑铁卢般的下降，年级 39，56，75。我不愿承认但必须承认的是我的学习状态出现了问题，以致我的成绩下降明显。同时我产生了一种大势已去的感觉，此时距高考只有一个月的时间，我记得班主任在和我的谈话中说过，在这个阶段，想从 650 分再提高是极其困难的，原有的分数越高，提分越困难。我觉得此时我空有一身蛮力却根本无法击中要害。另外我确实松劲儿了，行百里者半九十，经过长时间紧张的复习我有些倦怠了。再加上我对在自主招生中获得的不小优惠念念不忘，显然我的学习心态上也出现了问题。

　　我记得有同学说过，考试前我们反复强调调整心态，但事实上只要每天紧张高效充实地学习，心态自然就好了。如果每天什么也不做，心态怎么调整也不会好。所以我重点是在学习的节奏上做了一些调整来带动心态的调整，在高考前的最后一次模拟考中，也许是试题太过简单或恰合我胃口，我又恢复了原有的水平。这着实是一种鼓励，让我有了东山再起的资本和信心。但这并不能保证什么，因为对有 12 年"考龄"的我来说，胜败乃兵家常事的道理再简单不过。况且那时已是最后的冲刺阶段，我基本上无暇沾沾自喜，高考日子的逼近让我必须继续投身于紧张的复习之中，做好该做的事。

　　其实不只是高考，在面对人生中任何挑战时，我们都应具备以上所提到的一切：忍耐，力量，选择，心态……另外，我们应该具有应对突发事件的能力，如果不是这样的事发生在我自己身上，我也难以认识到它的重要性。

　　照惯例每年的高考前，学校会放假 1～2 周，为的是让学生们有自我复习的时间。5 月 27 日，我最后一次参加升旗仪式，最后一次上体育课，最后一次离开自习室，下午和家长们共同参加毕业典礼。一切都在计划之中。离开学校的时候，校园的门口家长们围了里三层外三层，伸着脖子望向教学楼的入口。我的心突然开阔了，有的时候学习是一件幸福的事，尤其是在只有最后 10 天能单纯地学习，什么都不想的时候。

　　本来一切都会这样运行：我成功在家完成了 10 天的学习，整个人充实了，心态平和了，在所有家人和老师的鼓励和期待中走上了高考的考场。但可惜一切总有变数。就在毕业典礼那天的下午，我回到家，发现爸妈都没有在家，于是我下意识给爸爸打电话，我问"怎么了"，爸爸支吾了一下告诉了我姥爷去世的消息。我觉得自己根本没有做任何的准备来面对这件事。我记得放下电话后我就大哭了一场，但不到 5 分钟我竟然故作镇定地继续做语文大阅读。这样一个任务一个任务地完成一直到晚上 11 点半，他们才回来。妈妈告诉我说，这样的事谁都不愿发生，但它毕竟发生了，而我应该知道还有更重要的事要做，应该尽量不让它影响自己冲击高考。这个道理我当然明白，但我确实没有信心 10 天的学习会照常进行。

事实也像我恐惧的那样，每当我翻开书本，当我尽力想要沉入知识之中时，这件事便萦绕在我的脑海之中，挥之不去。这种感觉甚至让人觉得恶心：一方面不由自主地在脑海产生与姥爷有关的画面，另一方面我拼命控制自己不去想，另外我还要强制自己完成眼前的功课并保证正确率，家里的空气让我窒息，总之，我确定如果自己在家呆上 10 天一定会崩溃的。我必须换个环境。我决定到学校自习看看，那么多的同学共同学习的气氛，也许会对我有所帮助。连续 2 天在自习室的学习使我的心情好转了一些，但我也发现了一些弊端，比如说因为没有固定开始自习和结束自习的时间，自习室常常从中午 11 点躁动到下午将近 2 点，这势必会令一些同学的学习强度下降。我产生了一种耗费生命的感觉。再三考虑后，我仍决定把复习阵地转移到家中。这以后的复习便差强人意了。

我所在的考点校园的周围种着大麦，六月的风吹来金黄的大麦丰收的讯息，也告诉我，六月是我收获的季节，6 月 7 日和 6 月 8 日是我 3 年乃至 12 年的辛勤付出收获的日子，是我盛大的节日。我突然很想用"山"和"水"诠释我对于学习乃至生活的体会。山，挺拔威严，却不高高在上，反而让人感到踏实肯干，具有老黄牛般的韧劲儿；水，灵动轻盈，却不浮夸轻飘，反而让人感到聪颖睿智，呈现出不同的形态，江河湖海，应运而生。

我记得自己在准备语文的作文素材时看到了林肯的继母对上帝的祷告，深受感动。所以，在每场考试前，我都会在心中默念那段话："希望你足够坚强，坚强的足以认识自己；足够勇敢，勇敢的足以面对任何恐惧；希望你能够面对困难，在挫折面前能昂首而不卑躬屈膝；希望你能够面对掌声，在鲜花面前要谦逊而不趾高气昂。"并不是它的字句多么有道理，而是一个妇人的温柔，善良，体贴，明理的形象感人至深。它充满爱与力量，告诉我们在这世界中无限的可能。在这里，我也想把这段话与学弟学妹们分享，希望你们能够真正提取到其中人生的智慧，能够在高中三年的历程中收获太平洋一样广阔的心胸。

花开的声音

赵薇

2011 年的 7 月，我的女儿于洋以高考理科 675 分的优异成绩迎来了心中最理想的大学——清华大学的录取通知书，实现了她高中三年的梦想与愿望，也为 12 年的求学生涯画上了圆满的句号。

三年前，她也是这般令人兴奋地考入了北京四中这所全国最著名的百年名校。四中不仅聚集全北京市最优秀的学子，强手如林，竞争激烈，校风学风也是最好的。

在她的成长过程中，我们注重独立能力的培养，从不溺爱孩子、放任孩子，希望她能成为一个会生存更会生活的人。会生存就是说她能够掌握几项技能，能独立而有条不紊地完成她的任务；而会生活就牵扯到做人的问题：忠厚朴实、活泼开朗、积极进取、坦坦荡荡、有所为有所不为。我们尽力的言传身教，希望她能养成良好的学习和生活习惯，任何时候都保持平和善良的心态，友善的对待他人，回报社会。

现在回顾于洋 18 年的成长经历，总是让我感触颇深。记得她小时喜欢听儿歌故事，听完录音带，用不了几天，她就能把里面的内容背诵下来。长此以往就形成了习惯，慢慢地开始边听边读，并乐此不疲。显示出对阅读的极大兴趣。我觉得这对她上小学后的看图说话乃至未来的作文打下了良好的基础。于洋两岁时，我给她买来了一盒彩色笔。我记得当时我在一张图纸上画了几个气球，让她给气球涂颜色。没想到我这一无心的举动开发了她绘画的天分。从那时起，于洋在画画方面真是一发不可收拾，她爱上了画画，爱上了五颜六色的画笔，小小的年纪，每天踏实地坐在桌前，几张画纸，徒手而画，看到的，想到的，室内的，室外的，动物，花草，人物，景色等等。总之，什么都画，在画的过程中，她的想象力飞速发展，她画出的画经常让大人惊叹不已。后来于洋上了幼儿园，学到了更多的知识和技能，并大展美术方面的才能，多次参加儿童书画大赛，并在书法和绘画大赛上获奖。

　　小学初中于洋都顺利度过，这期间于洋遇到了几位对她很有影响力的老师。在老师的关怀和鼓励下，于洋心态阳光，乐于助人，努力学习，成绩优异。2008年于洋以优异的成绩踏入北京四中这所向往已久的百年名校，兴奋之余，是冷静的思考。在四中这样强手如林，竞争激烈的名校中，如何才能找到和摆正自己的位置，是她在报到之前就做好了心理准备的。虽然在理科试验班，但在第一次的期中考试中，于洋排名第106名，记得她告诉我成绩时是笑着的，但我感到笑容的背后有不满，无奈和惆怅。我当时也觉得不太尽如人意，但有一想，这毕竟是四中啊，都是尖子生，一百多名可以了。我就对她说：考得挺不错，继续努力。我平和的心态给她减轻了不少压力。

　　四中不但注重学生的学习能力，更注重学生品德、人格、道德、素质的培养，不只是学习，于洋还参加了很多社会活动，去学校附近的小学宣传艾滋病的知识，到东城区图书馆进行志愿者活动等等。这些社会活动，增长了见识，开阔了眼界，提高了能力。最使我难忘的是高一新生的家长联席会，"为中华崛起而读书"，"今日我以四中为荣，明日四中以我为荣"，"做杰出的中国人"等一系列教育理念，非常的感人，令人激动。这样的场面能够激发学生的斗志，树立学生的远大理想。在这样充满活力和动力的学校中，我看到于洋自息不强、坚韧不拔的意志，努力、刻苦地学习，并取得良好的成绩。在高一期末和高二期中的考试中，分别获得年级第51和年级第8名的好成绩。于洋最大的特点就是勤奋、踏实、一丝不苟并持之以恒。能做到这些，是非常不容易的。不管严寒酷暑，无论环境好坏。三年来，于洋都在发奋的学习，课间也不舍得休息，匆匆吃上几口午饭，就赶快到自习室学习。之所以取得这样的成绩是因为付出了很多很多。当然，于洋也不是一帆风顺的，在学习中也遇到了不少困难与挫折。特别值得一提的是物理竞赛。在获得北京市力学竞赛二等奖之后，于洋一度停止不前，可能由于难度太大或投入的不够，她觉得很难再有更好的成绩。上课听不太懂，还和同学聊天。她曾和我聊天表示想要放弃，我觉得太可惜，都上了一年多了，正是该出成绩的时候。我虽然没有说不行，但劝她还是要慎重，她在又坚持了一段时间没有见到成绩并面临着高三日益临近的严峻情况下，毅然选择了放弃。现在看来她的选择是非常的正确，甩掉了这个大包袱，于洋满怀信心的投入到高考和自主招生的积极备战当中。眼前的孩子有了自己的主见，并且已经具备了坚守的能力，当她头头是道地向我们分析以前的状态、当前的条件以及未来可能的发展方向时，我感觉到她已不像以前那样依赖我、对我百依百顺。她有了自己的思考方式，这正是我所希望的。

由于她自己的坚持、全身心的投入以及忘我的学习，在高三的开学考试中取得了年级第一的好成绩，并在自主招生中获得了不小的优惠。在得知高考加分的消息后，于洋说的第一句话就是"我一定要裸分上"。她要对得起12年的心血。

有了自主招生的加分，对高考而言是比较有利的。于洋毕竟是一个18岁的孩子，毕竟她多年的努力有了一丝回报。但我很清楚事情的两面性，有得必有失，而于洋似乎失去了在距高考只有几个月时的冲劲，我感觉她也有松了一口气的倾向。学习就是这样，只要有一点松劲儿，特别是在高考在即，成绩马上就会体现出来。在随即的西城一模、海淀一模中她的成绩都不是太好，与我对她的期望有一定的成绩差距。我当时心里很急也比较矛盾，不知应继续鼓励还是彻底与她谈一次，我告诉她"你必须裸分上"的话，其实说这句话的初衷也是想用一下激将法，没想到于洋自信心大大受挫，大哭了一场。我一看这招不灵，就马上改用安慰鼓励的战术。但我觉得最终是以她的坚强和信念，在最后的海淀二模中恢复了常态，找回了自信。并在高考中，正常发挥，取得了很好的成绩。

在高考前两周，于洋的姥爷突然因病去世，这对她来说，心情十分悲痛，于洋当时哭得稀里哗啦地对我说，她不能不想姥爷，一点都复习不下去。我当时也强忍悲痛，告诫她，一定强迫自己调整好心态，只有优异的成绩才能报答姥爷的恩情。高考前几天，于洋终于进入了备考最佳状态。

现在是2011年的8月，三年前，在高一新生家长联席会上，我看到了毕业的学长们在主席台上智慧地讲述着他们的经历，我也心潮澎湃地拜读由徐稚老师编写的《从北京四中到北大清华》一书，希望有一天自己的孩子的文章也能出现在这样的书籍中，今天终于实现了这个愿望。

我最最感谢的是四中这所百年名校和这所名校中那么多无私奉献的老师们。老师们渊博的知识，自身的修养，以及他们人格的魅力对每一个四中学子的受益是终身的。四中带给他们的机遇挑战，校园环境氛围带给他们的熏陶，老师同学带给他们的安慰鼓励、显示出的大气的作风，这一切比任何说教更具意义，使他们发自内心的向着去做一个心怀感激、享受幸福、充满动力的人的方向勇敢前行。我相信在未来的人生中，他们的心中一定会深深地打上"四中人"的烙印。

薛炜同

Xue wei tong

2011届高三（6）班生活委员、组织委员。荣获北京市"三好"学生称号。高考以668分考入清华大学数学系。

我从小就对算术感兴趣；另外，数学是基础学科，大学四年培养出的思维能力将来可以让人受益终身，且学数学的将来向其他各个方向转都是比较容易的。这个优势是其他学科所不具有的。希望能够在大学毕业后到美国攻读经济、金融学方面的研究生。毕业后归国，进入银行或是其他金融单位工作。

四中三年之所历所感

在上高中之前，我一直以为，高中生活会是我所经历的最为艰辛，最为痛苦的三年。因为早有耳闻，高中学习的知识量很大，难度很深，而且通过高考考大学，就如同千军万马过独木桥，竞争极其地惨烈。因而在走入高中之前，我一直对等待我的这段时光抱有畏惧心理。然而，在四中真正把这三年走完后，我才觉得，其实并没有想象中的那么困难。只要搞清楚自己的目标，在学校踏踏实实地做事情，不需要熬夜，不需要没日没夜的学习，同样可以收获自己满意的结果。

客观地说，我在四中的三年一直算比较平稳，没有经过什么大的波折、起伏。当然，生活不可能永远一帆风顺。要说经历的最大困难，我觉得当属高二上那一学期的时光了。这期间所遇到的种种问题，导致心态极其地浮躁，回到家也不想写作业。一开始只是上上网，看看电视。后来又逐渐迷上了网络小说。大家都知道，这些小说的篇幅都十分巨大，读起来都极耗时间。这样一来，写作业的时间就又少了些。好不容易等到了训练休整期。我由于在高一的数学竞赛中初尝甜头，决定在暑假参加数学竞赛的培训。然而事实证明，我并不适合在这方面深入钻研。尝试本身是没有错的，但不可以否认的是，这确实对于我当时的课内学习来说起到了雪上加霜的效果。就这样到了新学期，又多了一门新学科——生物。

我初中时生物学得极差，加之作息时间被改得乱七八糟，在其他学科上我的状态也是相当糟糕。好容易国庆训练任务结束了，"甲流"又来了。身体本就不强壮的我也难以幸免于难。直到期中考试那天我才恢复正常。之前所种下的这些"因"终于在此时结成了"果"。本次考试我的成绩在年级中已经排到了后一半。退步之大实在让人难以接受。我痛定思痛，决定拨乱反正，做出了几个重要的决定：1. 停止一切网络小说的阅读，上网的时间也要尽可能地压缩。2. 彻底放弃数学竞赛的学习，根据自己基础薄弱的特点重新制定了战略：课外涉猎都暂时放下，以认真完成老师布置的作业为纲。特别是完成作业一定要一点点琢磨，尽量把每道题弄透。定下了这两条规矩，我以为成功就在向我挥手了，谁知这还远未到时候。

在高二上的下半学期，数理化生四大科的难点一拥而上，弄得我是焦头烂额，身心俱疲。由于我的脑子转得不快，对于这种难点的接受就落后于他人。我们班有位同学，平时成绩与我相近，但他明显在理科上脑子比我快。他骨折在家休息一周，跟着我们的进度在家自学。等到他回来，我发现自己的知识学得还不如他。我当时的吃力程度可见一斑。力气下了，却仍然是一问三不知。那时我的情绪、信心都跌至了谷底，开始怨天尤人，甚至自闭起来，中午甚至都不想和朋友们一起到食堂去进午餐。我还总觉得自己已经被朋友们抛弃了，他们似乎都在无声地嘲笑我……其实后来的事实证明，这些都不过是我的胡乱猜疑罢了。我曾无数次地听说高二是分化的一年。如果说前四分之一的落后还可用自己的不努力来解释，那这第二个四分之一的情形就让我有些看不懂了。我开始觉得，可能自己的脑子就是不行，自己就应该是那批分化到落后群体里的学生。在这关键的时刻，爸爸妈妈与我进行了多次的谈话，他们告诉我，现在想什么都没用，分不分化，拿成绩说话，要想不被人落下，现在就踏踏实实干好自己该干的事。说具体了，就是做好每一道题，研究透彻每一个知识点。我自己也经历了长时间的思考，决定再也不拿自己当什么好学生来看待——这并非自暴自弃，而只是甩掉那个面子上的障碍。之后，无论考出再烂的成绩，我也可以坦然自若地面对它，脑子里只想哪道题错了，怎么错的，反映出哪些知识上还有问题……而不是这次又没上平均分、谁谁谁又比我高之类毫无用处的埋怨。另外，为了搞清所有自己面对的问题，我问遍了自己周围的老师、同学们，并时常翻看做过的卷子以及学探诊一类的材料来反思。艰难的时光总是漫长的，终于，这个痛苦学期期末考试来了。成绩是年级130名，如果要与高一时相比，这成绩无疑是糟糕透顶；可要与之前的期中相比，则前进了90名。我还从未有过如此大的进步。我感到很高兴——自己的努力终于初见成效。我更高兴的是这艰难的一学期终于结束。我赢来了宝贵的30天休整时间，在此期间，我通过补习，重新梳理了上学期的重、难点，把当时让我晕头转向的东西统统搞透彻。之后，我又预习了些下学期的知识。从而在高二下学期考入年级前30，至此，我彻底摆脱了"落后"的阴影，高中生活走上了新的，甚至比高一时更好的新的一页。

现在回头看来，最大的启发，就是在任何时刻都要保持冷静，这段经历充分告诉我，痛苦必定是黎明前的黑暗，在黑暗中，有时无需彷徨太多，搞清前进的方向，摸着黑接着往前走就是了，就算摔一跤，又能如何？坚信黎明就在前面，但在行走时，可千万不要一直念叨这一点，否则，你将在黑暗之中越陷越深。

上面说的是自己在最为困难时期所经历的事情。而要说起解决的最好问题，当属高三后时间安排问题了。前两年，时间被我用来"放羊"了，我想，我与顶尖高手们之间的差距就是在这时拉开的。时间转眼来到高三前的暑假。高三的到来让作业量陡增。我决定不能继续让之前这种状态放任下去了，于是在同学的启发下，我想到了学校的自习室，那里没有电视，没有电脑，只有在奋笔疾书的同学们。我想，这样一个环境，应该是很适合我这样的学生的吧。时至今日，我还在为自己没能早些走进自习室而感到遗憾。在自习室的高效，使我几年来头一次能够从容地在假期时就把作业完成。在随后的开学考试中，我也保持了假期中的良好状态，考入了年级前20名，创下高中最好的记录。新学期开始后，新的问题又出现了：每逢周五放学回家后，总是什么也不想干，一晚上的宝贵时间总是很难得到有效利用。为了戒除掉这一不良习惯，我充分发扬了"以校为家"的精神，每周五放学后，当同学们都背起书包准备回家时，我仍坐在自己桌前进行自习，倒不是为了赶在回家之前完成多少作业，只是为了消除一周功课的结束所带来的浮躁感。每次我都会在教室中留到校工过来锁门。高三的上半学期就是这样平稳地度过了。而在寒假，小插曲出现了：我过于关注在自习室期间的效率，而忽视了对其他时间的利用。在寒假期间，我就是输在了这个点上：每天虽然在图书馆认真地学习，但出来后则对书本是碰也不碰一下，回到家总是沉迷在电脑前，导致我在之后的下学期开学考试中出现严重退步，全然没有半年前的成功。这给了我很大刺激。于是我在沿袭上学期做法的基础上，还加上一条：早睡早起，保证自习室开门后不久自己一定要坐在里面。就这样，我一直坚持到了 6 月 5 日晚 8 点，那是四中自习室对我们开放的最后一刻。我可以骄傲地说，在所有自习的同学中，我永远是离开得最晚的。我想，高考的超常发挥，与这段时间正常、规律的生活有很大关系。对于平时课后的时间安排，我也是一学期一个台阶——高三上学期开始在学校上第三节晚自习；而在下学期，因为受到了开学考试的刺激，我决定回家后再给自己加 1～1.5 个小时的班——其实对于我的大部分同学们来说，这个作息时间是他们已经实施一年的了，而我还要在高三下学期痛下决心才可以，想来确实叫人惭愧。不过悔过永远不嫌晚：在随后的西城、海淀模拟考试中，我的表现都恢复至正常水平，为高考打下了坚实的基础。

在四中的三年间，我的收获实在太多太多。如果要我把这些收获都写出来，我想有三条是会影响我一生的。

一、懂得了很多做人的道理：在得意之时不可忘形，在失意之时不可灰心。明白了父母与老师于我的重要性：无论何时，面对何事，他们总能将问题分析透彻，为我指明前进的方向。每当遇到不如意，想到自己的师长，便会沉静、踏实许多。由感激自己的父母、老师而更加懂得感恩，推而广之，到对所有帮助过我的同学、朋友；我生活的这么一片沃土；我经历的成功，喜悦，甚至失败，痛苦心存感激。懂得了条条大路通罗马，高考不再能够决定你的命运，你甚至可以选择不参加高考。太多的故事告诉我们，不会考试，照样赚大钱，过幸福生活——请原谅我的境界如此之低——你可以没有分数，但你不能没有本事。明白了这些，对待这次考试也就更加达观。懂得人生再也不是简单的学习——考试模式，有太多的东西需要自己慢慢领悟：如何与各种各样的人相处，如何保护自己的利益，如何……那些你觉得好像很简单的事情，放在社会上，个个都是难啃的骨头。懂得了真正的朋友不一定是平时与你高谈阔论的，但一定是在危难时刻劝你一句，拉你一把的。在我初步地了解到社会上人与人之间鲜有温情，而多半是冷漠时，我便似乎知道了应该怎样处朋友。我更加对身边的朋友们真心相待——这可能是我们人生中最后一段温情的时光了吧。

二、外向的性格，以及由此带来的较强的工作能力。我现在还清楚地记得，高一入学教育时的第一次班会上的自我介绍，那时我在说完自己准备好的几句话后，竟还收到个额外的"礼包"——我们组被抽到每个人表演个节目，具体的细节记不太清，总之是这么个意思。当然不是人人都如此多才多艺，但其他几位没什么特长的同学们至少会为自己说两句，打个圆场，差不多也可以下去了。可轮到我时，我的脑子完全懵了——谁想到会有这么一手？我站了起来，呆呆地看着主持人，他们估计也是没想到会有如此内向的男生吧，也看着我。全班的人似乎也都在等着看笑话。空气似乎凝聚了得有半分钟，我觉得尴尬极了：第一次见面就给大家留下这种印象！最后也不知道是怎么的，反正我是稀里糊涂的回到座位上，不住地冒冷汗。一个学期后，当我荣任团支部组织委员时，情况似乎依然没有改观：我主持两位同学的团员发展大会——这可是我平生第一次主持大会！我自己入团都没这么紧张。我平时跟同学们都不怎么说话，居然还让我上台对全班同学讲话！我上了台的样子，真可用语无伦次这个成语来形容吧！竟然还把大会的程序之间的顺序给搞岔了！我当时真是无地自容啊！要不是下来后支书邢小京安慰我，我真想辞职不干了！但后来还是放弃了这种懦夫式的打算。所以我对我这个内向的性格真是深恶痛绝！可它怎么就改过来了呢？也是机缘吧，高二下学期，班主任王欣老师宣布——全班大调座位——每个男生四周都是女生，女生则相反。再一看新座位表，好家伙，周围基本全是女生——这个本来会令很多男生欣喜不已的结果，最初却让我头痛不已——根本就没有几个"熟人"。一个在班里待了一年半的人，居然会有这种想法，想来也挺可悲的。其实，机遇就隐藏在这里：我周围的几个女生都是性格非常开朗的，我跟她们没事就聊天，我这才发现原来和这些本不熟的同学之间竟然可以有这么多的共同语言！这最初的障壁打破了，后面的就好说了。由于我天生喜欢大笑，讲笑话一类的，因而只要我愿意，还是很容易融入群体中的。一年半下来，我差不多成了班里最能说、与同学们关系最融洽的几个人之一了。似乎每位同学都把我当朋友看待。这与高一时与大部分同学形同陌路相比，好了不知多少倍。而到了高二下半学期，以及高三的时候，如果老师，支书告诉我，需要由我来负责一场团会的主持，串场工作，我会非常痛快地接下来这个任务。因为我感觉到，我在讲台上谈笑风生，台下的同学们还是很喜欢听我说话的。此时，我感觉，完成这样一项工作，已经完全是一项享受，而非原先自己所认为的负担——与高一时的那个自己相比，简直就是另外一个人。所以我觉得，连性格，健谈程度这些东西，我用了一年半的时间，就变了如此之多，又有什么是不能变的呢？只要你愿意，任何障碍都不是阻挡你的理由。所以不要再轻易说："我不行"、"我不适合"。不试试，谁知道呢？

第三大收获：优秀的学习成绩。或许是高考的超常发挥，让我敢在这里以"学习优秀者"自居。但我可以问心无愧地说，这三年，我的付出确实比之前九年要多很多。以前总以为备战中考时那样就是学习的顶点了，高三才知道那什么都不是。按说学习是学生的根本任务，我却把它搁在这里，且用如此短小的篇幅。因为我觉得，高考分数只能决定你这四年去哪（甚至连四年都决定不了），你以后在什么领域，与怎样的人打交道，生活是否幸福……与这个冷冰冰的分数似乎没有什么关系。我觉得四中教给我们的不只是如何去获得这样一个高分，更多的还是如何去获得真本事。高中的知识将来或许不会再用，但获取本事的能力，却永远是最宝贵的。其他的具体学习方法，前面说过一些，这里就不多说了。

高中的三年是收获的三年，我要对让我得以丰收的父母、老师、同学、一切帮助过我的人，还有我自己，说一声："谢谢你。"

然而，我更深知，人活着不是为了高考，一个光鲜的高考成绩不能伴随你一生。前方的道路才刚刚开始，我们将走上的，是远比前十八年的道路要复杂、曲折、艰辛得多的险道。但我相信，有四中所教给我的做人、处事、应变的方法、道理，我定能走出一条属于自己的光明之路。

最后，以四中人的理想来为本文作结：

今日我以四中为荣，
明日四中以我为荣！

营造融洽家庭氛围
平稳心态迎接高考

薛克庆　苏雪串

时光如梭，就在第一次送孩子进入四中高中部的场景还记忆犹新的时候，转眼间孩子就已经结束了美好的高中学习生活，并在高考中取得较好的成绩，进入理想的大学。作为家长，我对四中的老师和同学们充满了感激。

最近我国的一项权威调研结果表明，在影响我国居民幸福指数的因素中，孩子将来能有出息排在第一位。也就是说，孩子的健康成长，实现理想，关系到千家万户的幸福。而在中国这样一个自古以来就很重视文化教育的国度，接受好的教育对孩子将来的发展就显得尤为重要。作为高中毕业生的家长，想借此机会梳理三年间陪伴孩子成长过程中的经历和感悟，与各位同学和家长共同探讨和分享。

在孩子成长过程中，不论是在学习知识方面，还是心智的形成等综合素质提升方面，都离不开老师们的辛勤付出。客观地说，孩子的成长主要取决于学校和老师的悉心培育。特别是进入高中以后，学习课程内容方面的问题家长往往已经难以进行有效的辅导，因而我认为，家长的职责主要是营造和谐的家庭氛围，帮助孩子形成平和、平稳的心理，与学校齐心协力，争取更好的成绩。具体来说，主要包括以下几点：

一、家长与孩子之间融洽的关系是提升学习效率的重要保障

孩子在上大学之前，生活和学习的一个重要场所和环境是家庭，家长要承担较多的教育职责，而家长要对孩子进行有效的教育，必须与孩子建立良好的关系，这样才能保障孩子有一个好的心情专心学习。

首先，教育是一门关系学，即教育者和被教育者之间的相互信任是教育的前提条件，否则，如果孩子不信任家长，对家长存在戒心，有什么想法或面临什么困难或问题，不与家长交流，家长也就失去了教育孩子的资格和条件。因此，家长应该关爱、尊重孩子，尽量多与孩子沟通，让孩子感受到家长的爱，这是孩子健康成长的必要条件。

其次，独生子女的成长，特别需要与家长像朋友一样相处。与大人一样，孩子也有思想、有疑问、有倾诉的愿望，特别是在中学阶段，对世界的认知尚不成熟的时候，往往会有更多的疑问，而他们又缺少兄弟姐妹一起生活的环境条件。因此，在家庭中，既要坚守长幼有序的伦理逻辑，同时家长还应成为孩子的朋友，一方面帮助孩子健康成长，另一方面，也能及时了解孩子的心理、思想状况及学习中遇到的问题和困难，从而帮助寻找解决问题的途径和方法。

二、高三阶段家长的一个重要作用是调节并抚平孩子的情绪

在全社会都非常关注高考的大背景下，高三成为一个非常特殊的学习阶段，"高三"与紧张、压力等成为同义词。记得在高三的一次家长会上，班主任高老师把同学们总结的反映他们高三生活、学习和心理状态的词汇罗列出来，竟然都是类似"焦虑"、"疲劳"、"缺觉"、"困惑"等的字眼。90后一代的孩子，成长过程不仅有独生子女的"家庭小皇帝"的地位，而且物质生活相对充裕，因而承受"挫折"和"苦难"的能力较弱。对此，我觉得每一个人的承受力都有很大的空间，作为心疼孩子的家长，对高三的紧张状态不用过于担心。实际上，高三所经历的学习紧张、心理压力、情绪焦虑等还有助于磨炼孩子的意志，必将成为孩子一生的财富。我们若能怀着"珍惜"的心态与孩子一起度过高三，可以减少痛苦，并取得较好的学习效果。

从学习内容和方法来看，进入高三之前，高中课程的内容大部分已经讲完，高三的学习内容以总结复习为主，并且经常通过考试检验成绩和发现问题。因此，孩子的情绪非常容易波动。某一次考试成绩好会很兴奋，若没考好，就会感到沮丧。而稳定的情绪对于学习成绩的稳定和提升非常重要。作为家长，应该关注孩子情绪的变化，帮助孩子分析考试成绩波动的原因，疏导孩子的情绪，化解孩子因考试成绩而增加的不必要的压力，特别是在成绩不理想时帮助孩子提升自信心。我的孩子在高考前的"二模"考试中失误较多，成绩很不理想，导致情绪低落，这时，班主任高姗姗老师开导和鼓励他，我也帮助他分析考试失误的原因，并说明一次成绩不好并不能对自己的成绩全面否定，最终走出这次考试的阴影，正常地度过之后的各次考试。在此，我也特别想表达对高姗姗老师的感激。高老师对工作认真负责、对学生富有爱心，工作过程和结果所显现出来的高水平，都让我觉得能够遇到高老师，确实是学生和家长的幸运。

三、配合学校的安排，尽量与学校的要求保持一致

学校是专门从事教育工作的机构，老师们在工作中都会积累教育学生的经验、掌握提升学习成绩的方法和规律，因而学校安排的学习进度、学习方式等应该具有合理性，家长可以根据学校的安排引导和帮助孩子。比如，给学生请家教和在校外上辅导班是一个普遍现象，在这个问题上，是否增加这些内容或如何做最好听取老师的意见，根据学生的弱点和特点，有目标地进行决策。不要盲目地认为，只要加课肯定有好处，因为孩子的时间和精力毕竟是有限的。当我们遇到学校的安排与我们自己的想法不一致或发生矛盾的时候，可以与老师交换意见，最好能够达成一致，只有学校和家长齐心协力，才能获得最佳效果。

当发现孩子遇到困难或问题时，及时与老师沟通，了解问题产生的具体原因，与老师商讨解决问题的办法和措施。孩子的课堂表现、学习中遇到的具体问题、与同学的关系等，老师比家长更了解。而老师要面对全班同学，所以家长对自己孩子的关注度理应大于老师。当孩子遇到的问题并不突出时，老师也许不会找家长，这时，家长就应及时与老师交流，及早采取措施，以防止问题的严重化或尽早解决问题。每个孩子都是可塑之才，通过适当的学校教育和家庭教育，必然能够帮助孩子实现理想，成为对社会有用之人。

四中拥有优良的传统和优质的教育资源和环境，辛勤的老师们给予了学生知识，培育了学生的能力和美德，祝愿这所百年名校继续走向更加辉煌的明天，也祝愿未来的同学们健康成长，成为"杰出的中国人"。

郑 旭 辉
Zheng xu hui

2011 届高三（3）班学习委员、北京四中爱心社社长。校"三好"学生、优秀团员。曾获全国数理化学科能力竞赛数学一等奖，北京市高中数学知识应用竞赛一等奖，新加坡数学挑战赛优胜奖，全国生物学联赛三等奖，全国女子数学奥林匹克竞赛三等奖等。2011 年以 684 分的成绩考入北京大学生命科学院，立志为我国生物科研领域做出一份贡献。

行 在 路 上

当我踏入四中的校门时，有一扇门在我的面前徐徐打开。那是一条路，看不到它的模样，我只能一步步走在这条充满未知的路上。如今，到达这条路的终点，才知道它通向了北京大学。回首向来萧瑟处，我才发现，每一次日出，每一片花丛，都是那样令人惊喜；每一串雨珠，每一片崎岖，都是那样充满魅力。

初入校园：迷惘

我应当很清楚自己将要面对的是什么，这是北京市录取分数线最高的学校，这是一所拥有厚重文化和悠远历史的学校。尽管初中的我几乎是一帆风顺，但是初中我的竞争者中间，也仅有另外的一个人能够有机会与我携手进入四中的校园。我愿意相信我很优秀，但我也不得不相信每一名能够踏入四中的学生都很优秀。

风依旧，梦仍在。谁不希望自己能越来越好？我的心也被那些虚无缥缈但是十分诱人的的虚荣搅得一团糟。成绩、竞赛、科技、学生工作、社团……这些我都考虑过，也都盼望着。却不知道，考入四中仅仅是迈出的第一步，后面还有太远太远的路需要我自己去走。

第一个学期，几乎是在与宿舍的舍友们一同抱怨中度过。抱怨自己不适合这个强手如云的地方，抱怨自己为什么就不能做得和其他人一样出色，甚至抱怨自己不应该来到四中。现在想想，似乎每一个人对新的学校有一个适应的过程。我在抱怨，舍友们在抱怨，同学们大多都在抱怨，每个人都是一样的。自己如果就是因为开学初每个人都会遇到的一点小困难就有望而却步岂不是有些可笑。旁观者清，事后我们才可以清楚地意识到当时的自己懦弱。但是，身处高一的我，面对几乎一帆风顺的过去，这真的是一个不小的打击。给同学们的第一印象不尽如人意，没能加入自己喜爱的社团，竞赛的成绩难见起色，就连期末考试也一下子从期中的 16 名跌至 100 名，这个成绩自然让我这个初中稳坐头把交椅的我十分伤心。

那段日子，我真的很迷惘，我都不知道一天天我都是如何过来的。其实，再迷惘、再伤心，不是也都走过来了吗，而且，一路三年，虽然有些波折，却更充满惊喜与趣味。我是一个很听话的孩子，心里再有多少的抱怨和伤心，学习上、班级中的事情却丝毫不敢耽误。上课还是认真听，作业还是认真做，英语老师留的课外阅读的任务多，我也认真一页一页把它读完；第一个学期我担任数学课代表，虽然做起来不太顺手，但也是尽量去做。路就是这样走的，虽然无趣，虽然内心充满不快，但一步步走的也踏实。前面的路走得稳，后面才有勇气向高处攀登。记得当时经常幻想自己更加优秀，但想到最后总是告诉自己："居然有这么多的时间用来幻想，还是抓紧时间学习去吧。"学习起来也就不胡思乱想了。

其实如果当时在清醒一点的话，也就没有那么多怨天尤人了。没有给同学们留下好的印象，只能怪自己没有准备好第一印象，没有把自己优秀的一面展示给老师和同学们；没有成功的加入自己喜爱的社团，一方面这个社团中比自己优秀的人确实不少，另一方面自己也并没有给自己留下太多选择的空间；成绩上的波折，更是在所难免，三年下来整个班级中从未出过前 100 名的同学又能有多少呢？如果把事情看得开一些，三年的生活又会增添不少欢乐。只可惜不会有如果，过去的事情只能成为将来的借鉴，争取为将来增添不尽的欢乐。

熟悉校园：惊喜

走在路上，总有些夺目的小东西引起我们的注意，让我们好一阵欢喜，为漫长的旅途平添了不少惊喜。它们也许是路旁一朵漂亮的野花，也许是空中一团奇异的云彩，也许只是两行辘辘的车辙印。但是，只有细心地观察、耐心的等待、瞬间的掌握，才能将这惊喜揽入怀中。

尽管高一的路走得艰难，但却不难发现学校中还有太多让人惊喜的角落。比如说第一次星期五住在宿舍。我们的宿舍向来一到周末就空无一人，不知道那天为什么突发奇想的周五住在宿舍。但是，那天下午在宿舍的时候，和宿舍中的好朋友大吵了一架，结果她头也不回的离开了宿舍，只剩下我一个人委屈得想掉眼泪。外面又是阵阵的秋风，想给妈妈打电话这就回家，却不甘就此言罢。又赶上初中的老师来电话询问高中的情况，想起初中的快活时光，忍着眼泪跟老师说一句一切都好，挂掉电话就再也忍不住了。我一个人哭了好久，才得以告诉自己振作起来。但是内心中的孤独和委屈却始终让我无法静下心来。就在这个时候，让我第一次有了学校就是家的感觉。是宿舍老师，她推门进来，进行例行的检查考勤的工作。她见我一个人住在宿舍中，就告诉我不要害怕，对面和隔壁的宿舍都有许多同学，有什么问题也可以找老师；还说晚上风大，她帮我把窗户关上；还有，周五晚上可以锁门，我既然已经上床了，她就帮我把门锁好……只记得她絮絮叨叨说了许多，具体的话虽然记不清楚了，但那一刻的温存却永远留在了我的心中。那天晚上我哭了好久，但就连淌下的眼泪也带着阵阵暖意。虽然宿舍的条件简陋，虽然宿舍的管理严格，虽然有些规定近于不近人情，但我作为四中少数的住宿生的一员，我感到骄傲，感到自己做出了一个正确的选择。这件事情极小，可能老师也是习惯了，可能三年下来我们也就习惯了，但却让我看到了校园中无处不在的温暖，只要自己愿意接受，即使在最痛苦的时候也会有人送上一杯沁人心脾的热茶。

后来我才明白，其实那些"热茶"也好，机会也好，并不是别人无缘无故送给你的，而是需要自己去争取的。宿舍的老师和其他的老师也只能带来安慰和指导，真正的路还需要自己去走。我很庆幸在高一即将结束的时候抓住了一个机会，它开始只是一个惊喜，但随着我的旅程，这个机会带给我的不只是惊喜，更是我的成长。

　　高一终于我忍不下去的时候，我选择了找老师聊天。我不是一个善于和经常找老师的人，面对老师往往我会不知道说什么好，但实际上，无论说什么，老师都在听，都会帮你想办法。这也正是在我相信与老师聊天并不能真正解决问题的同时，我选择了老师。至少有人在听我倾诉，而不再是把一切内心的东西都埋得深深的。老师似乎并不看重一个学生有多么自私、自负，或是自卑、缺乏勇气，他们似乎总能看到光明的一面。至少，他们会安慰你、会鼓励你，会让你继续脚踏实地地走在四中的校园中。于是，我找到了我的导师石国鹏老师。

　　我清楚的记得我问石国鹏老师的第一个问题："您觉得我是一个怎样的学生？"这是一个我很想知道答案却很明白自己听到了答案永远无法满足的问题，更何况这个问题抛给一个我并不熟悉也并不熟悉我的老师。石国鹏老师是我们的历史老师，我从未在历史课上发过言，与老师唯一的交流也就是导师名单刚下来的时候去见老师时所做的自我介绍了。我并不期望这个问题能得到一个怎样的回答，但正如我所希望的，老师的回答让我有了自信。我不知道他所说的究竟是不是真实的我，毕竟我们了解还不够深，但是他面前，有一个开朗、向上、追求卓越的我，这足矣。那次谈话，我哭了，这对我来说并不罕见，因为我知道我与老师的谈话几乎每次都用泪水打断，但不经意间，又给老师留下了一个爱哭的我。

　　我是一个幸运的人。当我告诉老师自己感到没有融入校园生活的其中一个原因就是没有成功的加入社团时，我想到了爱心社。爱心社是刚成立的新社团，入学的时候没有参与招新，但它的理念和刚刚过去的慈善拍卖会使我觉得我喜爱这个社团，石国鹏老师就是这个社团的指导老师，也许现在我还有机会。我尝试着向老师提出我的想法，令我惊喜的是，爱心社的大门随着我的意愿立即打开了。

　　有时候我常常想，如果当时不敢或是因为其他原因我没有这个机会，我的高中三年会是什么样的呢？社团生活颇具乐趣，这一点后文会详细讲述。我想，更主要的是，它为我顺利走完接下来的路增添了自信，也告诉我，不要放过任何机会。之后也正是因为有这样一个机会，社长外出，需要有人做一个活动的负责人，我抓住了，后来才竟然能成为爱心社的负责人。

　　每当想起这一段经历，我都特别感谢石国鹏老师，是他为我提供了一个这么好的机会；但我也要感谢我自己，没有放过这么好的一个机会。

融入校园：忙碌

我的校园生活中多了一个爱心社，时间就变得紧张起来了。可在这忙碌之中，我分明还体会到了另外的一种快乐。

招新之前，爱心社只有十几个人，每周都会凑在史地政研讨室。有事的时候，商讨一下如何去做，怎样才能做得最好。没事的时候，大家凑在一起，畅谈将来的发展规划，说说自己的想法。每到开会的时候，研讨室里总是欢声不断，其乐融融，感觉像是认识了好久的朋友们，可是我们之间相互认识才不过几周的时间啊。高二的学习紧张，这段时间就是在紧张的学习之余带给我们放松。平常的下午常常会犯困，可是一到开会那天的下午，闹了一个中午，下午在学习的时候大脑总能保持一个放松的状态，学起来也轻松不少。

招新之后，社团就更热闹了。例会也从狭小的研讨室搬到了大会议室，爱心社还每隔一段时间就会有一个大型的活动。高二一年，文化衫义卖、话剧义演、读书会、爱心长跑，每次活动都能获得全校学生的热情参与，虽然难免会有些漏洞，但每一次我们都是心满意足、尽兴而归。

作为社团的中坚力量，高二的学生承担着社团的组织和管理工作，需要占用大量的时间。且不说每周例会我们都顾不上吃饭，一下课就冲向会议室，热火朝天、热热闹闹，直到下午第一节课上课铃声即将打响。遇到活动之前的准备时间，更是忙得不亦乐乎。可能一连几个中午，再加上下午的自习时间和周末，都要把心思用在社团的工作上。难免和学习会有些冲突，不过好在我一向不认为好成绩是课下努力出来的，只要上课把该掌握的内容都掌握了，下课在抓紧时间，应该也就没什么问题了。话虽这么说，可该开始的时候确实出了些问题。一是课上的时间，本打算好好听讲的。可是社团有很多工作不是光做就能做出来的，需要思考，尤其是当两项工作衔接的特别紧的时候，我总是会在课上不自觉地想些与课程无关的内容，有的时候能把自己拽回来，有的时候就管不住了。后来我就尽量找固定的大块的时间来做我的社团工作，用跟上课、自习连接紧密的时间来学习。是在管不住的时候，就给自己限制走神的时间，一般是 30 秒，让自己沉浸在大脑中，再把自己拉回来。若是上课，这 30 秒的时间虽然重要，但总比一节课都心神不定，一次次的走了又拽回来好一些。二是下课的时间，我贪玩，从小到大除了上课的时间外留给学习的总是不多，太多的时间连我也不知道是如何过去的。如今时间分外紧张，我只能尝试着抓紧所有可以利用的时间。因此，那一阵子，在我的记事本上出现的最多的一句话就是"不要浪费时间！"

在社长辞职后，我成为了社团的负责人，这是我从未想到过的。我不否认，我曾经有过这样一个美好的愿望，但我知道我并不合适。也许，管理和组织的能力我多少有一些，但是我是个内向的人，往常在同学们面前讲话，拿着稿子也可以说得结结巴巴、语无伦次。如今，却要我主持每周的例会，组织每次的活动，这对我来说无疑是一个严峻的考验。开始的几次例会，确实不尽人意。说话抓不住重点，上下不连贯，几次甚至还出现冷场的局面。但我告诉自己，不能改变现实，那我必须改变我自己。我需要大胆、自信，需要吸取经验和教训，需要看到我自己的进步。几次活动下来，我觉得我确实改变了不少，自信了、果断了、干练了。爬坡的路确实艰难，我为自己不断地走向更高感到欣喜和自豪。

随着换届选举的结束，社团的生活画上了一个圆满的句号，很圆很饱满。在社团中，结交了许多热心能干的朋友，看到了同学们的相互支持，收获了我的成长。高二那一年，忙碌、紧张，但我为能够拥有这样的生活感到幸福。

领跑校园：坚持

高三了，成绩也成为了我的心病。如果按照高一高二的成绩，稳定、靠前，清华北大这样的学校是完全可以的。但是，万一呢？高三又会是什么样的？如果成绩出现大的波动怎么办？如果不能适应高三的学习又怎么办？我觉得我有些太过焦虑了。但是，谁到高三又不会去想这些问题呢？整个家庭的期望都在我的身上，从小就不停的有人夸我"一定能上清华北大"。现在，终于到了做出选择的时间了。

上面的那些问题，我想过，而且不止一遍。每次想过，伴随而来的是害怕和痛苦。不自觉中，我也渐渐沉入到了这种想法之中。脾气变坏了、自信不见了，一点小困难都能把它想象成一块挡路的大石头。好在想法的改变还没有影响到我的行动。在我不知道如何改变的时候，我选择了坚持，坚持自己的学习方法、坚持自己的目标、坚持自己的必胜信念。

高中三分之二的时光过去，学习方法已经形成并且习惯了。现在再改变，又能如何改变呢，只能是邯郸学步，恐怕不会有什么益处。我也曾怀疑过我的学习方法。三年我一直学得很轻松，当我看到班上有成绩很不错的同学进行的每天只睡四五个小时的苦学，我也问过自己，是否也应该像他一样。但是我没有，一方面确实因为我已经习惯了轻松，我做不到，另一方面既然我已经习惯了而且做得很好，有这个必要一定要改变吗？条条大路通罗马，不是只有别人的路可以通向终点，你的、我的，都可以。

高三就是在确定目标，坚持目标中度过。尤其在报完志愿以后，什么都无法更改了，不能不坚持着自己的目标，否则第二志愿就太委屈了。这个时候，告诉自己做不到只是加重自己的心理负担。既然是这样选择的，就有选择的理由，坚持着这个理由，相信自己的选择一定是最适合自己的道路。那么，只要坚持走下去，才发现未来一直藏在你的心里。

高三这一年我也懒过，那个寒假我并没有像老师要求的那样认真学习。没有课外班的强制，没有家长的约束，自己在家的日子里我很难控制自己的玩性。懒散过后立即是清华的自主招生考试，在大脑极度放松的状态下考试，结果自然惨不忍睹。清华自招的考试过后，我的感觉很不好，题目难，这是大家所认同的，但在我的心里还有一种懊悔。那天晚上，我几乎没说一句话，只是在默默反思。父母为了我能够取得好成绩，几乎每天都为我悉心烹制膳食，还要忍受着我的坏脾气；我自己为了高考，认真的学习了十几个年头，学习虽不是为了高考，但是只有通过高考我才可以实现自己的梦想。寒假的荒废，使我的面前多了一条艰难的路。我知道，今后，我必须认真对待每一天，认真对待每一场考试、每一节课，认真对待每一道题、每一个数字。虽然我不能说那天想的我完全做到了，但是我在坚持，在我想到的时候，我会时刻提醒自己。

高考一天天临近，班里并没有倒计时之类的东西，但我们每一个人都知道时间所剩不多了。尽管填报志愿并没有用掉我太多的时间，尽管一年中内心的忐忑不安并没有打乱我复习的步伐，尽管拿着北大的30分自主招生加分，我的心里还是一直怦怦打鼓。但是，越是高考，越是不能太过紧张，只有把心态摆正、心无杂念，才能取得一个好成绩。从感性角度上，我不断地告诉自己，我有着足够的能力，"相信自己，我能行"这句话写在了我的记事本上，也写在了我的心里，希望自己能常常翻看。从理性角度上，我按照北大的录取分数线和扣掉加分后的分数分别给自己做了一个目标，其实任何一科考到理想的分数都不是难事；我还把高三一年以来的所有考试都总结了一遍，按科目、按题型，这不仅仅在考试时提供帮助，也为我提供了自信。

告别校园：体悟

高考结束，高中三年的路也渐渐到了终点。回头遥望，我庆幸我的选择是正确的。这里是四中。这里有独特的六边形的教室，这里有静谧雅致的长廊，这里有勃勃开放的玉兰花。这里有高手的比拼和较量，这里有你追我赶的竞争，这里也有热火朝天的讨论和互相鼓励的眼神。这里还有理解和尊重你的老师们，他们会在任何时候伸出他们的援手，引领我们走完这一段精彩的路。这里民主、自由，各具特长的同学们在这种社团、团体中发挥所长、锻炼自我，展示着每一个四中人的优秀。

我不会再说我不应该来到四中了，如今我一直在说我庆幸我来到了四中。四中给了我许多成长的机会，许多亲身体悟道理的机会。不要怀念过去，尽快与新的同学融洽相处；不对自己做过的选择后悔；相信自己，即使在四中，也可以表现出你出色的一面；除了学习，在四中还有很多事情可以去做；尽早确立目标，做出取舍；多与老师沟通，更清醒的认识自己；相信老师，跟着老师走；坚持，不说自己做不到、做不好……想说的还有太多太多，却终归会化成一股烟雾，漂浮在我的记忆中，漂浮在四中的记忆中。

这条路上，激昂与澎湃，忧郁与感伤，欣喜与自豪，都将成为人生中一笔宝贵的财富。这条路上，有我的脚印，我为此而幸福。

陪伴女儿从四中到北大

郑利国　吴利英

2008 年 8 月，京北丰宁坝上，我们带着女儿在京北第一草原骑马，在千顷坝森林公园中穿行，在蜿蜒流淌的闪电湖中泛舟，在百万年前冰川运动形成的冰臼中探险，夕阳下在山坡上陪牧民放羊。

就在几天前，女儿以优异成绩考入北京四中，我们来这里小憩，放松心情，也为未来三年峥嵘岁月蓄积能量。

一周后分班考试，女儿又不负众望，加盟科技实验班，全家人脸上尽展欢颜。

顺风顺水，我们憧憬着《从北京四中到北大清华》中讲述的故事，一切似乎那么简单和从容。

（一）自省 自醒——告别暂时的迷惘

由于女儿寄宿学校，我们只在周五接她回家，我们发现她脸上的笑容渐渐散去，同我们说话也少了许多；再后来，期中期末考试也不再象初中那样名列前茅，曾令老师和同学瞩目的宠儿淹没在万花丛中。

北京四中的学生强，科技实验班精英多，如之奈何？

因故延后的军训期间，我们给女儿捎去一封信，希望她在锻炼意志品德的同时，理解竞争与合作、内涵与展示的关系。

感谢四中开放、民主、自由的氛围，感谢四中实行的导师制，在倾听了女儿的心声后，她的导师——石国鹏老师诚邀女儿加入爱心社。

经过自我反省，女儿自我觉醒，她积极投身于一切她认为有意义的活动：

· 绿丝带行动——文化衫义卖，为台湾 8 月 8 日风灾募捐；

· 千纸鹤送温暖——为智利地震灾区祈福等活动；

· 我们在一起读书月——中国狮子会和北京四中读书俱乐部联合组织；

· 《郑伯克段于鄢》话剧义演——与北京四中教师话剧社协作；

· 图书义卖——为西南旱灾地区募捐（与生活·读书·新知三联书店合作）；

· 爱心奔腾跑步会——北京四中与中国青基会小天使行动基金联合举办。

女儿的学习从不用我们操心，气顺的她又恢复了自信，期末考试年级排名稳步上升，从高一到高三实现三级跳。

自我反省和自我觉醒胜过任何说教。

（二）自助 自主 舍得——有舍有得

旭辉的兴趣和爱好广泛，去英国游学一直是她的梦想，我们在她高一时早早报了名，准备工作有条不紊，只待暑假开始后立即成行。

突然有一天，女儿得到通知，全班同学将参加建国 60 周年庆典背景方阵表演，我们顿感惊讶，然而我们告诉她要懂得舍得——有舍才有得。考虑再三，女儿取消了预定的英国游学，将牛津剑桥和莎士比亚故乡巡游的梦想留在心间，全身心投入到国庆庆典准备活动。

这只是一个突出的例子，在北京四中三年，女儿面临着诸多取舍，我们坚定支持她的选择。

我们认为，基于自我知识、能力和有限信息的自主选择，并无对错之分，也无法达到最优，因为不可能假定备选项目同时发生（No ifs），每项选择都是有得有失，重要的是做出适合自己的选择，争取最好的成绩，当然，每个人都将为自己的选择负责。

鼓励女儿自主决策，还有一个重要原因，她即将面临高考志愿选择，这将从很大程度上决定她的未来职业生涯。

高中二年级才开生物课，女儿对这个学科情有独钟，她在班中担任学习委员，同时自荐兼生物课代表。除课堂教育外，女儿广泛涉猎生物科学的知识和实践，经四中生物组周湘老师帮助，她进入中国科学院生命发育与遗传研究所，师从陈丽娟老师，为水稻抗逆性基因研究做小助手，更加坚定了投身于生物科学学习和研究的目标和决心，从而将中国生物学界的领跑者——北京大学生命科学院作为高考第一志愿。

2011 年 7 月，女儿收到了北京大学录取通知，她的志愿已经成为现实。

（三）自制 自治——未来属于他（她）们

我们和女儿共同营造了很好的学习和生活氛围，我们一起看 SK 状元榜，汲取知识营养；周末一起爬山，陶冶心情和培养不断进取的精神；假期看望老人和亲友，感念父母养育和友人支助恩情。

和谐的家庭氛围使我们都很开心，我们也没有刻意迎合女儿，同时，我们认为，她的自制和自治能力才是她从北京四中走向北大的内因。

毋庸置疑，北京四中的学生都曾经是老师和同学的宠儿，女儿意气风发地踏入四中，几度期待着一样的杰出。前进的道路并不平坦，她遇到了很多困难，在班干部竞选中失利，尝试加入喜爱的社团未能成功，高一期末考试年级总排名大幅下降。但是，经过石国鹏老师的开导，争强好胜的女儿自我反思，自我克制，自我调整，从而迅速走出困境。天道酬勤，凭借她在北大笔试、面试中的优异表现，女儿获得 30 分的北大自主招生加分。

女儿终以高分从北京四中到北京大学，她的自制和自治能力的提升同样值得我们欣慰。

（四）自知 自识——三年之约感念

在中考选志愿的时候，我们面临着诸多选择。女儿庆幸自己选择了四中，我们深以为然。

在我们心目中，北京四中之所以长盛不衰，在于其优秀的师资和生源，充分利用好这些条件，坚持"跟老师走"和"同学间的讨论"，女儿的三年高中似很平淡，我们也没有觉得多么辛苦。

我们赞赏四中并不特别看重应试的做法。高中三年是树立正确的人生观和价值观、培养适合自己的学习方法、强身健体的重要阶段，需要从远方着眼。囿于我国当前的教育体制，高考的重要性还是非常突出的，高考成绩从某种程度上决定了孩子未来职业生涯的起点，也需要给予高度重视。

统筹兼顾、平衡发展，说易行难，有益探索似势在必行。

从 2008 年 8 月 23 日开始，我们共参加了 15 次家长会，其间从未与任何一位四中老师有过单独接触，但是，我们对很多老师印象深刻。

杨凤文老师——中招开放日接待我们的第一位四中老师；

皇甫力超老师——陪伴女儿两年的三班班主任；

石国鹏老师——历史老师，是女儿的导师；

徐稚老师——从高一到高三的语文老师，使女儿在不甚擅长的语文提分；

杨虎老师——数学老师，为女儿竞赛获奖提供了最大支持；

侯斌老师——高三三班班主任，兼数学老师；

叶长军老师——从高一到高三的化学老师兼年级组长，家长会最忙碌的老师；

……

还有很多老师闻名熟，也有很多老师见面熟，我们真诚感谢他（她）们为女儿在北京四中三年给予的指导和帮助；

四中，这里开放、民主、自由，提供给孩子实现目标的平台；

四中，老师不仅是授业，他（她）们倾听，在最需要时伸出双手；

四中，一片沃土，汇聚优秀师资和生源，明天一定更美好。

方　兴

Fang　xing

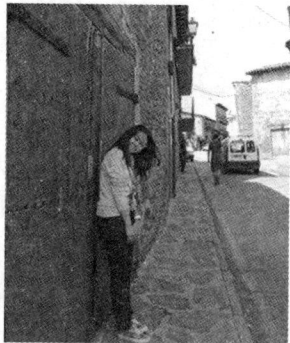

于 2009 年 9 月转入北京四中高二（6）班学习，任宣传委员一职。自小喜爱声乐，母亲是启蒙老师，先后在多个少年宫、学校合唱团担任领唱及声部长。2011 年 1 月在"北京大学 2011 年全国中学生艺术冬令营"中取得声乐组第一名。现就读于北京大学经济学院。

我的四中生涯

引子

我从来对缘分这东西抱以怀疑的态度，可不得不说，与四中的相遇，就是一场缘分。

南国某个阴冷的梅雨天后，空气氤氲着的除了湿冷还是湿冷，在这样不够明媚的日子里，我得知了我的父亲工作调动的消息。父亲在一片沉默中冷不丁地抛出了一个问题：转学后想在哪里读书。

思绪似乎一下子被牵扯开，如同淡淡的水墨晕染开去，而最后逐渐变得清晰于一点。回忆停在了两年前，当时我跟随着以前的学校合唱团参加第二届全国中小学生艺术展演，某一日，我们正在台下百无聊赖的等待彩排，发现台上传来熟悉的歌声，轻松明媚的旋律和同学随着音乐的响指深深吸引了我，这是一首叫做 when I was sixty－four 的歌。后来我在宣传画上才看见"When I Was Sixty－four ——北京市第四中学"。

仅有的一点依稀明朗的记忆却让我来了莫名的勇气。

"北京四中！"我脱口而出。

这便是我与它相遇的契机。后来回想，庆幸我脱口而出的是这样好的一间中学，否则对于我这么一个不够成熟的人，两年还不定缥缈到哪里去了。

这两年中，四中不仅指引了我学习方面的方向，也教会了我独立的思考自己人生的方向而非随大流。其所做的绝非只是"授之书而习其句读"，而是"传其道解其惑"，完善每一个四中学子的人格。

2009年4月8日，我第一次踏入北京四中的校门，那是一个同样阴冷的雨天，校园里匆匆走过许多陌生的学生，他们步子很快，眼神坚定，似乎处于一个忘我的追求梦想的精神境界，与我这种毫无目标和追求的颓人没有任何关系，我默默地走入食堂楼上的某间会议室，感受着我的小世界从未有过的奇异的氛围，当然那时的我从未想到自己有朝一日居然能融入进去。

学生转入四中必须经过的选拔考试。考试结果很不错，但我却没有太多感觉。我一直很麻木，既想要跟随父亲的脚步感受新的生活，又不愿意离开一个叫做故乡的地方，导致考后我完全回想不起来我究竟做了些什么题或是题目有多难。这样的心态也导致了我一个学期反复沉陷于纠结和迷茫之中，耽误了许多正事。我深切了解自己的性格和思想的稚嫩，却无力一下子作出改变，具体的说，我不明白自己想要的人生，或者压根就逃避着去思考这些问题。

还好这一次我没有逃避人生的选择。我想我虽然不能一下子作出改变，但迈出勇敢的第一步却未尝不可。坦白的说当时的我不知道自己的选择是对是错，我压根没有对自己对于北京的喜好程度和适应性做出评估，抱着没有退路的想法，我只是想逼自己一把，逼自己锻炼出更坚强的品格和如同夹缝里的小草一般的适应性，达到锻炼自己的目的。我仅是抱着感受更多不同的文化和人生和锻炼自我的想法选择了来到北京。

人生就是在一次又一次的抉择中成长起来。

第一日来四中报到时，我本着对一个具有渊源历史的学院的崇敬选择了穿着一套正装。走入校园后身边各种刺眼的目光和非议向我扑来，有人说："这玩cosplay呢吧，搞怪呢。"我顿时感到了格格不入的气息，似乎一下子受到了排挤，我明白这是文化和价值观的差异在体现着。

而更多的差异似乎还在后边。且不说别的，以学生的主业学习来说，语文、英语、生物教材不同，化学、物理学进度不同。很多选修课本的知识我连记载它们的课本都还没见过，而四中的同学们早已完成了多套针对性的练习。那时的我相当头大。我明知要做的要补的东西很多，却像一团乱麻不知道从哪里开始补起。而我自知自己自学的效果不算很好，这直接导致了我高三的吃力，这是后话。

那时的我还并未将自己归入特长生的行列，但自小到大的合唱排练和声乐训练占去了我许多时间。我的成绩一直不错，可以稳定在班级前十，但由于学习时间有限一直不能做到出类拔萃。我一直犹豫要不要走特长生的路，这样可以减轻我学习的负担，但这却是一个风险很大的投机。先前就已有许多师姐通过艰苦的声乐训练考上了清北，她们的声音我是了解的。那样的水平不仅是长时间的训练打磨出来的，更是先天条件极其出色的好嗓子才能唱出的，而我却没有。很长一段时间内我都在女高音和女中音之间摇摆不定，女高音来说我的高音极其不顺畅，而且高音音域不宽，女低音来说我的声音不够厚重，直白的说就是没条件。

而这样的混沌和犹犹豫豫，又让我在大半年的时间内不能很好的定位导致成绩没有起色。

那时我确实还格格不入，某一天早上的化学小测时老师在很短的时间内改完并将卷子发下来，老师沉重的在黑板上写下每个分数段的分布人数。当时的我觉得那是一张很难的卷子，难度可以与广东高考化学压轴题的难度相仿，因此我简单的目标就是合格并且我因做到了而觉得欣喜。直到我看到分数段处 70～79 这个分数段的人数为零，而我的同桌考了 86 分却因为进入了倒数十名而自责难过，我受到强烈的震撼，或是说，这是颠覆我的价值观某一处的一个契机。我知道自己和身边的人有本质的不同，但我却没有立即选择改变。

那时的我每日庸庸碌碌，不想尽力做出些什么改变去习惯新环境，只想让环境一点一点把我打磨得光滑，让我变得与身边的同学一样。现在看这样的做法显然是错的。当时的我保持着在广州时一贯的学习规律和声乐练习，不愿付出更多的努力，却忽略了自己面对的困难远比以前要多的事实。每天的我和一些功课和文化差异做着无意义的斗争最后再妥协，或可以说是暂时的逃避。结果就是我的成绩一落千丈，我甚至考了全班倒数第一名。

这对于从小就是优等生的我是一次重挫，我无法想像年级仅有几个人在我的身后，而身前确是黑压压的一大片。喔，忘记了说……我是个脆弱自卑且钻牛角尖的人。所以我陷入了强烈的自卑和纠结，一段时间我回家后都以泪洗面，我质疑自己的选择和能力，我每天都要对着母亲哭诉为什么我来了北京自找苦吃……

任何事情做多了都是会厌倦的，哭的多了自然也会寻求改变。我深知自己不能再这样下去，这样庸碌颓废的样子绝非是我人生的追求。如果说做出第一次的选择是鲁莽的，第二次则是理智且充满勇气的。

从那时起我开始思考自己的道路。我开始思考并做出自己的选择，但我不知道这会把我引向何方。还好在这时，我的班主任和我的年级组长及时的给了我帮助。他们引导我思考自己的人生的目标，并告诉我如何分析自己，在选择道路之间进行利弊取舍，这令我深受感动，我甚至是萌生了我一定不可以给他们丢脸这种幼稚朴素的念头。我开始在摇摆不定间寻找着自己的方向。当时的我给自己列了三条路：当兵，靠裸分，特长生。

首先我排除了当兵，我虽出身于部队家庭，但当兵极其磨练身体素质，而我自知自己在耐力项目方面并未算太有天分，其二我排除了裸分，因为我每每想到之后的一年多直至高考后的时间都不能唱歌时，我的心会揪得生疼，我放不下我同样学习了十几年的声乐。也许这是没办法的办法，我决定赌一把，去追一个遥远却美好的梦。我选择了做一名特长生。

选择了我的方向后，我开始为之努力。第一件事情就是要恢复我的声乐课。

在歇了大半年以后，声音的状态确实没有一年前那么好。我不能忘记恢复声乐课的第一节时老师对我失望的表情，事实上我知道自己肯定是退步的却没有想过竟会退步这么多……还好我没有放弃，其实也没有后路可退不是么。刚开始的一段时间上课时时常给老师骂得狗血淋头，有时老师还会恨铁不成钢的打我……只是因为我选择了这条路，就注定要经受这条路上要受的一些苦，在每一个坚持不住的动摇的时候，我会想着当初是什么信念让我坚持到了现在，这样我便可以在每个我觉得坚持不住的时候再坚持一下。

同时我试着调整心态。四中是一个高手辈出的地方，若只以学习论英雄，我只怕我一辈子都只是个小卒。人各有志，我自知十几年中我花了许多时间在声乐上，比不上别人的学习，但我还有唱歌，我不应该感到自卑得抬不起头。虽然那时的水平离我的梦的距离还有很远，但是我不能让我的自卑阻碍我进步。我尝试变得自信，每一次练声我尝试着不去较真，不去在意过于细微的不足，而是注重整体的方法和位置。每一次练歌前我都会告诉自己，你就是最棒的卡门。这样的暗示显得颇为有效，我逐渐摆脱了负担感，在学校也不再觉得自己事事不如人。

之后的一段时间里我保持着极高强度的声乐练习，我深知自己先天条件不如人，于是笨鸟必须要先飞才有食吃，我选择刻苦的训练自己。我给自己制定了详细的计划：每天练声多久练曲子多久乐理多少页视唱多少首……我不再是抱着一些对声音具体的目的去完成声乐练习，而是尝试着跟着感觉走，让感觉去带动我的声音进步。各学校的特长生考试都需要报一首至两首曲目，我初选的曲子很多，反复抉择后决定选择《卡门》里面最有名的女中音选段《爱情像一只顽皮鸟儿》去参加考试。这是一首法文曲子，咬字与意大利语有很大的不同，若是语感有偏差曲子则显得生硬呆板。抛开语言，这首歌的背景是风骚的吉普赛姑娘卡门在众人瞩目下款款从她工作的烟草场走出，一边走一边看着两边对她的美色垂涎欲滴的男人，使出她骨子里的柔媚用声音勾引着身边的男人，向他们讲述着什么是爱情。唱歌绝非仅仅是唱歌的技巧和处理，歌唱者的表情、动作和姿态都对人物形象的塑造有着极大关联。这对于不够自信的我来说实在是一个不好把握的人物。之后我录了一位法国人帮我读的歌词，不管是公车上还是走路的片刻，只要有些时间我就会塞上耳机，努力学习歌词的语调、轻重、停顿等等。同时我还下载了许多个版本的《卡门》，比对不同歌唱家对于卡门的演绎，在这中间找到我并不擅长的人物的表演方式。每天晚上练歌时，我会穿上高跟鞋和裙子，想象着自己就是卡门，表现着卡门的姿态和神色。也许是老天眷顾我，也许是我的努力足够，我很快得到了回报，在十月份的区艺术节中我拿到了美声组一等奖，这对我是很大的鼓励，此时我已不再觉得自己是一只丑小鸭。

一件事做多了新鲜感便会消失殆尽，即便是我的喜欢的练歌也是这样。一首歌重复多次以后我会对自己越来越苛刻，这便会让我陷入很纠结的境地。此时已经是十月下旬，已经进入特长生考试的冲刺阶段，而我却在这时出现了崩盘的情况——我总在乎着自己的声音不够尽善尽美，怎么唱都感觉不对，对于作品失去了激情，练了很久也感觉自己在原地踏步。我知道自己要及时调整，于是我选择了暂缓声乐的练习，整部整部的看各种不同版本的《卡门》寻找感觉。我尝试着让内心安静下来，去掉我对于即将到来的特长生考试的焦虑不安，让自己全身心沉浸在音乐的表现中，达到"忘我"的境界。很快我发现自己走了出来，不再是焦虑不堪，甚至对于卡门这个角色有了全新的理解——一个孤独而渴望爱情却会用花心保护自己不受伤害的单纯女人。当我沉淀了越来越多的理解和处理方法再去唱歌的时候，我的声音遇到了一个飞跃期，歌曲的演绎和情感也趋于完美。这时候我时常对自己说：你就是最棒的卡门。我相信自己。

这样良好的感觉一直持续到了我的考试后，在12月的全市统测中拿到了一等奖，其后又经过了许多其他学校大大小小的考试的磨练。我的目标很明确——我要考北大。这是我遥远而清晰的梦想。在北大的考试上台前几天，我脱离了任何的紧张躁动，反复看视频思索着卡门究竟还是个怎样的女人。我不去拼命练习，我相信只要积累得足够上台就会有自然的完美发挥。我不仅了解卡门，我还会把角色内化进我心。我完全相信自己是最棒的卡门。当我提着裙子走上舞台的刹那，我的嘴角扬起微笑，仿佛自己不是经受着一场考试，而是上演一场最完美的演出。

两天后便有了结果，我是第一名，并且在分数上甩开了第二名相当的差距。我真心认为自己的付出对得起这一切。唱歌让我重新找回了自信，我不再觉得自己渺小得可悲，而是像一个歌唱家一样，时时认为自己是最优秀的。

再之后便是一段紧张得投入学习的时间，由于基础欠缺，最后的一百多天我过得很紧张很辛苦，还好有四中的老师像爱孩子一样的爱我们帮助我们，根据我特殊的情况帮助我补缺补漏。刷习题是件辛苦的事，但我自知这远没有考特长生时来得艰辛。我深知自己能迈过特长生的坎儿，就能迈过其他许许多多的困难。最终的高考我稳当的过线，我如愿收到了北京大学的录取通知书。

我想，我长久以来走过的路远没有一些同学那么艰辛和坎坷，他们最后取得的成绩可谓用辉煌来形容。四中的同学们向来追求一些极致的高度，选择经受极致的磨练，这是极正确的，但是这些我都没有。我只是由一个不懂事的少年走向了一个逐渐成熟的青年，我只是锻炼了自己原本稚嫩的心灵，我懂得了不再自卑，我懂得了思考，我懂得了勇敢做出选择，也许你会发笑，因为这些也许不是什么耀眼的改变，但是这些在我看来一度不可能的奢望，现在我都做到了。一路过来走过的成就虽不可谓耀眼，其中却也包含着艰辛和泪水，我想每一个人都经历过。所罗门王曾说过"好像飞鸟，网罗设在眼前仍不躲避"，每个人都需要在青春年少的时候有这样一种飞鸟精神，不畏前险，锻炼自己内心最脆弱的一处，让自己变得更优秀。你会发现，网罗着你的也许只是些遮挡的浮云，你能飞向更高远的天空。

陪伴女儿高考的日子

李燕虹

今天是女儿方兴上大学的第一天，上午送孩子去北京大学报到，办理入学手续，下午我就登上了飞往广州的航班。在前往机场的路上，沐浴着金秋北京飒飒的秋风，回想起从 2009 年至今的两年多时间，我奔走在广州和北京之间，往返这条航线 50 多次，唯有今天的心情最为复杂，喜悦、兴奋，又有点失落。女儿承载着全家人的梦想如愿以偿进入北大，按理说家长也完成了阶段性的任务，该放松放松了，而我却突然觉得生活失去了重心。有人说："孩子读大学，父母就失业了。"虽然是玩笑话，但是却成了我此刻心情的真实写照。

两年前，女儿随着爸爸工作调动从广州来北京读书，四中除了对孩子进行了文化课考试，还组织专人对孩子和家长一同进行了面试。当时我女儿对学校的六边形教室、校服等问题很感兴趣，负责接待的老师细致而耐心给予了孩子满意的答复。短短的半个小时时间，我们深深感受到了四中严谨的校风和名校的风范，孩子能到这样的学校学习，是她的荣幸，也让我们家长放心。

初到四中学习，由于两地教材不同，教学进度也有较大差异，再加上环境不熟悉，气候不适应，女儿很压抑，也很痛苦。作为父母我们看在眼里，虽然很心疼、很焦急，但我们知道，这些必须是她要独自面对的，只能不断的鼓励她努力去适应，努力去追赶。这两年的时间里，我们不断告诫孩子：高考是严峻的，是你有史以来面临的最大挑战，是人生的一次重大磨砺，不能有一丝一毫的放松和懈怠，只要经受住考验，你就一定能成功。

高三这一年，我相信所有高三家长都跟我一样过得并不轻松。孩子默默承受着来自各方面的压力，每天放学回家是高兴、是沮丧、还是默不作声都牵动着家长的每一根神经。及时调整好孩子的心态，适时的心理疏导是至关重要的。我们经常会利用接送孩子的机会，在途中有意无意的与孩子聊一些学习上的事情，及时了解孩子的想法和心理的变化，有时也会带孩子去一些她想去的环境较好的地方吃饭，在轻松的气氛下边吃边聊。很多时候，我们只是充当一个听众的角色，去倾听，去理解。等孩子说完以后，接下来该怎么做，其实她已经有了主意，我们再适时给孩子一些提醒就足够了。记得一模成绩出来的时候，我刚好在广州上班，女儿给我打电话，说考得不理想，情绪也很低落，说了很多消极的话。她把一模的成绩当成了高考成绩，怀疑自己的一切努力都没有回报，很失落也很无助，话语间既打击了她自己也打击了我。我知道此时我说什么都是徒劳的，不如让她尽情的说。电话那头孩子足足说了40分钟，就在我快要听不下去的时候，女儿说："妈妈，我只是想跟你说一说，说完就没事了，你也别太放在心上，我会继续努力的……"那一刻我的心得到了极大的震颤，我突然觉得，我们的孩子长大了，她不再脆弱的要从父母身上获得支持、获得安慰了，她已经有能力去独自面对自己的缺点和不足，坚强而坦然的面对困难和挑战。

高考对孩子来说，不单是知识的考查，更是心理的较量。女儿高考前经历的大大小小的国内国际比赛、特长生考试，对她来说，收益颇大。每一次比赛、考试都是一次难得的实践经历，积累了宝贵的考场经验，打下了良好的心理基础，这才能在高考中正常甚至超常发挥自己的水平。在这其中，父母、家庭对孩子全力以赴的支持，给她宽松的氛围与环境，给她无微不至的关爱与包容，都是孩子走向成功的重要因素。

孩子的学习离不开学校的培养，更离不开老师的教诲。在我们家有一本专门的家长会记录本，无论家里谁去开家长会，都会带上这个本子，并做详细记录，回家再进行传达。四中的每一次家长会都让我们印象深刻，受益匪浅。以《我们需要一股劲……》《静我神，圆我梦》；《磨砺百日，青春无悔》等等为主题的家长会都极大的鼓舞了家长和学生的士气，对家长如何引导孩子、如何面对每个阶段的学习任务都具积极的指导作用。每次开完家长会，我们也都有加满油，鼓足劲的感觉。在孩子的学习过程中，平时的考试成绩能最直观的反映孩子学习的情况，而家长会就成了一座家长与老师沟通的桥梁。通过家长会，我们对孩子在学校的各方面情况有了准确的了解，并通过与各科老师的沟通，明确了孩子在学科学习中的薄弱环节，让孩子的学习更加有的放矢。在各个学科中，我女儿的化学和数学是相对较弱的，经过与老师的沟通与协商，老师给孩子加强了这两科的学习强度，叶老师和高老师还多次利用午休和晚自习时间督促和指导她做习题、做试卷，对她进行有针对性的强化训练，最终使她的弱科变成了强项。

女儿是一个思维很活跃的人，学习之余，我们也支持她适当的换换心情，憧憬一些美好的事情，放松放松自己，偶偶陪她逛逛街、购购物，看看喜爱的娱乐节目等等。高三阶段，在紧张的学习之余，她积极报名参加了西城区的个人歌唱比赛，并取得了一等奖的好成绩。班上的秋游她设计了班旗，学校的运动会她设计并订制了班服，后来听老师说，全体同学身穿班服在运动会开幕式上亮相还引起了不小的轰动。这些活动虽然是花去了一些时间，但是孩子热爱这个集体，为班级做事乐在其中，从中所学到的知识、获得的成就感是时间无法衡量的，我们也非常肯定并支持她的行动。

两年时间，方兴从一个地道的广州女孩变成了一个说话略带京腔的北京妞，四中教会她懂得了肩上的责任，懂得了成长的意义，懂得了要做杰出的四中人。感谢四中！感恩老师！是你们的关爱陪伴孩子走过了人生中最具挑战、最有意义的高考阶段！

回顾一年的高考之路，作为家长我们没有留下任何遗憾。我们的孩子在困难中学会了坚强，在逆境中懂得了奋进，我们和孩子同舟共济、共同成长，穿越风雨，迎接彩虹！

张垠戈

Zhang yin ge

2011届（8）班，高一年级就读11班（人文实验班）。曾先后任11班体委、班长，曾担任四中第29届学生会主席。高一高二为篮球俱乐部成员，高二加入校篮球队。曾获校优秀学生干部、三好生、优秀团员称号；优秀运动员称号。高考总分625分（其中20分为二级运动员加分），考入香港浸会大学数学专业。我计划在本科阶段借数学专业夯实基础，以便研究生阶段在经济金融领域有所成就。

浓缩的记忆

在四中学习生活了六年的时间，从初中到高中，这六年里，四中教会了我太多太多。这六年里，我有过彷徨，有过苦恼，有过得意，也有过成功，我愿把我在四中经历的、学到的一切一一细数，与各位分享。

学会承担

高一我被分到人文实验班（即11班），11班在高一时的构成与其他班级有所不同，全班42个人中只有12名男生，其余30名全部是女生。这样的男女比例也决定了11班独特的环境。现在回想高一的一年，不由得感慨：环境对人真是潜移默化、影响深远。仔细回忆，这样的影响其实就潜藏在班级生活的一点一滴中。

"下面由我来为大家介绍值日分工。啊，对了！先特别说明一下：由于每组至多只有2名男生，所以男生们的工作很简单——就是墩地！"开学不久，生活委员张冀皖就如是说道。大家都知道，墩地是班级值日中最耗费体力也最麻烦的工作，我还清楚地记得自己当时幼稚地在心里表示抗议。凭什么男生就必须干累活儿？那时还未完全脱离男"孩"行列的我还不懂"责任"的意味，自然也不会知道我该承担怎样的责任。直到有一天，那幼稚的抱怨终于彻底消散，我也逐渐懂得应该担当。

高一开学后不久的第一次秋游是一次拓展训练，可能是由于它给我的肩膀带来的疼痛，我仍清晰地记得其中一个项目名叫"逃生墙"。这个项目模拟的情景是在一艘将要沉没的遇难船只中，大家须尽快翻越眼前的障碍才可逃生。任务目的是全班所有人在不借助任何工具的情况下爬上一面竖直且平，高度近四米的墙上，限时 50 分钟。教练给出的解决方案是由又高又壮的男生在下边做"垫脚石"，然后其他同学踩着他们的肩膀爬上去，已经在墙上的同学同时负责向上拉。我们班本就为数不多的 12 名男生中，当天有 2 名壮汉跟随文学社前往安阳支教，另有 1 名病假。在听完教练的建议后，先是一阵沉默，之后全班的目光都逐渐聚集到我们几个看起来很适合做"垫脚石"的男生身上，那些目光中似乎有质疑，有同情。教练看出大家心中的顾虑，于是提议，可以减少一定数量的女生，这样可以减轻"垫脚石"的负担，毕竟相比于其他有将近 20 个男生的班级，我们每一个男生要承担两倍甚至更多的重压。听完这样的提议，在场的每一个男生一致、坚决地说："不！我们能行！"就在那时，我无比渴望用我的肩膀为这个集体扛起一份不寻常的重量。承担起一份责任的意愿在我心中变得无比热切。

我们完成任务的时间远远超过 50 分钟，但教练似乎不忍叫停，在 1 个多小时的时间里，一双双的脚不停地踩在我们的肩上。没过一会儿肩膀就感觉到疼痛，但是"逃生"过程中可容不得休息，于是我们坚持，不久肩膀被踩得失去知觉，也就不再感觉疼痛。回到家，我看到自己的双肩上留下了大片红印。红印在肩上，而"承担"二字却深深地印在我的心里。

那次之后，我终于明白为什么男生应该墩地。以后的游学，我会主动为女生提行李；集体呼号，我也比以前更加卖力；作为班长，我明白应该处处为班级利益着想。高一的一年，11 班让我学会了承担。

班委经历

高一我曾先后在班中担任体委和班长的工作。升入高中之后，班级的工作不再是初中那样由班主任一手承担，转而由各个班委全权负责。这样的转变起初令我有些不适应，不过在经历了一次"胜利"的甜头之后，我就逐渐适应了新的工作方式。

体委工作中最重要的一部分就是为班级在运动会争取荣誉，而11班受男生人数限制，在报名时就有许多项目空缺。这样先天不足的条件是很难在竞赛总分上取得优势的，而运动会中另一项重要的集体奖项"道德风尚奖"则与班级成员的身体素质无关，顾名思义，这个奖项的考察重点是班级在运动会过程中表现出来的精神面貌和道德风尚。很自然的，身为体委的我便把这个奖项当作运动会的努力重点。

入场式的好坏对能否取得"道德风尚奖"起着决定性作用，于是我开始组织全班同学进行入场式的训练。临近运动会的几周，每有时间，我就会安排同学们利用休息时间在操场上练习入场式。经过全班的努力，我们如愿以偿，取得了"道德风尚奖"第一名的成绩。经历了这次"胜利"，我逐渐找到了班委的感觉。

11班教会我担当，也让我有了承担起这个班级的勇气。在竞选演讲上，我承诺让11班成为校风评比第一名。

上任之初，我空有一腔热情，却经常找不到途径去表达。一次周二的早读，袁老师（11班班主任）拿着校风评比扣分情况跟我说："你去前边和大家说说这个情况，这回咱们班校风评比做的不好，你去提提要求。"

我还清楚地记得我语气充满怀疑的问："我?"因为我当时想起在初中校风评比情况向来是由班主任来介绍的，每次情况不好还少不了一顿数落，想到这儿我又问："我合适么?"

袁老师肯定地说："当然合适呀，你是班长。"

那一次对话很简短，却教会我如何当好一个班长，如何承担起一个班。从那以后，我便经常在袁老师允许后代替她出现在讲台上。我明白当好一名班长需要我时刻思考班级的状况以及出现的问题，之后再以合适的方式指出。这种方式很快就起到的作用，连续两个学期，11班的校风评比总分都是第一。

当我成为班长，开始以一个全新的视角观察11班时，我总是为班级强大的凝聚力而感动。有一次叶老师在班长会上提出一个设想，即每个班都努力在一件事上做出表率，从而带动其他班级。当时年级上课间操的集合速度慢经常被批评，于是叶老师希望年级里教室楼层最高，而且上操的集合位置最远的 11 班承担起这项使命，争取每天上操第一个集合完毕。当时我很担心班里同学不愿意那么匆忙地冲向集合位置，但在叶老师的一再劝说下，我还是硬着头皮答应了。

回到班里我对大家说："今天班长会我答应了叶老师一件事儿，需要大家帮忙……"我把事情的原委介绍了一遍，没想到同学们竟痛快的答应了。第二天上操，一下课我只喊了一句"上操！"大家就都迅速地离开座位跑了出去，而且无一例外（除了值日生）。那天我们跑进操场的时候，操场上空无一人——我们不仅是全年级第一个到位班级，而且是全校最快的！

站在站位点上，大家都笑了起来，"大家真给班长面子！"不久叶老师来到操场也向我们欣慰地笑。那一刻，感受着大家的凝聚，我真的非常感动。

高一的一年，我为自己的投入而骄傲，为 11 班取得的成绩而自豪。

收获执着

记得有一次刘长铭校长在全校大会上说："人只有在他痴迷的领域中，才能爆发出他的无限潜能。"听完这话，我备受鼓舞，同时我也感到庆幸，因为我身处四中，这份鼓舞才有机会真正驱使着我坚守我的执着。

我有着校长所说的信念，也正有着这样一个痴迷的领域——篮球。自打接触到篮球，我就被它深深地吸引了。每次走在路上听到砰砰的拍球声，我总是不自主的驻足，寻找球场的踪迹。甚至我还一度有过退学去体校的想法，但无奈现实的压力，最终放弃。高一刚入学，我就申请加入了篮球俱乐部，每天坚持训练。篮球俱乐部的训练都是在室外，即便是在冬天，手被冻僵，我也没有缺席过一次训练。

高二我又申请加入了学校篮球队训练，而这可能是我做出的最执拗的决定。我提出申请的时候已经是高二的第二学期，当时我能够清楚地感受到高考临近带来的压力，而加入球队就意味着我付出很多的时间和精力，学习势必会受到影响。篮球多少还是有风险的，万一在高三之前受一次大伤，那将会是一件棘手的事情。而且，比起同一届的队友，我接触篮球的时间比他们晚了七年，实力上肯定有极大的悬殊。临近高考的压力、受伤的风险、能力的不足，理性告诉我有这些障碍，放弃入队会更加明智，可我的执着还是让我向李冰老师提出了申请。

刚入队时，每天身体只有一个感受，就是痛，走路腿疼、拿东西胳膊疼，甚至深呼吸都会肺疼。校队中训练的辛苦是我入队之前无法想象的：300米的蛙跳是在3个小时的高强度训练之后进行的；1600米的变速跑也只是在力量房中度过一下午之后的放松活动。刚刚入队，每次练习长跑，我都有一种在空气中窒息的感觉；练习蛙跳之后，我也懂得了肌肉的酸痛真的是没有极限。每周有六次训练，也就是说每次体力透支的训练之后，第二天还有一天的课和又一次的训练。一开始我都不敢相信自己能坚持下来如此强度的训练学习生活，但是事实，我坚持下来了。

家长、同学有时不理解，他们有时问我："你又不是特长生，何苦呢？"我的答案很简单："我爱它"。篮球，更是我对梦想的一份坚持，一份执着。我相信今后的人生中我会有更大的梦想，而我在四中篮球队里找到的对梦想的执着会伴随我一路追寻。

学生会的酸甜苦辣

在学生会一年的经历对我是不小的锻炼。主持工作会议，学校里来回奔走，到处协商，都让我学会了考虑问题时的全面、严谨。一年的学生会主席经历，我从活动的参与者慢慢成长为一名活动的组织者，这之中有着成功的喜悦和遗憾的泪水，我也为之付出很多心血。刚上任时为了活动资金东奔西走；为了写好文件和各项活动总结深夜趴在键盘上敲打；为了给同学们搭建秀出自我的平台，我与学生会的伙伴们成功地组织了新年舞会、卡拉OK比赛；为了让同学们过一个快乐的新年，我们推出了特色的节庆活动；为了鼓励同学们积极锻炼，我们举办了足球联赛和乒乓球联赛；为了推行校园民主，我们努力办好学代会，等等。由于身处主席的位置，我能够比较全面的参与到学生会的各项工作中，从红丝带节到科技周再到跳蚤市场，每项活动从酝酿计划到组织例会讨论再到最后的组织与执行，我都尽自己的最大努力付出着。

这一年虽然很辛苦，但其中的一点一滴都令人回味。

记得学生会成立之初，我们为了解决资金问题四处打听，最终确定合作伙伴。我和杨逍、戴京成两位部长坐在那个公司的会议室中，心里只有一种难以置信的奇妙感觉。当时的场景就像在谈生意，一方是三个身穿校服的高中生，另一方则是衣着职业化的公司高管。可以说；这次经历是没有老师家长的帮助，我第一次步入社会。不安、无助，就像走入了一个全新的未知领域。商谈成功后便是拟定协议。"甲方同意乙方……""甲方与乙方经友好协商，一致决定……"将近两千字的协议，每一个字都需要被加工成这种形式，这是语文课上没有涉及的一种文体。拿着"甲方"送来的钱，完成了一件自己之前从未设想过的任务，成就感油然而生。

学生会的一年，最大的遗憾莫过于灯火晚会两次都由于天气原因而被迫取消。灯火晚会是我们最后一次面向全校同学的大型活动，我们也想以灯火晚会作为学生会工作的完美结尾。从策划到采购，我们 15 个人群策群力，文艺部的两位部长更可以说是呕心沥血，我们尽一切所能想为全校同学奉献上一次完美的晚会。可无奈，第一次预订的日子预报有雨，改期之后，第二次的预订日期再一次预报有雨。又无奈那时已经临近期末，我们只能遗憾地取消了灯火晚会。

学生会一年，在酸甜苦辣中，我感动着，成长着。

挫折与教训

看到我的高考分数，脑子里一片空白。语文 101 分，而总分也与我的第一志愿北京大学相差整整 30 分。看到这样的成绩，我当时的情绪难免有些激动，开始在家里咆哮："肯定是判错了！我语文怎么可能这么低?！英语是不是少加了 10 分?！"我这样的状态持续了很长时间，爸爸终于忍受不住，他的一句话也终于让我坐下来反思："你就是努力得太晚了！人家从高一开始一直在努力，你到了高三才知道着急。"

没错，天道酬勤，而老天似乎总是喜欢以戏弄的方式惩罚那些付出的少还希冀成功的人。诚然，高一高二两个年头，我过的虽然充实，但学生的本职似乎总是被我遗忘。那两年我一直在尽情的跳舞，却忘记了为步上一片更大的舞台而努力。成绩决定你的舞台，即便你有再曼妙的舞姿，再出众的能力，没有广阔的舞台，可能最终也会被埋没。正像爸爸所说的那样，与那些从高一就开始努力的人相比，我的付出实在太少了，那样的成绩也许是一次应得的教训——付出才会成功。

青春无悔，我并不为那些我投入到学习以外的活动中的时间和精力而后悔，毕竟它们让我收获了无数的宝贵的经历，而高考的挫折也让我收获了铭心刻骨的教训。

写在最后

我以四中为荣的日子已经过去，在以后的人生中，我将带着四中教给我的一切，向着四中以我为荣的那一天走去。

我与孩子共同成长

沙 芳

非常感谢北京四中，感谢叶长军老师对我的信任，给我这么个回忆、回顾十多年来育儿养儿的经历和做法的机会。虽然再没有机会弥补遗憾，但对我来说也是我人生的一笔宝贵财富，很有意义。

其实，我不算最优秀、最成功的母亲，我与孩子之间也没有感天动地的故事，我只想让孩子健康快乐地成长。记得2000年我去法国学习，参观卢浮宫时遇到法国小学生，他们主动与我们打招呼，每个孩子脸上都充满幸福的微笑；我们去购物时，商场里放着音乐，只见一位小女孩儿在妈妈身边随着音乐又唱又跳，幸福快乐自然地流露出来。当时我就下定决心要给我的孩子创造幸福快乐的生活环境，尽量不对孩子发火，不对他大吼大叫，更不能动手打他。十多年来，我做到了。

初为人母谁都没有养儿育儿的经验，我更是如此。努力学习，向身边有经验的妈妈们学习；虚心求教，向培养教育孩子的老师们求教，我抓住每次家长会的机会，向班主任询问孩子的情况，好的给予鼓励，坏的及时纠正。

借此机会，我对培养教育过张垠戈的老师们表示衷心地感谢！

其实，我就是位平凡的母亲，我没有捐肾救子暴走妈妈那么伟大，也没有做义工不求回报三毛妈那么无私，我只想当好张垠戈的妈妈，理解他，支持他，疼爱他，欣赏他，夸奖他。

在我的记忆中，张垠戈从小学到高中，学习上没有让我过分的操心。上小学时，每门功课几乎都得满分，在四至六年级的小学生质量综合评价手册里，篇篇都是 A、合格、优；他还积极参加课外活动，特别是小学军训，穿上军装挺拔站立，一丝不苟，严肃认真。记得班主任付雪莲老师在给他的评语中写道："你在老师的眼中，就像同学们的大哥哥一样，做事稳重。当你付出不懈的努力之后，你的收获很多：优异的成绩，大家的喝彩，老师真为你自豪！"他就是在老师的鼓励引导下以优异的成绩考入了北京四中初中部。

说起小升初，这也是孩子让我感动、以此自豪的一件事。张垠戈从小学三年级开始除了上好学校的课，还利用周末时间学习英语和数学。从小他受到的教育就是自己的事自己做，一个人的命运就掌握在自己的手中。他立志要考入北京四中，经过努力他做到了。就在那年，我因为孝敬老人、夫妻和睦、教子有方被中央直属机关评为"五好家庭"。

进入四中初中部，他不再是特别冒尖的孩子，因为优秀的孩子聚在了一起。但他有些不以为然，对自己有些放松。庆幸的是他又遇到位好班主任梁威老师，从第一讲开始，她在孩子的作业本上批注："看出来你花了很多时间做题了，很认真。如果上课有什么不明白的地方，及时问老师。""需要问问老师，如果有什么地方不明白。""好！""很好！你是个非常聪明的学生，如果上课稍微再认真点一定能比现在学得更好！""优＋""优＋，争取再拿一个优＋""很好！！！""优，要再接再厉！不要浮躁，上课认真听讲！寒假快乐！"十二讲，讲讲有批注。就这样，他又在老师的辛勤培育下以优异的成绩考入了北京四中高中部。

为了不掉队，为了给孩子营造一个好的学习环境，我报考了研究生，与孩子一起学习，经过努力，我也圆满完成学业，获得研究生学历。

高中三年的学习生活历历在目，仿佛就在昨天。高一人文实验班班主任袁海萍老师的博学才华就像是一把金钥匙，为张垠戈打开了阅读知识宝库的大门，三年来他翻阅了近百本书，从国学经典到现代小说，从人物传记到神话传说，使他的阅读写作水平得到很大提高。高二学生会主席的竞选，读着他的竞选稿"再铸杰出"——"做杰出的中国人是每一位四中人最熟悉的一句话。这句话从入学的第一天起便在我们的耳边被不断的重复着。一届又一届，一代又一代的四中人正是怀揣着做杰出的中国人的理想，践行着这份庄严的承诺，使四中精神薪火相传，生生不息，四中人才创造了并继续创造着一个又一个辉煌。"我热血沸腾，我为他鼓掌，为他加油！担任学生会主席一年来的辛苦付出，使他得到了全面的锻炼，做人做事逐渐成熟起来。高三进入紧张的学习阶段，年级组长叶长军老师做为张垠戈的导师，在他的成长中费尽了力、操碎了心，课上点他回答问题，课下点拨学习方法。叶老师在这三年里主持近十次家长会，每次都有侧重点，每次都能让家长和同学们有新收获。感谢老师们！你们不会白辛苦，最终的高考，张垠戈总算以不错的成绩回报了老师，回报了母校。

因为有个优秀的儿子，我这个当妈的也不能落后。今年我被单位评为优秀共产党员。

苗 菁

Miao jing

　　我是高三（2）班的苗菁，是北京四中校游泳特长队唯一非特长生队员，达国家二级游泳运动员水平，我也爱好长跑，曾代表学校参加西城区中小学生运动会，均夺得女子 3000 米金牌，并打破校记录，高一时获北京市物理竞赛二等奖，高二获全国"希望杯"数学联赛银奖。是北京四中溪云诗社中的一员，多次在校刊和其他学校的校刊上发表小诗。连续三年被评为校三好生，高考裸分 671，有北大自主招生 30 分加分，同时有二级游泳运动员的 20 分政策加分。最终被北大经济学院录取，同时被港大建筑专业录取（无奖学金），最终选择去美国芝加哥大学。

激流勇进

　　当我再次看到高一运动会时我们班的合影时，我分明发现那上面的我与现在的我的不同，可是我又说不清到底是哪里变了，是少了稚气、无知？还是多了一份随和与淡定？

　　初入四中，我颇感兴趣的不是它悠久辉煌的历史或布置精巧又大气的校园，而是"传说"中的"四中从不加课，下午三点放学后会有丰富的社团活动"，而且还有"前人"不断强调：你三年后的成就很大程度上取决于你如何利用这课后时光。于是乎我对此十分紧张。我想我一定要参加好多活动，可我又没有对什么有特别的兴趣。待我饱含深情声音颤抖地对着学长们朗诵完一首长诗后，就被一句"回去等通知"而委婉拒绝。现在想来当时的恐惧真的十分好笑，可这三年中尽管我努力却从未真正消除这恐惧。我曾在游泳教练门外徘徊良久而不敢推门进入，在校长室外逡巡，甚至有时想去找班主任却在快要踏进办公室时感到一阵莫名的恐慌。我用理智分析，我不过是去向教练请个假，交一份材料或是请校长为我写一封推荐信，我到底在害怕什么？是害怕果断的拒绝？还是严厉的批评？但若真受到这些又能怎样？难道我活了十几年连一句责备或拒绝都受不了吗？不是的。后来我明白了这恐惧来自我心底的不自信。正因为我不自信，我有时才敏感，才在做事情时顾虑重重，不想让自己受到在别人看来不算伤害的伤害。但这不自信只会让我因恐惧而失去许多机会。前几天和大学同学一起去唱卡拉 OK，这是我第一次去歌厅。我拿着话筒，"唱歌跑调"的想法在我脑海中盘旋，当屏幕上歌词的第一个字已经由白色变为粉色时我还是发不出声。但我转念一想，这种"矜持"在中国这个以谦虚内敛为美德的国家尚可被勉强接受，但到了美国是一定会被抛弃与嘲笑的。所以我终于放声唱了出来。是的，有时环境可促使人改变。

我在校园中徘徊，不知不觉来到了游泳馆，有一种熟悉而久违的漂白粉味道扑鼻而入，我全身不禁打了一个寒颤。当时我还不知道，这突来的味道从某种程度上决定了我这三年的走向。那绝对是游泳训练馆的味道。我四岁开始练游泳，从未间断过，有过在区里市里数一数二的辉煌，也有被曾经比我慢很多的队友反超的失落。而那股漂白粉味道天天迎接顶着大风来到温暖的海体的我，陪伴拼搏后兴奋的我，现在想来都很亲切。后来小升初时，一半因为我的游泳成绩已并非十分优异，一半因为我不打算把游泳当做我人生的主要事业，我离开了泳队。初二时我妈为我在浩沙办了健身卡，既可游泳，还可跑步，练力量，上瑜伽课。我有了自由，但少了队员们在一起时拼搏的冲动，也少了教练的鞭笞，所以我的成绩少有进步。而且伴随着那味道的是身着花花绿绿泳衣的会员，唠着家常来放松。这些都与训练馆的"大动大静"不同。在训练馆中，每当训练结束，大家都因之前的三个小时竭尽全力的忘我的拼搏而身体疲惫精神亢奋，伴着澡堂飘来的蒙蒙水雾时时传来高声的欢笑或打闹，更衣室内顿时"沸腾"起来，房顶都似快被我们的"噪音"掀起。而当人都走尽，这游泳馆又寂静得肃穆，那水因承载了我们无形的汗水而显得神圣。没想到三年后我第一次见到四中游泳馆，它便给了我这感觉。

我忘了自己已非运动员而一心想再做一次运动员。但当时我软磨硬泡，不论他怎么拒绝，我就赖着不走。最终教练答应让我进队了。那是一片全新的天地，它在不知不觉中磨炼着我的身体，同时塑造着我的心理。

第一天我还没有下水，就瞥见一位女队员在带着划手掌游蝶泳，而且是400米蝶泳，她的动作流畅优美。而我在过去八年的训练中几乎从未带划手掌游过蝶泳，更别说是400米了！那一刻我就明白面对我的决不是像参加田径俱乐部等那样的以"娱乐"为主的生活，而是我所料想不到的挑战。我们一周训练五次，每次两到三个小时。以前我们三个小时也就四千多，而现在两个多小时却经常上五千米，可想而知训练的强度有多大。而最令我恐惧的是"长游"和每周一次的力量练习。我由于缺乏三年的专业训练，所以刚进队时力量极差，每次跑完五千多米后只能躲在角落举十公斤的杠铃，而特长生们，即使是女生也都举二十千克的。我于是加紧练习，不夸张地说，有很长一段时间我每天都生活在肌肉的酸痛中。后来我终于能和其他女生一起练杠铃了。"长游"是我的另一个地狱，教练总是很有规律地把每周主要的耐力练习放在周四。很多时候当我们以为一天主要的训练内容已经完成，只剩些不痛不痒的练习，想要松口气时，教练却突然说："十个400自啊。"然后接着说出一个我既不可望也不可及的时间要求。我总是在第一个还没游完时就已经头昏脑胀上气不接下气了，可我知道在这个泳池里永远不可以说"放弃"二字，于是我继续努力保持身体的平直，奋力划手，打腿，最后已然手脚麻木，只是机械地做着动作。有时我由于用力过猛双腿同时抽筋，却还必须拖着那稍一使劲儿又会再抽筋的双腿继续游。我不抱怨也不喊苦，只是深受震撼。因为我知道我所经历的这些是队友们日复一日都在经历的，而他们耐受住了并因此得到了历练。我意识到了自己是多么狭隘、目光短浅。以前一直认为我在奋力拼搏，所以我理所当然得到进步，可现在我发现了比"奋力拼搏"更高的台阶，那就是"竭尽全力"。很多时候当我以为自己已经尽了最大的努力，以为我理应得到收获时，却不知所谓"天外有天"，拼搏永无止境，不仅游泳中这样，生活中的任何事情也一样。也因此我学着不再过于看重事情的结果，就像游泳，我不再强迫自己一年后或者两年后要达到怎样的成绩，我只时时刻刻提醒自己要注重每一次的训练过程。最后我到底是二级、一级？是北京市第几？这些问题即使想也想不出个所以然来，何必折磨自己呢？

说实话，进入游泳队真的很辛苦，身体上和心理上都是。除了几乎每天的训练，我还有体育课，但特长生是不用上体育课的。而四中让"每天锻炼一小时，幸福生活一辈子"的口号得到了极好的落实，我们每天都上体育课。一节体育课的强度不算什么，但它总被安排在下午最后一节课，而还未等我喘过气就要面对更残酷的训练，我真有种"未战先衰"的感觉。还记得高一时我们班被抽到要参加体育健康测试，于是我们用体育课练800米。当我们跑了一节课又冲刺完一个800后，我立刻又冲向游泳馆，5分钟后出现在出发台上，5分01秒后进入水中，嗓子还难受着。除了对身体的磨练，游泳还考验着我许多能力。高中生活丰富多彩，有很多我想学的东西和我想参加的活动，倘若我像其他同学一样参加一两个社团，那我一周顶多训练两三次。这是绝对不被允许的，我只有周六上午请假去上竞赛课，但这是教练极"宽宏大量"才批准的。学校有个什么话剧节、卡拉OK比赛、科技节等，只要和我训练时间冲突，大部分活动我都推掉了。而我做的最大的舍弃就是放弃了物理竞赛小组。我们的竞赛老师非常负责任，经常在周一至周五期间加课。而我只好把卷子或讲义拿回家去做，花比别人更多的时间去搞懂那些抽象地理论概念和难题。虽然在几次小组选拔考试中成绩还不错，但随着竞赛难度的加深，我这样"三心二意"根本无法"搞学问"了，所以一年后我退了物理小组。但我并因此后悔，尽管我失去了很多能使我更优秀更全面发展的机会，因为我们做每一件事前并不是只考虑得到一个最优化的结果，当我们设法排除万难而去坚持时，就会觉得我们所执着的事情就是生活的意义，会觉得有时用美好的结果去换取那单纯的付出是很值得的。况且正是这占据我大部分课余时间的训练让我明白时间就像沙子，你一用力就握住了，一不留神它就从你手的缝隙溜走了。我学会了抓紧任何零碎的时间，课间十分钟、公交车上、坐在饭馆等饭菜的几分钟、到了游泳馆等待训练开始的几分钟……我全都利用了。

在这风雨无阻的一天天的训练中，我的心渐渐从紧张到平静，一层层体味着人们所谓的"体育精神"。和我相处时间较长的人都说我有些不自信，也就是自卑。正如"可怜人必有可恨之处"，我相信"自卑人必有自傲之时"，因为太在乎某些事情，所以做得稍稍不好便觉得无地自容，那么一旦做好了，成功了，就会骄矜自满。小学时在海体，我的游泳成绩在同龄人中一直算很突出的，可是六年级时有一天下水游400米自由泳，我被我从未留意过的一直游得比我慢还比我小的女生超了，而且不止一人。这来得太突然，连一点预兆一点渐变的过程都没有，简直是当头棒喝，那可以说是我十几年来受到的最大的打击。现在想来那是再平常不过的现象，尤其是在体育界，可当时我年少无知，不能正确地看待那失败。我没有分析自己的原因，没有一如既往地努力，而是流着眼泪想原来我所有的付出换来的就是这样的结果，或许我不适合游泳，上天注定我落得这样的下场。我自作聪明地认为我懂了"不是每一分耕耘都有一分收获"的道理，不论你的过程如何漂亮，结果才是最重要的，结果不好什么都白搭，不会得到任何人的肯定。虽然年龄的增长使我意识到了错误，也在不断改变我的性格，但我的"结果论"还扎根在我心里。刚进四中游泳队时我很害怕自卑，因为我认为自己是"外行"，而且游得慢，动作没其他人那么舒展优雅。每次在岸上我最大的愿望就是赶紧下水，这样我就可以淹没在池水和众多泳衣泳姿相同的人中，不必忍受别人"异样"的目光。一开始我不知道哪有卖专业泳衣的，只好穿着我妈的花里胡哨的泳衣，在黑色朴素泳装的队伍中真是抢眼之至啊！我从泳池门口走到出发台时从来不敢抬头，怕遇到别人嘲笑的目光。但是感谢上苍，我遇到了一群真诚善良的人儿，是他们打开我的心房，让我感受到了爱的温暖，让我变得性格更开朗。刚入队时一切陌生，幸好有个高三的姐姐关心我，和我聊天，告诉我哪一天要练什么、带什么，一下子就消除了我的恐惧。后来女生们渐渐习惯了女队员是九个人而不是八个人，拿拉力时她们总会给我也带上一个，在训练最困难时，她们总会用话语或眼神鼓励我。列队游时队友们会留出我的位置，接力比赛时也有队伍欣然要我。直到高三我退队了，在楼道内遇到高二的学弟隔着老远冲我兴奋地大喊"菁姐"，或是抱着一大摞卷子小心翼翼上着台阶时猛一抬头看到高一的队长向我招手，我心头由各种不理想的考试带来的阴影就都消散了。我渐渐明白即便在"浪花弥漫"的游泳队中，最重要的也不是一个"高高在上"的成绩，最重要的是心，是一颗敢于拼搏、宽广博大的心。还有教练，他虽然严厉到我都怕见到他，但他从不以成绩取人。每次比赛后他不以比赛的名次论成败，而是让我们自己跟自己比。他会批评拿了第一的队员转身太慢，他也会表扬像我这样的队员的泳姿的改进。我明白了练到了瓶颈，一切已非"线性变化"，好比刚练游泳的一两年，给自己定目标说 50 米蝶泳半年内提高两秒，这是努力就可以达到的，而现在说半年内 50 米自由泳提高 0.5 秒，那都是说不准的事儿。有的人从来都刻苦认真、风雨无阻，可他就是迈不过一级的坎儿，或者在训练中达了一级而在比赛中却没有，但有人应经达健将了。他们都爬到了这样的高度，影响速度的原因已经很细微了，比如身体结构的差异。其实不仅游泳这样，生活中其他事情不也一样吗？所谓"七分靠打拼，三分天注定"，我们所能做的只是努力做好自己可以控制的部分，而不能过分强求结果。像我之前那样怨天尤人，把一切责任推到命运身上，那只是在伤害自己。曾经看过一部电视剧《球爱大战》，讲述了几位女生对排球的热爱和排除万难拿到比赛冠军的故事。一开始我很不喜欢女主角，她是一个业余排球队队长，自觉打球水平队中最好（客观说确实也是），快人快语，说话直爽，经常责备队友们打球有问题，还"恬不知耻"地说自己是什么"大明星"，要进国家队，要拿奥运会冠军之类的。我觉得她根本就是水平不怎么高（因为是业余的），还自称运动员，搞得还挺正经，就是没本事还炫耀。可渐渐地我越来越被她吸引，越来越喜欢她，因为我看到了她排除万难的勇气和带伤上场比赛的执着。我终于明白了到底什么是强者，那是当过去的我为失败捶胸顿足、眼泪涟涟时，现在的我学会笑一笑，调整心态思想，继续挥洒汗水；那是当过去的我在比赛前想着银牌金牌时，现在的我"心底无畏天地宽"，只想如何完成好每天的训练；那是当过去的我抱怨生活不公时，现在的我学会用微笑面对挑战，明白机会靠自己争取，明白生活中没有主宰的上帝，只有一面映照自己心灵的镜子。

我坚持到了高二下学，之后我进入了申请美国大学最忙碌的阶段，所以就不练了。现在想想去美国读大学对我这个几乎从未出过国的女生来说还是件很恐怖的事情。当时若是理清条理仔细深入思考，也许就不会做这个决定了。

高二的暑假，我进入了写申请文章的阶段。虽然抓耳挠腮写出一篇500字的文章很痛苦，但这也是一个十几年来重新认识自己的机会。我翻出以前的奖状，以前的日记，寻找我走过的路的波峰和波谷。老师给我们看过许多以前申请成功的同学的文章，我总赞叹他们有那么丰富的活动，他们总是组织者，他们干了那么多"轰轰烈烈"的大事，写出来是那么震撼人、吸引人。可看看我自己，我只是一名普普通通的四种人，在课余时也只能说是一名普普通通的校游泳特长队的队员，充其量还可以说我兼顾长跑，并在校里、区里、北京市里取得了些小成绩。我又忍不住怀疑自己，是否自己真的根本不优秀，以前那些说我一定可以的人只是在安慰我、鼓励我。最后无奈的我豁出去了，好，我就是一个平平凡凡的中学生，我没有参加或组织过什么大活动，可那又怎么样？我也在一步一个脚印，认认真真地生活，我也有梦想并为之奋斗，我觉得我活得很精彩。一下子理直气壮的我不再顾虑我到底优部优秀了，只想写出自己内心的想法和呐喊。每当我写好一篇文章时，我都对它爱不释手，好像把过去零散的记忆碎片又穿成了一个美丽的花环（自我感觉良好可不是好事啊……）。在我的文章中我终于找到了真实的、朴素的、亲切的我自己。下面附上一篇我交给芝加哥大学的小短文，是我认为写得较成功的一篇，希望大家从中更多地了解我。

Essay Option 3：Salt，governments，beliefs，and celebrity couples are a few examples of things that can be dissolved. You've just been granted the power to dissolve anything：physical，metaphorical，abstract，concrete…you name it. What do you dissolve，and what solvent do you use? Inspired by Greg Gabrellas，A. B. 2009

It was the beginning of May，mid—semester，and I was making my 5000—meter stamina run at Capital Sports College. I was not running with joy on this day；indeed I was thinking about quitting the varsity team. My distance coach had frequently berated me for arriving late to training（because of my extra math classes and physics exams），and my classmates often hinted to me that it was really impossible and unnecessary for a student in the best class of the grade to keep up with practice. Maybe I should just give up，I thought.

Just then，a girl the same height as me ran past with a rhythmic pace. Instinctively I quickened my stride to keep up with her. After running together for another 2000 meters，we stopped for a break and started talking. Dongjuan told me that she also participated in the track and field varsity team at her high school in Hunan（a province in southern China），and I eagerly asked her about her academic life，expecting to hear complaints about her similar struggle to balance her studies and her training. Instead，through her enthusiastic self—introduction I got to know that she was an eager participant in a wide range of activities，from an interesting environmental project to a bustling art festival. Yet she could really handle all of them calmly and successfully. When I curiously asked her with pure veneration how she had managed it，her reply echoed in my head—— "Just keep the passion for things you like，and if you can，share your interests with others to keep your original dreams." I left the field that day with a big smile.

After that meeting with Dongjuan，I knew that I too could successfully manage my studies and training at the same time; all I had to do was break through the barrier of my own wall of isolation. Previously, I didn't believe in my ability to manage both these things because students (including myself) in my high school had a preconceived stereotyped idea that such things ware impossible. The conversation with Dongjuan inspired me to look for ways to chip away at that barrier by just bravely pursuing what I love and searching out interactions with different groups of people so that the wall could slowly be whittled down to reveal to me a new horizon full of possibilities.

From then on, I tried to emancipate myself from the "invisible restrictions" by meeting different types of people. Therefore, I began to knock on the doors of prominent professors, from whom I learn how to combine physics and arts with interdisciplinary mind. From then on I sought out clubs in school and charities in society. From then on I got to know many other students who share my interest in Qin Qiang, a kind of traditional Chinese opera. We attended Qin Qiang performances together, and participated in vibrant discussions in the dining hall about the novel Qin Qiang which provides me with a deep understanding of our opera culture as well as the complex society in which we live. Previously, despite following my interests, I would not have considered these kinds of activities more meaningful, but now I see that such extracurricular activities are very beneficial to me: they constantly refresh me with creative ideas and eliminate numerous impossibilities I have originally imposed on myself.

Free flowing communication is the solvent I now use to dissolve any "impeccable" barriers set up due to stereotyped ideas. With the wall disappearing, my mind is refreshed. I no longer feel the stress of balancing my study and training. I am able now to run with joy, always looking ahead to a new horizon, a new world of experiences.

一个月前我偶然参加了新东方一个申请班的毕业典礼，其中一位优秀学员发言时讲到当时面对 SAT、文书时她是多么困惑、有压力，强迫自己去面对一切，声音渐渐哽咽。我在最后一排听着，也不禁泪流满面。我明白了尽管一路走来我觉得自己在人群中还是那么平凡，尽管我所取得的也不是那么辉煌，尽管我都没有意识到，可我确实曾经拼搏奋斗过。申请美国大学的过程不过三年，那么高考呢？十二年的寒窗苦读换来一张小小的上面写着总分671分的成绩条。我只感到了一丝舒心，可这微微的舒心又包含了多少我尚无法完全察觉的汗水与泪水。我终于明白了无论是刻苦训练还是寒窗苦读，这世上的每个人都以属于自己的方式奋斗着，直到死去的那一刻。而我也将抬起头，加入全新的奋斗的激流中。借用巴金先生的一句话："我知道生活的激流是不会停止的，且看它把我载到什么地方去！"

孩子们所应坚守的

苗来成　董桂霞

苗菁的十八岁生日距今已经有半年了，很难相信转眼间孩子已经步入成年。现在，她要学着独立承担个人和社会责任，做一个有完整公民义务的人。我作为她的母亲本来有很多话要叮咛和嘱咐，但总觉得纸短话长，无从写起，只好借鉴古人的一些话和观点，以此共勉吧。

"上善若水，水善利万物而不争，天下莫柔弱于水，而攻坚者莫之能胜，以其无以易之。弱之胜强，柔之胜刚，天下莫不知，莫能行。"

"持而盈之，不如其己；揣而锐之，不可长保。金玉满堂，莫之能守；富贵而骄，自遗其咎。功遂身退，天之道也。"

"飘风不终期，骤雨不终日。孰为此者？天地也。天地尚不能久，而况于人乎？企者不立；跨者不行；自见者不明；自视者不彰；自伐者无功；自矜者不长。"

"知人者智，自知者明。胜人者有力，自胜者强。知足者富，强行者有志气。不失其所者久，死而不亡者寿。"

孩子应怀有很多心。

第一，要有一颗平常心，不能时刻觉得自己多么有天赋，多么聪明过人，多么与众不同。我们的孩子都是普通而平凡的，不是神童，没有超常之处，所以不能给他灌比别人强，将来比别人有出息等这样的观念。实际上我们每个人都一样，都有同样的天赋和潜能。因此，要想在某一方面有所作为，在某一方面取得成绩，只有不懈地去努力，因为人的潜能是难以估量的。要教育孩子不能虚荣，不能嫉妒，不能自卑。如果用平常心对待一切，就不会产生嫉妒心。我们就不会去嫉妒别人之美好，别人之伟大。他会坚信那些都是会通过努力获得的。教育他如果哪方面做得不足，不要自卑，让他知道其实他有能力实现，只是没有努力而已。既然这些"心"都没了，他就会心无旁骛地做他该做的事，去达到他该达到的目标。虽然苗菁经过努力在高考和留学申请中取得了一定的成绩，但这并不能说明什么，也并不意味将来一定能成为一个为社会为人类做出巨大贡献的人。如果想达到这样的目标，要用一生的努力、拼搏来实现，来完成。

第二，有感恩之心。想想我们生而为人，能够从一个"小不点"，成长为一个顶天立地的男子汉，这其中倾注着多少父母的心血汗水，凝结着多少老师的辛勤培育、同学的热心帮助，乃至那些辛苦劳作、为我们衣食住行提供保障的农民、工人和各种服务行业人们。对这一切，我们都应以至诚的心来感恩！"爱人者，人恒爱之"。在成人之前，我们更多地是承载和享受别人的关爱；在成人之后，我们必须学会感恩别人、爱别人。这样，你的生活才能永远充满爱的阳光！看一看现代社会上一些青年以自我为中心，对于身边的人和事百般挑剔、吹毛求疵，我们不难预见他未来的人生道路将会因过度的"自私"和"自我"，而多么的"寡助"甚至"无助"。

第三，有担当之心。成长，不仅仅是身材的增高、体重的增加、肌肉的发达，更是心志的成熟。成人，意味着你不再是处处要人照顾的孩子，意味着你必须学会承担责任。要告诉孩子从今天起，你将告别幼稚、走向成熟，克服依赖、走向独立。你一定明白，自己在拥有"自主权"的同时，也必须承担起一个成年人应尽的义务和责任，包括对自己、对家庭、对社会、对国家，乃至对这个世界。每个孩子都盼望着长大成人的这一天，但对这一巨大"转变"，可以说很多人并没有做好准备。从"自理"、"自立"到"自强"，你们必须用行动证明，"你"的加入为世界增添了幸福快乐吉祥和谐，而不仅仅是增加一些"碳排放"！生活是美好的，而竞争是残酷的。不论是否做好准备，你都必须勇敢面对，因为历史的车轮不会停下来等你。

第四，有自省自律之心。一个人要不断成长进步，必须学会自省；要很好地融入社会，构建自己的良好人际关系，必须学会自律。很多独生子女不善与人相处，事有不顺总是怨天尤人，根本的在于缺乏自省意识和自律能力。只有认真省察自身才能发现缺点改掉毛病，只有加强自我约束才能适应外部环境。一些青年人总是错误地幻想让环境适应自己，这从根本上违背了"物竞天择、适者生存"的自然规律，结果只能在铁的现实面前碰得头破血流。孔子说："克己复礼为仁。一日克己复礼，天下归仁焉。为仁由己，而由人乎哉？"我们必须不断改造自我、完善自我以适应环境，不能苛求领导、师长、同事及他人都来适应自己。我们确实应向曾子学习，经常反省自己"为人谋而不忠乎？于朋友交而不信乎？传不习乎？"。实际上，正如孔子所说，我们要完善自己的人格、提升自己的境界、增强自己的本领，完全取决于我们自己怎么做，岂能是他人和环境所能左右的吗？！这种自省的功夫、自律的本领是所有孩子都应具备的。

在孩子的成长中要让她明白作为一个人存在于社会的价值是什么。我认为不是索取而是付出。这句话听起来特别伟大，实际上我们每个人静下心来，闭上眼睛，想一想，什么样才能使你最幸福，我想很多人答案都会是：有助于他人，对社会对人类有所贡献。但是这种贡献和付出不是人人都能做到的，如果自身一无所有，何谈付出？孩子们必须使自己自身强大，才有能力，才有可能去贡献去付出。要让孩子心中明白付出是报恩的体现，并不是给别人施舍，明白这一点很重要。千万不能让她抱着一颗施舍的心，如果有这样的心，一旦有能力真正做出贡献时，他就会产生骄傲、自高自大的心理。这样也就不会有所发展了，也就从一个高尚的人转到了一个渺小的人，可憎可恶的人。

古人三字经的第一句话讲：人之初，性本善。现代科学论点认为：人之初，无善恶。但古往今来，"不善"之人从未曾断绝，可见这"不善"是由成长过程中种种境遇的影响而产生的，并不是与生俱来的。孩子自小学入学之日起，家长和老师都强烈希望他全面发展，实际上又有哪一个孩子不希望自己做得最好？不希望自己能在各方面争得第一？做为家长只要能使孩子将这颗本性的、内在的上进心一直保持下去，能使之长久地具有积极进取的动力就足够了，没有必要把自己内心的强烈愿望强加到孩子身上，这样会使孩子承受不起，会使孩子以失去其内在动力来迎合家长的意愿，这样是得不偿失的。因此，做为家长，当孩子考试成绩不好的时候，应该知道这不是孩子自己所要的结果，应该能体会到他们此时沮丧和失落的心情，此时应该给他们关怀和鼓励，应该想办法让他们振作、快乐起来，给孩子以力量，让他们知道父母从始至终与他站在一起，从而更加充满希望地、信心百倍地去迎接下一阶段的学习。如果家长此时严厉地训斥甚至辱骂孩子，他们的心应该是何种感受？应该是怎样的孤立和无助？他们是不是会以恐惧和患得患失的心态去迎接未来？这个时候我曾对她讲："一个年级有五百个学生，就有五百个座位，不但是你，其他的人也都想坐在最前面，可前面的座位是有限的，你这次没坐到是再正常不过的，如果你实在想坐，就努力下次坐上去吧"。当孩子取得了好成绩，家长给他一个肯定的微笑一句温暖的话语就足够了。记得此时我曾说过这样的一句话："孩子，虽然无论你怎样我对你的感情都不会改变，但你这次的成绩确实让我心情大好啊"！反之，如果孩子考得不好，家长给予言语上的责骂，孩子考得好家长给予物质上的奖励，让孩子以家长的喜怒为方向标，泯灭了自性，一切以外因来左右，他们的能力会得以充分发挥吗？如果有一天孩子被你骂皮了，自信心被你骂没了，对你的奖励也不屑一顾了，你又将怎样？

孩子是家庭中的一员，他不是小皇帝，也不是我们施舍的对象。不要让他们唯我独尊，或因父母的养育而内疚。我常与孩子讲："我们这个家是一个整体，有共同的目标，我们的目标不伟大，套用古代先贤一句话，就是：穷则独善其身，达则兼济天下。"我们当然希望"达"，这个"达"也许要通过几代人的努力才能实现。因此，孩子与父母肩负着同样的责任和使命，我们中的每一个人都在为实现这个目标而努力，只是分工不同而已。目前父母的职责是养家糊口，使这个家庭能延续下去，尽量改善家庭生存环境，并把自身的经验和知识传授给孩子；孩子的分工是使自己的身体和头脑尽快地成长起来，为自己将来成为一个合格或优秀的儿女、父母、公民做准备。我们的家庭资源是共享的，每一个人都有权去支配，但每一个人都有勤俭节约的义务，因为这个资源是有限的，应该用在最该用的地方。

生不过几十年，家长不能一方面希望儿女能有所作为，又一方面尽量地延长他们的"儿童期"，过分的娇惯与全方位的服务会退化他们自身的能力。智力因劳动而丰厚，知识通常是在经验中获取。让他们知道，就"劳动"本身而言，只有难、易之别，没有高尚和低下之分。因此，他们自己能做的事应该尽量让他们去独立完成，不能事事包办，这不是对孩子好，而是在弱化他们的能力，培养他们不良的观念。

千言万语，尽化作茶余饭后之谈资。谨以此与诸家长与我的孩子共勉。愿我们的孩子们能成为中国新一代栋梁之材。

李 文 雄

L i wen xiong

我是北京四中 2011 届毕业生，在校期间担任班级生活委员和天文社社长等职务。我的爱好比较广泛，有物理、天文、摄影、钢琴、读书、自行车等，曾获得国际天文学和天体物理学奥林匹克竞赛银牌，全国物理竞赛北京赛区一等奖。自主招生过程中获得清华大学 30 分降分资格，以高考实考分 656 分考入清华大学物理系。

人生如戏

> 天地生人，有一人应有一人之业
> 人生在世，生一日当尽一日之勤
>
> ——山西丰德票号祖训

总算有机会盘点一下在四中的三年，却不知如何下笔，自己的几条主线纵横交错，回想三年经历了如此之多简直如同梦境一般，很难理出清晰的头绪。于是想通过描绘我在三年生活中扮演的主要角色，相对明晰地展现出我的心路历程。

一个管家

《立秋》是一部讲述晋商票号历史的正剧，作者姚宝瑄，虽不甚有名，但却被我们 2011 届 3 班所铭记：这是我们话剧节的参演剧目。

高一下学期后半段，语文组开展"戏如人生"话剧节活动，戏剧成为了我们班生活的主体之一。选剧工作就大费周章，西方剧目由于意识形态差异学生很难理解到位，悲剧难度过大，喜剧格调不高，于是我们从中国的正剧里挑了一部《立秋》，描写山西丰德票号在遭遇西方银行挑战下坚守本分，诚信立业的故事，我在其中饰演票号董事长家的管家。

四中的班级活动有其独特的组织模式，每个同学有着鲜明的个性和过人的思维能力，所以很难产生一呼百应的统一效果，但丝毫不影响一个班级的团结，恰恰相反，当一个班级定好一个目标后，每个人以自己的理解向着目标迈进，在过程中发挥独特的作用，会使所有步骤进行得务实而高效，结果往往产生极强的凝聚力，因为整齐划一的一呼百应和一呼九十九应没有本质区别，而完全不同的个体组成的整体则无法脱离任意一员，这需要通过实践来使整体中的个体认识到这点，这次话剧节就让我明白了这个道理。

"没有小演员，只有小角色"，剧组中的所有演员包括我这样的小配角都在仔细体会着自己的人物，每一步手势、站位、走台甚至腔调都经过反复推敲，这不是毫无意义的吹毛求疵，而是为了目标一丝不苟的严谨；排练期间我们经历了军训，每天晚上睡前对词不是艰苦训练之余的百无聊赖，而是为了心中信念持之以恒的追求；在最后阶段，所有服装道具力求接近剧本要求，连金元宝也要到丧葬品店找到理想的替代品，虽然观众可能都无法看清，这不是徒劳无功的画蛇添足，而是为了达到完美效果的执着追求；最后汇演时我们喊出"天地生人，有一人应有一人之业，人生在世，生一日当尽一日之勤"的票号祖训，不是站在舞台上的装腔作势，而是发自肺腑的本色出演。

剧目的内容和演出的震撼效果我不想过多涉及，但《立秋》确实对整个班产生了深远的影响，这句祖训也在之后的两年被反复提及。我演的管家作为一个小角色没有什么亮点，不过和剧组一起经历了这个过程却激发了一些想法。这个活动是与语文教学紧密联系的，因此有一些基于语文课堂的讨论。课堂有很多类型，最低级是传授知识的，次之可以传授方法，再高一级可以传授思想，但这只是让学生接受老师的思想，而四中的课堂老师将思想传达给学生，同时激发学生思考，学生可能产生疑义甚至抵触，而这时已有其他同学提出自己意见，却和自己不相同，几种思想在自己脑中碰撞交融，有时几种想法可能完全不同却无法调和，在反复的挣扎与纠结中最终重塑自己的思想，可能与老师传递的已不相同，但却更适合自己，至少思考的过程较之盲目接受就是一种升华，甚至老师也有被重塑的可能性。语文课上老师针对戏和人生做过一番分析，虽然只有讲解，但我脑中同时出现了几个想法，连同老师的理解就如同武林高手拆招一般在我头脑中较量，最终语文徐稚老师得出了一个结论："戏如人生，但人生不可如戏。"可我的思想里并没有下定论，相反，戏与人生是我后两年主要思考的一个基本问题。

当这个"管家"前后不过两个多月，也没什么出色表现，但却让我初步感受到了四中不同寻常之处，而且激发了我的思考，通过之后越发跌宕起伏的经历，使我对自己不断产生新的认识。

一个生活委员

六把钥匙，百余次周五的守候，近千次值日，几千条短信，几十万元人民币，组成了我九百二十四天的生活委员历程。

有学长提醒过我，生委是很累的，我起初不以为意，渐渐才感受到"坚守"意味着勇气和毅力。生委的工作是每天例行的，寒暑冬夏，心情好坏，身体如何，开门和检查值日的任务是万不可中断的，还好我还有个出色的搭档，我们班的黄澄同学，可以共同分担一下。"一屋不扫何以扫天下"只能作为一种自嘲，我的工作本没有什么目标或终点可言，只是为了我们学习生活的这一方净土。高三上学期自己低迷的时候，甚至萌生过退意，但很快打消了这种懦夫般的想法，而且正是生委的责任感和一个班级团结的力量使我走出了低谷。我始终没有放弃三班的那把沉重的钥匙，直到我们在这个教室的最后一天。

2011年5月27日，照例做着值日，还想着下周该安排哪组值日，突然有个其他班同学提醒我去还钥匙，我一愣，抬头望见空荡荡的教室，才想起已经没有下一次了，心里不禁怅然若失，回想起自己两年多作为生委做了什么，却没有一个清晰的图象，只记得每周一像校歌里说的那样看着"崭新的校园沐浴着朝阳"，打开三班的大门；每周五静静地一个人在教室里思索，直到送走最后一位同学再将三班的门锁好，无论学习、生活、心境发生什么剧烈变化，如此平淡无奇的轮回都在按部就班的重复着，直到最后一天。这便是我所做的一点事情了。没有人觉得有什么特殊，连我自己也一样，但结束的一天猝不及防地来临，却使我难以割舍窗明几净的教室，才意识到坚守本身已被我赋予了太多的意义。

可能是生委的激情还没有消散的缘故，高考完后我又在为毕业纪念册奔忙，由于涉及到班费，所以也是我职分内的事情。6月24号，一切准备妥当后，我用班费交完毕业册的印刷款，意识到作为生活委员的责任到今日是彻底完成了。之后去领成绩条，回到家后不知为什么觉得很疲乏，早早就睡了，居然一睡就是11个小时。第二天早上醒来时，半梦半醒之际不明自己为何如此疲倦，倏然意识到这是生活委员责任卸去后的释放，此时我才感受到2008年11月24日竞选班委时一句"为同学们提供良好生活环境"的承诺居然在我的潜意识里回响了九百多天，驱使着我精神饱满地完成每天的工作。在这芳华褪尽之时，回想自己生活委员的经历，才明白责任是一个人活下去真正的精神脊梁，失去一部分责任，便会懈怠一些，都失去了的时候，人就成了空有肉体的躯壳了。

其实没有人的责任感是天生的，我的责任感更不是有什么高尚的理由，仅仅是我对三班的归属感使然。机缘巧合使得这个班从入校到毕业都很独特，身处其中会有一种由衷的愉悦与依赖感，为班里做些事情往往成为理所当然的事。再加上我有一个心有灵犀的好搭档，三年的工作自己便也乐在其中。换句话说，如果不是在三班做生活委员，不知道自己还是否会如此尽心竭力，是否还会将自己的一句承诺看得如此郑重。历史无法假设，至少在这三年，每天清晨我或者我的搭档打开三班大门的那一刻，便同时开启了我崭新的一天。感谢三班！

在四中做生活委员对我的启示完全是个量变产生质变的过程，贯穿了我高中生活步入正轨后的所有阶段，我觉得对我精神生活的最大意义就是，无论我在成功、顺利的喜悦之中，还是迷茫、失落的颓境之下，都需要认真踏实地生活，因为我每天都要坚守着一份责任，去兑现自己许下的诺言。

一个追星星的人

这应该是我回忆的众多角色中唯一一个在进入四中前就注定了的。观星，可能在有些人看来很浪漫，但把她作为高中的一项主业，在大多数人心中想必就显得不务正业了。可行走在不寻常的道路上，才能领略到别致的风景。

我能在四中将"追星梦"继续下去，很大程度上得益于四中自由的环境和众多老师的支持。开学第一周我便开始了筹划已久的计划：在四中创办天文社。找到学长，动员新社员，找到辅导老师李京燕老师，在学生处注册，一切都进行的很顺利，自己都觉得有点太过轻松。后来才明白，学校在审核之类的程序上都是比较放松的，真正的考验在于一个社团怎样自己走上正轨，在四中站稳之后发展下去。连李老师后来回忆也说一开始并未觉得这样一个新兴的社团能够走得很远。我只是坚定着起初的信念，觉得需要给四中喜欢星空的同学们提供一个平台，让他们保持自己的爱好，让星光照耀到尽可能多的灵魂。四中学生的素质很高，在这个群体里能够比较容易的找到志同道合的人，因此聚集起一批天文爱好者并不十分困难，再加上董杰老师和李京燕老师的大力帮助，天文社总算开始了正常的运转。

建立社团仅仅是第一步，如何让社员们真正受益才是关键，我不会满足于大家活动时一味的空谈，既然天文学是以观测为基础的科学，就要让大家真的去观测，与自然去对话，自己获得感悟，而不是由人去告诉他们应该有什么收获。看似清晰的理念在实践中却有着重重的困难：学业的压力，家长的怀疑，时间的冲突，天气的变化，都在向我展示着理想与现实的差距，好在老师都非常的负责，为我们一再争取，再加上我与社员们的一腔热情，最终使外出观测活动得以成行。这个过程中很锻炼我协调各种因素处理问题的能力，也使我能够更好地理解他人的想法。

第一次观测是高一上学期期中在密云，我看到有的社员为望远镜里的美丽天体惊叹，有的为匆匆划过的流星欣喜，有的在星空下冥想，有的对着宇宙高谈阔论，抒发着自己的感慨，他们很多是第一次受到这种震撼，甚至有的第一次去认真思考自己与宇宙的关系，就在那天那时我感到自己的努力都是值得的，也体验到了将自己的感动传递下去的那种幸福感。之后的社员活动便是校内的讲解辅以校外的观测，这样的模式持续了一年，在社员中也起到了很好的效果。高一结束，新一期的《流石》要出社团特辑，我邀请社员们写下他们一年来的感受，结果很出乎自己预料，社员热切而真挚的话语令我十分感动："在天文社，你甚至并不需要具有多么渊博的天文知识，仅仅一颗向往太空的心，便足够了。""在天文社中，我收获的是知识、快乐、美、哲理和心灵的震撼。""用天文望远镜窥探那遥远的天体时，总觉得自己像是穿越了时间与空间的阻隔，这样近距离地欣赏宇宙缔造出的绚丽。原来科学也可以是艺术的。科学也拥有艺术的灵魂。"这些真情流露使我认识到自己在做着一件有意义的事情。

就在我为四中搭建天文社这个平台的同时，我也在自己的追星路上继续奋斗着。天文奥赛是中学天文爱好者的盛事，与高考的优惠、加分等全然无关，完全凭借自身的兴趣参加。

2009年我第四次出战，因为有一定的物理竞赛基础，我最终被选入了国际比赛中最高难度的国际天文学和天体物理学奥林匹克竞赛的国家队，当年的比赛在伊朗德黑兰举行。进队只是第一步，在老师和家长的支持下，我开始了艰辛的备战路程。没有什么辅导，只有一部老师推荐的书，高中的学业已不再轻松，要抽出时间来在两个多月里将一部美国研究生教材中文版研读完毕谈何容易，而且老师提供的主要是精神上的支持，于是就剩下自己在迷茫与忐忑中摸索。

好在四中培养的是我们自主学习的能力，我才没被困难吓得畏葸不前。从八月到十月的六十多天里，多少艰涩的难题与理论使我废寝忘食而又百思不得其解，却从未使我的大脑停止思考，熄灭我书桌上那万籁俱寂时兀自明亮的灯光。非常感谢同学们的支持和鼓励，我才能在这抛却功利，纯粹追求的道路上一往无前。令自己都难以相信的是我居然在出征前将看来不可能的任务完成了，看着被我刻下思维印记的厚厚的书籍，自己感到由衷的释然和舒畅。

带着轻松的心情，我踏上了伊朗这个陌生的国度。八天的行程中只有两天是比赛，其他时间我便用心去体会这片土地上的人们和文化。伊斯兰的环境和一个国际天文爱好者的群体确实让我感到新奇，几天的收获很多，这里只想谈谈对我影响最大的几件事。观测考试是在德黑兰省外沙漠里的一个古驿站里。轮到我比赛时，我一踏上驿站顶端，不禁怔住了：驿站虽不高耸，但在一马平川的伊朗高原上，视线却足以达到任一方向的地平线。极目远眺，无穷黑暗的尽头是若即若离的点点星光，那是天与地交会的地方，却没有一个清晰的轮廓，抬头仰望，大气清澈得使星星甚至有些耀眼，目光可以穿过茫茫星际直达时间的起点。耳边拂过的飒飒秋风中仿佛夹杂着几千年绵延不辍的驼铃声，我的思绪一下穿越到了千百年前，阿拉伯商人也是在这个驿站里，他们的孩子也像我这般痴痴地望着和我眼前一样亘古未变的星空，耳畔也是这带着温带气息的风，脑中浮现的却是天方夜谭里那令人神往的故事。虽说已经观星四年，那晚我还是激动地有些战栗，短短的几秒就如永恒，连正在考试都忘却了，整个人融化了，一整晚都沉浸在一种如梦如幻的状态中。但还没来得及细细品味就继续踏上征程。

在伊朗的最后一天要去见伊朗总统艾哈迈迪·内贾德博士，我觉得能同伊斯兰世界的代言人会面是一个了解他们文化的绝佳机会。刚见到内贾德总

统时感觉和电视里不一样，他个子比较矮，表情很宁静，但目光中却透出一种威严。演讲时的风格也与电视里不一样，语气坚定却也没有那么言辞激烈，我们在和他的短暂交谈中他也一直保持谦逊的态度，却也不失风度。西方人形容内贾德有波斯历史的大智慧，我也从接触中感到他身上具有东方文明的特质：含蓄，包容，睿智；作为政治家可能褒贬不一，但作为一个普通人他确实是一个智者。伊朗之行就是体验，不见得有什么认识上的飞跃，但文化的交融与视野的开阔本身就是阅历积累的过程，产生印记之后才能改变，这次旅行留给我很深印象。

几年来天文带给我的收获早已远超出知识本身，我自己对天文学从平淡到激情，再到回归平淡，一前一后却有着本质的变化，我对这门科学的感情已融入血液，观星也成为一种习以为常的生活方式。高一暑假，我千里奔袭只为一睹日全食的盛况；日本游学期间，我可以夜晚一个人来到海边，观海听涛，直见那星辰在水天相接的无穷远处被海水淹没；在国家天文台做研究性学习时，我也曾顶着冬日凛冽的山风，一个人孤独地在山顶守候一夜，只为用镜头记录星宿的印迹；高三学习最紧张时，只要回到宿舍向开阔的窗外凝望，一天的压力与疲劳便在转瞬间烟消云散。观测之时已不是最初的兴奋、激动，取而代之的是长久的亲切与归属感。就像我经常想的，当你关注的一个客体在时间与空间上都趋于无穷大，甚至自己也处于其中时，往往会引发关于自身存在价值的思考，而结果也总是因自身的渺小而淡化自己的感情，是对心灵进行净化的理想方法。更美妙的是，星空这种客体有她实际的视觉美，因此这种思考就总带有赏心悦目的幸福感与美的享受。高中三年，有这样一个朋友陪伴，见证我的成长，启迪我的思考，难道不是一件幸事吗？

一个物理学的赤子

初二开始学习物理时我就是班里的物理课代表，但对她更深的感情则是由于其与天文学的紧密关系。四中分班考试时填竞赛班志愿，我就毫不犹豫的写下了物理。就像做生委一样，没想到这一笔也决定了我三年的一个努力的方向。

可能很多人觉得物理竞赛就是在刷题，其实要想拿到高三的全国物理竞赛奖项，确实是可以刷出来的，因为他有着固定的思路和出题模式，和高考无异，是人与人的游戏，但物理学作为一门科学，本质上是人与自然的沟通，再加上我喜欢天文的背景，就总爱跳出题目的圈子去思考学科本身的逻辑——而不是出题人的。

随着物理竞赛学习的不断深入，辅以我自己的理解，物理学的图象在我脑中不断清晰，我也越来越感到物理学的高深莫测与引人入胜。学习竞赛的过程还是很苦的，数不清多少夜晚自己独守孤灯为一两道题彻夜难眠，但其中获得的快乐和提升也是没有经历过的人无法体会的，那些定律的和谐及其与自然规律完美的契合有一种令人心旷神怡的美感。

2010年9月，高三一开学，为了备战全国物理竞赛，物理A1班的进行停课集训。我所干的事儿除了做题就是每天在学校里徘徊，想一些有关自己和物理学的事情。我在四中的课堂里呆了两年多，几乎没有机会从外人的角度去欣赏，这时每天从教学楼走过，总觉得三十多个教室里上演的是一幕幕活剧，当走到自己的三班外面时，听老师慷慨陈词，同学唇枪舌剑，感觉自己也是剧里的一员，忽然闪出一个念头：我是做什么角色的？四中这一幕之后又要如何呢？

第一个问题当时给不了答案，其实是我这篇文章回答的，而第二个问题当时思想里隐隐已有了答复，一方面年级有专业方面的引导，一方面也是自己兴趣所致，那时便觉得想学物理，却没给出太充分的理由。后来到了实验考试准备阶段，自由时间更多了，晚自习时便经常在校园里彳亍，慢慢想通了自己选择物理的原因：我可能较喜欢挑战性的任务，而物理学虽发展至今，却仍有着太多的未知，并且在我看来到了一个变革的关键时刻，自己也许能抓住机会做一些事情；除此之外自己也不甘于仅在知识上的垒砌，而物理学的一些工作是可以影响人类的思维方式的，从伽利略到牛顿再到爱因斯坦、普朗克、彭罗斯、霍金无不如此，这是自己向往的方向。那时便下决心自己一定要学物理，至少要试一试，否则自己一定会后悔的。

物理竞赛的结果最终是北京市一等奖，有保送资格，不过因为平时成绩太差被清华初审就拿下了，虽然很郁闷，但也没很在意，因为自己的本意也不在此。两年多学习物理让我学到了足够的知识去理解这门学科，也让我找到了今后的方向，已经很满足了。

我高中的物理道路是较为平坦的，但并不意味着这对我个人的影响就会逊色。至少这经历决定了我以后很长时间的发展方向，我已经做好潜心研究的思想准备，知道前方会有无数的艰难险阻，但既然决定了就不会轻言放弃。当自己遇到瓶颈，感到鞭长莫及之时，我会提醒自己当年是如何决定走上这条路又为此付出了多大的努力，又会看看岁月怎样的磨砺使我失去了当年的锋芒，抛却了激情燃烧的岁月秉持的理想，再拍拍尘土，继续踏上征程。

如今我已考入了清华大学物理系，拥有了一个新的平台，但这三年的努力仅仅是一小步，一切才刚刚拉开序幕。

一个四中人

四中人这个称呼本是不敢妄加的，但在毕业典礼上徐稚老师代表全体教师赋予了我们，与其说是肯定，不如说是希冀。

四中人的含义实在是太广了，概括来说我觉得是对人格的一种理想化要求，而刚进四中时，我所能做的就只是体验和理解。入学教育首先学校规，一百七十多条校规承载的是这所百年名校对于纪律的重视，这对于经常标新立异的四中学生来说意义重大，因为我们往往对制度带有一种自傲的漠视，而很显然，这对于即将拥有公民身份的我们是极大的弊端。这一点其实尤以我所在的3班和我个人为甚，我们有着"充分"的理由，因为校规中确实有不合理的成分，不光四中对学生有理想化的要求，学生对四中亦然，所以就不能容忍学校的瑕疵。抛却自我的偏见，我认为学校通过校规三年来潜移默化灌输的制度化思想对我们的长远发展是有正面意义的，它教会我们无论处于什么阶层都需要共同遵守社会契约，是对"法"的精髓的传授。

在自从入学便开始接触的老师身上，我也看到很多人性的光辉。在四中的楼道里，总能看到老师非常真诚地回应同学们的问候，这微末的细节让我感受到四中老师对学生的尊重。而这种感觉在课堂上体现得更为充分，四中老师对待学生的观点及答案，整体上保有一种分析的态度，很少有严厉的批评或其他有伤学生自尊的举动，而对待自己的错误则往往非常诚恳，我曾在给首任班主任皇甫力超的信中写道：我很庆幸能有将教育视为自己追求的事业的老师做我的班主任。而三年遇到很多这样的老师，确实是自己莫大的荣幸。其实老师们并不完美，尤其在四中学生"苛刻"的眼中，总能找到各种缺点，但我觉得人与人之间不光是理性的冷冰冰的评价，还有心灵沟通的感性因素，而这才是对自己产生影响的情感基础。三年的朝夕相处，我自己就在不断地受着老师们人格力量的感化，塑造着自己的精神世界，并不断将这种体悟融入到自己的行动和思想中。总而言之，除了知识以外，我觉得通过老师我学到的最重要的是作为四中人需要担当什么，以及如何去担当。

在领略到四中人的精神后，就逐渐将自己的学习生活向着这种方向引导。无论是自己班里、社团的工作还是课内、物理、天文的学习，都以一种严谨的态度去认真对待。令我感到意外的是在四中最后一次做课间操的场景，按每年惯例是要奖励毕业生课间操标兵，所给的"奖品"是一起带领全校同学做四中的部位操，我们班被评出两人，事先完全没有准备会念到我的名字，当自己站到看台上，脑中竟是一片空白，不知道眼前发生了什么，也不知道自己怎么站到了这里。以最饱满的状态做完最后一节后转身面向同学，俯瞰朝夕相处的伙伴，思绪却久久不能平息，翻涌着三年来的种种经历，一时竟然混乱不堪。后来知道这标兵是体育老师通过观察，由体委协助选出来的，回想自己以前做操，可能是稍微注意了一些动作的幅度和力量，也许老师是肯定我这种坚持吧，但确实在这本来就特殊的一天，给了我更为特殊的体验，也体会到了老师用这种方式来加深自己对四中人一些品质的理解。

除了有意识的改变，潜在的影响更是不可忽视。其中很重要的一点是如何应对挫折。2010年12月向清华递上保送考试校荐初审的材料，但出来的初审结果居然未通过，这对于四中的校荐来说确实是罕见的情况，问明原因是综合排名太差。当时自己非常沮丧，恰此时接到了一个重任，班主任侯彬老师让我在期末考试后的联席会上发言讲寒假计划，我当时真的是啼笑皆非，自己还完全不知道怎么办却要对着全年级同学家长去讲解，不过还是硬挺着接了下来，希望这样能帮助自己梳理头绪。但悲剧并未到此结束，自己期末考试一塌糊涂，就在上台前一天得知年级排名266，虽然自己一向不太看重成绩，但这离自己理想的大学相去太远了，接连的打击下还未恢复却要在全年级近千人面前去发言。

当时自己失落到极点，觉得必须采取极端方式逼得自己振作，索性豁出去了，打乱了原有念发言稿似的形式，打算来一种即席演讲性质的发言来宣泄自己的情绪，同时鼓舞全年级，这一改全部计划都要变。所有工作到位后已经凌晨两点了，离上场不过7小时，回到宿舍后躺在床上就在想几个月的痛苦经历和几小时后的发言，告诉自己这是一场严峻的考验，自己的支柱绝对不能垮。这一想竟然彻夜未眠。

几小时后在礼堂舞台上，我迎来了自己的时刻，声音因为激动而有些颤抖，急于将自己的所有想法表达出来，也希望能够激励那些同样受挫的同学，我对全年级说"当我得知我的成绩时，我不知道我有什么资格在这里讲，但我最终还是上来了，因为我觉得一个失败者也可以借鉴，而且我要以这种方式让自己重新站起来"，那时自己由于困倦和紧张已有些晕眩，但仍在硬撑着，我最后还说"让我们用青春与智慧去铸就属于我们，2011届四中人的辉煌"，声音有些哽咽，但我的思想却很坚定，四中顽强拼搏的精神使我如凤凰涅槃一般在那一刻重新抖擞精神，我知道自己通过了高中最大的一次危机，开始了奋起直追的艰苦努力。而这次危机，也成为自己高中三年重要的精神财富。

在这不久，就要迎来高中最后的一次挑战：高考。几经起落的我可谓久经挑战，对这次别人另眼相看的考试并未有什么慌张或手足无措的感觉，我想这种心态就是四中希望我们历练出来的。一模二模都是很平稳的度过，名次在不断攀升，心境却是一如既往的平静，再忙的时候每周五也会照例去什刹海散心，每天依旧忙碌着班里生委的工作。到了高考前几周，学习上的波动几乎都不会影响我的情绪，差不多是一种宠辱不惊的状态，因为天文和物理的竞赛我都极其认真的对待，心里已体验过两次"高考"，一想到很多人是第一次，还有什么可紧张的呢？

考前一周自主复习，每天我在艺术楼自习，一天的生活就是弹钢琴、踢足球、复习，前二者要占到一半时间左右，感觉在校三年最自由愉快的时光就是物理竞赛和高考之前了。就这样学到了6月6号晚上，跟往常一样平静的休息。第二天就是高考了。两天的高考虽然很累，但心情还是非常沉静，这是自己都没想到的一个结果，有空时便在二附考场里的花园散散步，两天很快就过去了。出分前倒有些急躁，不过出来也还好，裸分656，总算能进清华了。

整个备考过程与三年整体的波澜起伏不同，异常的平静，年级组长叶长军老师很早就说应该是这种心态，我也不知道是怎么锻炼出来的，也许真的是四中的要求通过老师的传授和自己的经历渗透进自己潜意识当中了吧。总之最后的结果还是比较令自己满意的。

再回首三年，感觉四中对我们各种的期许都可以称为一种理想化的希望，做人，做学，做事，一种全方位的要求。能够披荆斩棘，只为了自己心目中理想的要求，不断追求卓越，永不放弃，我想这便是我在四中学习三年能获得的最大收获了。

　　看看酸甜苦辣咸五味俱全的三年，很难一言以蔽之地去做一个总结，自己的各个角色都在独立运行而又相互关联，产生的综合效果是我入学时难以想象的，因此自己梳理时就想到了高一自己关于话剧的思考。徐老师当年说人生不可如戏，我想她强调的是不可戏耍、玩弄人生，但如果将人生当作艺术品一般去认真体会、玩味，认为人生如戏又未尝不可呢？

　　我夜晚观星时，出神地凝望宇宙总会有精神脱离肉体的感觉，这时就会俯视自己，就如很多人描述的濒死状态一样将种种经历在头脑中像胶片一样翻过，总感觉很多戏剧性的经历就如同戏剧的矛盾冲突一样，并且这种感觉与日俱增。而且三年的经历证明，我如果这样认为的话，就会更认真地对待自己，还会更容易地接受或喜或悲的境遇，同时会有意识地去追求生活中的精彩。人生观不过是看待人生的角度，选择一个能够帮助自己调整，又能使自己开心的方式，有何不好呢？

　　不过人生之戏的确有特殊之处，自己就是作者，同时也是主角，但是没有草稿，没有彩排，同时就只有一部作品。每个人作为自己作品的主角同时又是其他人作品的配角，可是没有必要去衬托别人，因为没有导演。四中不过是我们自己这部戏中的一幕，这个舞台对于我们的价值就是在我们羽翼未丰之时，一批优秀的艺术家在创造自己艺术价值的同时传授给我们他们的经验技巧，使我们日臻成熟。这一幕已缓缓落下，但在这一幕中的受益却会影响我的整部戏的进程，作为作者，我学会如何去规划它的主题和方向，学会如何描绘使其更加精彩而震撼人心；作为演员，我更学会了在这特殊的一部戏中演绎自己的金科玉律：天地生人，有一人应有一人之业；人生在世，生一日当尽一日之勤。

成功的关键在于自律

李云　石惠俊

　　记得一年前看过一个采访著名小提琴家吕思清的电视节目，他的一句话至今记忆犹新，他说：我认为成功的关键在于"自律"。这两个字看起来简单，但真正能做到位不是一件容易事！文雄算不上什么成功人士，但他通过自己的努力，在学科竞赛中取得了优异的成绩，考上了心仪的大学、理想的专业，并通过面试进入了清华的物理学堂班，算是取得了阶段性的成功吧。他的成功我们认为关键是"自律"。

举一个中考时的例子。中考前他的长跑成绩不理想，他爸爸请来了大学时曾为校田径队运动员的同学给他以指导，那位叔叔建议他减肥（他当时有些胖），因为身体轻了自然就能跑快了，并帮他制定了一套减肥计划：中午可以少量吃肉，晚上不能吃肉；晚饭一定要饿透再吃，并且只能吃七分饱，饭后喝一杯蛋白粉（以补充营养）。这个计划看似简单，但贯彻起来需要很强的自制力！文雄很爱吃肉，有时看他想吃又不敢吃的样子我们挺心疼的，就劝他：偶尔吃点肉没关系的，他坚定地说：我不吃！还自我解嘲地说：等中考完，我要好好地暴搓一顿！有时晚上快八点了，我招呼他吃饭，他说：还没饿透呢，再过会儿吧。就这样坚持了近两个月，体重降了十公斤，中考体育成绩获得满分！

文雄的自律在四中的熏陶下得以进一步强化。四中给学生以很大的自由空间：晚自习是自愿上，每天作业不是很多，节假日不补课。学校强调学生自主学习，自我管理。从高一入学就要求学生做出"未来三年高中生活规划"，事事处处引导学生自律，潜移默化地培养他们的"自律"品质。

成功需要毅力

文雄一上高中就开始了他的骑行生涯。高中有两年半是走读，每天骑车上、下学，单程七公里，大约要骑 45 分钟。有时遇上刮风、下雨、下雪的恶劣天气，他爸爸说：我送你上学吧，他坚定地说：不用！我们虽然有些心疼，但更为他的勇敢和坚强感到欣慰！一次下大雪，他在雪地中推着车走了两个小时！两年半的时间，寒来暑往，风雨无阻，既强健了体魄，又磨练了意志。

文雄上高二时，通过层层选拔，获得了"国际天文学和天体物理学奥林匹克竞赛"的参赛资格。竞赛前的准备阶段很艰辛！没有老师的指导（我们更没能力指导），没有同学的陪伴，唯一的辅导材料是一本艰涩难懂的中文版美国研究生教材《物理学宇宙》，书里虽然有习题，但没有答案。每天晚饭过后，先要完成学校的作业（好在四中的课业负担不重），这时一般已将近十点，稍事休息，便开始啃《物理学宇宙》，经常要学到十二点左右，往往我们已经进入了梦乡，他还独自在灯光下潜心研读。由于他的努力，终于获得了此次竞赛的银牌，并因此获得了"第24届北京市中学生银帆奖"。

良好的心态是制胜的法宝

我认为培养孩子的良好心态，与学校、老师和家长是分不开的。我一直很佩服四中的办学宗旨，在"应试教育"的大环境下，坚持贯彻"素质教育"的方针。四中的老师谦逊、平和，很少有人急功近利！学校为学生创造各种条件营造轻松而有序的氛围，让他们在丰富的校园活动中放飞自己，陶冶情操。

四中有各种各样的社团，同学们通过参加这些活动，发展了自己的爱好，同时也促进了课内的学习，相辅相成，形成了良性循环。高二下半学期，学校组织全年级的同学去日本游学，开阔了视野，丰富了阅历，回来后，很多同学撰写了日本游学考察报告，把他们的观察与思考融入其中。丰富多彩的课外活动在潜移默化中锻炼了学生的能力，提高了学生的素养，可谓"润物细无声"！

文雄在去伊朗比赛前，学校天文社组织了一次观测活动，我们去送望远镜，很高兴能够"零距离"地接触到四中的老师，那次带队的是教务处（负责学生科技工作的）董老师。当时已临近比赛日期，董老师非常平和地嘱咐我们：家长不要给孩子压力，你们唯一的任务就是做好后勤工作，至于比赛，不要过高地要求孩子，学校的目标是希望李文雄能够获得这次大赛的参赛资格（全国只有五名），他已经实现了学校的目标，如果能够获奖那就是超额完成任务了，我们当然会很高兴，但我们并不要求他，一切看他自己。简单的几句话，令我们做家长的倍感亲切和温馨！正因为学校和老师的平常心感染了文雄，使得他轻松上阵，比赛取得了优异成绩，我们真的感谢学校和老师！

高考前，年级家长会上老师提出要求：家长要做好后勤工作，少谈高考，帮助孩子在考前把心态调整到最佳，使他们能够轻松迎战高考。我们积极配合学校的要求，除了食谱略有调整（加大了蔬菜和水果的比例），其它家中的一切基本照常，尽量做到"莫谈考事"，使他顺利地度过高考前的紧张阶段。我们认为如果实力相当，最终就是心态的较量，谁的心态好，谁就能取得好成绩。正是由于文雄具有良好的心态，使得他在历次重要比赛和考试中发挥出色，取得优异的成绩。这同四中学校和老师的指导是分不开的。

文雄在四中三年，收获了太多、太多，四中的培养和教育，使他积累了一笔巨大的精神财富！伴随着孩子的成长，我们也收获良多。非常感谢四中为我们提供这样一个宝贵的机会，与学生和家长一起分享我们的感受。希望家长都能以一颗平常心对待生活中的各种事情，尤其是孩子的高考，生活中遇到困难和挫折是很正常的，不经历风雨，怎么见彩虹！培养孩子以良好的心态去面对挫折，使他们经受得住人生历程中一个又一个的考验，是我们每一位家长的责任！

刘 里 欧

Liu li ou

2011届人文实验班团支书，数学课代表，校文学社社长，《流石》执行主编。

性格特点：未尝有睥睨天下的傲岸，却有生性不羁的洒脱。

曾获27届全国学生文学奖《习惯·爱·的答案》入选国立台中图书馆电子书馆藏；连续三年三好学生；获"第二届北京市重点高中文学作品大赛"一等奖；"新人杯"第三届全国中小校园文学大赛中荣获"一等奖"；并获得"新人奖"称号；"阅读点亮智慧人生"读后感征集活动中，作品荣获"一等奖"；全国百所名校语文教育成就中，荣获语文明星称号；并在多家报刊杂志发表文章。

懒人自述

我是个懒人，四中懒人挺多，所以我不觉得我承认自己懒有多奇葩。但是懒人分很多种：一年四季不叠被子的是一种，不做家务只作威作福的是一种，六十分能及格绝对不考七十分的是一种，从心所欲优哉游哉的是一种。我是最后一种懒人，我觉得我这样活着很快乐。懒，不是一个单纯的贬义词。有时选择了"懒人"这种生活方式，我们可以获得许多在繁芜的学业中所不能及的果实。十六岁入学，十八岁离校，人生中最黄金的时段就在这里度过。没有必要在这兰草自然香的三年里兢兢业业拘泥不化地好好学习吧？

高中三年，绝对不仅是学习那么简单。

而我，纾解情绪的地方是社团。

　　2008年的10月，那时北京的暑气还没有敛起余威，刚入学不久的我坐在办公室里和那时候尚不熟识的黄春老师面对面假装正经。他问我喜欢读什么书，我说《傲慢与偏见》，话题没有在这个上面展开，怕是他没想到我会说出这么俗的一本书吧。之后我们分享了一下我在初中阶段做文学社工作的经历，他这时看起来很高兴，我却莫名其妙着。我是被班主任叫过去的，之前老班只是对我说"你去找一趟黄老师吧"，我就毫无目的去了，没成想这次谈话过后我就成了文学社第二任社长。阴错阳差。就这么成为了文学社社长。距离我入学不过短短一个月时间。

　　我是不是四中历史上最小屁孩的社长呢？是。不是。这并不重要，只是刚开始觉得压力蛮大的。来自老师的压力，来自学长的压力，来自其他社团的压力，来自同年级同学的压力，来自家人的压力……重重压力压得我哭笑不得。我们高一那个时候四中还不是像现在这样允许新社团像雨后春笋般快速增长的自由，学校里也就那17个社团，孟老师定期开会，其他16个代表都是学长学姐，坐在那样的会议室的感觉，哇哦。

　　接踵而至的是11月的北京市重点高中文学交流会，那是个由北京市八所重点中学自主发起、我校承办的文学爱好者的交流活动。由于是"首届"，我们没有任何经验或样板可供借鉴，从日程安排到交流形式都要从零设计，任务之艰巨可想而知。雪上加霜的是活动筹备期与期中考试重叠，当真是学业与社团两重冰火。话说到此你一定做好心理准备来听到一个噩耗的结局了吧？哈哈，你错了，没有噩耗，我们成功了。当真是几个不眠的日夜，不过不眠得值得。我亲爱的副社也就是我后来最要好的朋友之一的文博撰回忆录时称那段时间是"与一个那时还不熟悉的女生一起在一家图文店磨到很晚"，我也记得和他一起走在洒满昏黄路灯光的夜路上他说他喜欢在深夜里一个人走在马路正中间。

　　嗯。提到了文博。文博是一个比我还要年纪小的男生，虽然他的体型比我要大上许多倍。文博是个诗人。在我读波德莱尔时他在读海子，在我读村上春树时他在读白先勇。术业有专攻，文博攻的就是新诗。只是新诗，古体诗他是不碰的。记得他和舒墨君的一段对话。文博说："你没在韵上。"舒墨君骂："你一个写新诗的和我谈论韵脚？"就是这种感觉。

　　哦。又提到了舒墨。诗社社长舒墨君。才子。骚客。文人。西湖上高颂《湖心亭看雪》字正腔圆声彻云霄，男生宿舍到学校的路上吊嗓子婉转幽咽引人侧目，他熟颂风骚雅通琴律一世风流，他不拘小节天马行空睥睨俗尘。

267

这样传说中的人物也竟是我们的副社长了。或许世人难容他放纵不羁的狂性，却都发自肺腑的崇拜他的才情。他是那种在万人中也会鹤立的发光体，或许我们毕业很多年后的学弟学妹还会从教过我们的老师口中不断听到他的名字，就是这种感觉。

那年我们三个人随文学社去了安阳，高一第一次拓展训练被我们翘掉了。还记得在太行山的一个峡谷的黎明，朝阳眼神惊动一树的乌鸦；殷墟遗址里隔着玻璃与千百年前尘封的历史对话，龟甲上刻着令人心悸的奇特文字；羑里八卦阵中划破时空的亘古的遗音，文王拘而演周易；石门寺小学昏暗的小教室和剥蚀的墙壁，挤在墙头往里张望的超龄的辍学儿童。这是我们高中第一次小型集体出游。

游历是文人所必不可少的，文学社提供了不少这样的机会。

高二寒假和文博有幸受邀至台湾参加阅读台湾深度文化之旅。当时是我的散文和他的诗获奖，我们在奖金证书上印鲜红的拇指印。这次台湾之行令我终生难忘：花莲东海岸飘着咖啡香的夜晚廖鸿基老师如簪花小楷一般秀丽的讲座；日月潭碧水蓝天云牵远山单车上的 17 岁我们潇洒从容；海湾 32 行馆的夜里突发 6.8 级地震，落地窗外太平洋咆哮着撕咬粗砺的沙滩；东吴大学香花碧草埋幽径钱穆先生故居里的剑兰傲岸挺拔……还有很多很多地方，很多很多人物，很多很多故事。回忆中总有些细枝末节却又必不可少的小角落，想说出话儿却在舌尖一绕又吞回去。

风雨四季，仗剑天涯，游必四方乃知家国天下。无论是人文班的游学还是文学社的交流，抑或是年级里组织的赴日考察研究性学习，我想这是四中留给我的最珍贵的财富之一。人的眼界是怎么开阔起来的？不是光靠读别人眼里的世界，更是要靠打开自己眼里的世界。这不仅在你高考写作中可以为你提供便利，更在人生漫漫中可以提升你的修养。

高一寒假游学去了江南。江南的丝竹瑶琴之声又在梅雨时节荡在了耳际。我翻出哪一天的夜里写下的《忆江南》："夜里的平江路/叹息的石桥/水波儿闪着娇嗔的眼/那风/那雨/那潮湿的黑暗/女人穿艳红的衣裳/灵巧的手指拨弄我心里的弦/耳朵被我忘在了远处/又酥又痒/哦这停滞的春天/忧郁的茶杯告诉/好奇的滚沸的茶水/你不久就将离开/而我将永远与你的记忆为伴/泥土吻上我多情的足迹/雨点将我的身形湮没/梅雨一般幽咽/回忆里妩媚的江南"恐怕乾隆皇帝三下江南也是贪恋这浪漫柔谧的无边风月吧。苏杭之美可比天堂，四大园林巧夺天工，兰亭碑前曲水流觞，泛舟西湖几重烟雨，美得人心醉神驰。但这不是江南的全部啊！拨开表层绚丽浮华的轻纱，里面尚有深刻刚劲的历史的痕迹。江南不只是吴侬软语新丽婉约——西子湖畔豪杰耸立！匆匆拜过于谦先生，两袖清风刚正直吏；又入岳庙，悲忆冤魂报国事，饮泣高歌满江红；黄宗羲先生、顾炎武先生墓前各祭白菊一束，鉴湖女侠秋瑾故居前深鞠一躬，偏僻的小角落里五人墓傲骨犹存，院墙高耸的东林书院铁骨铮铮……多少王朝的烙印，多少思想变革的手札。江南有看不够的风景、说不尽的风雅、念不完的风骨。游江南，就像品一杯用虎跑甘泉沏开的龙井，不仅要尝表面的清香，更要细嚼茶叶的苦涩。只有苦涩才能给人更深层的触动。江南不如她外表那般柔弱。

　　高二暑假游学去了西北。大漠烽烟，驼背上被风吹乱的头发，月牙泉边有仙女对着湛白的明月梳妆，似乎晨起的号角就要在耳边吹响。历史的巨钟敲响下一个时刻，稍一抬头看见唐都长安的绮丽荣华。旧时长安鸿影不舍，大雁塔上俯瞰垂风，纵横依然。芙蓉饮露宛如贵妃出浴，回眸一笑，粉黛无色，倾国倾城。千娇百媚不止，更被那大唐雄风衬托得气度雍容。宽厚的城墙上足以让三马并驾，大气奔放，豪情满腔。这是"君不见黄河之水天上来，奔流到海不复回"的气魄，是"自到青冥里，休看白发生"的余韵。昭陵六骏在碑林里扬蹄长嘶，秦王李世民风华正茂挥斥方遒。白蹄乌、飒露紫，那是杳杳天低之下苍茫云海之中的最强音！

　　高三暑假毕业旅行去了四川。黄龙九寨梦一般的三天，那澄蓝得像邓布利多眼睛一般的海子，那碧翠绵延无边无际在天空勾画起伏的群山，此景只应天上有，人间能有几回闻。峨眉金顶，夜里爬起来看星星，摸一瓶小二躺在被长明灯熏得暖热的石阶上，在透骨的寒风里怡然自得。在古蜀文化中心三星堆里，眼睛着了迷似地徘徊留恋在古旧沉朴的青铜色上。那些不知在黄土层下睡了多久的、象征着一段遥远的历史的礼器，露出拙劣粗放的表情，每一片锈迹每一刻斑驳都在细数那些被遗忘的辛酸和辉煌。

　　就这样静静地行走在中华五千年的历史血脉之中，一览王朝盛衰的烙印。多少英雄千古事，几度兴亡。闭上双眼唤醒千年的回忆，黄土在下青天在上，舒一声长叹，顿觉满腹沧桑。肩背行囊，走过中国大半江山，我没有劳累，只有如辛大夫一般"四十三年，望中犹记，烽火扬州路"的恍然和沧桑。历史之路崎岖漫长，但正因为它令人痛苦所以才更需要被了解和继承。秦始皇兵马俑前有个当地的导游操着陕西的大嗓门这样说："该变的早就变了，不该变的就永远都不变了。"过去和未来的关系不也是这样的吗？后人不能改变先人的错误，但可以改正先人的错误。这不也是很有历史责任感的事吗？

有关游历的故事在这这里就不再赘述了，下面来说说文学社的日常事务吧。文学社的工作中最重头的当属校刊《流石》的编辑了。逢二分二至日出刊一年共四期（至少到我离开文学社为止都是这样的），《流石》有一位长期的主编，每期另有一位执行主编配合主编的工作，其他若干小编分布在各个板块揪稿打杂既上厅堂又下厨房。催稿是最苦的差事，但也最容易有成就，没催来得比较惨只得自己负责填补空白版面啦。记得国庆六十周年那次缺的文块比较多就生拉了几个小编在电脑前少哪个让他们补哪个不写完不让走，可害苦了大家。不过似乎所有《流石》的小编们都痛并快乐着呢。

有关编辑部的故事我们积攒了一摞又一摞。记得有时上副科课的时候会偷偷在桌洞下看稿子，看到有趣的内容会忍不住微笑，讲台上老师就开始拼命咳嗽。有时翘晚自习去办公室校对排版，后来办公楼地下给我们开了一间小工作室，那里简直就变成我们的家了。

文学社是非常懒散的组织。我们的社员都是性情中人，怎需要条条框框的束缚呢？没有固定的活动时间，但北京的第一场雪中我们踏着没过脚踝的白色走去什刹海的事还记得。银锭桥上我们情不自禁的高声齐颂《沁园春·雪》，路人甲乙丙投来异样的眼神，却被飞在空中的雪花打散成一片片的了。

是了。我们是风雅的一群。

高二的春天我卸任了。闲下来有时间看 NBA，也有时间学习了。要说社团工作不耽误学习，都是假的。我差不多是从高三才开始真的把自己当成一个要高考的学生，逼着自己去记背那些逻辑惨淡的应考知识。你要说了，这可不好啊，输在起跑线上了呢。其实真是这么回事，现在有些后悔，高一高二怎么就那么放纵自己呢？不过懒人天性作怪，挠挠头，想想那些留在舌根的记忆，呵呵一笑就过去了。文学社、苦逼的青年团、死不承认的小文艺……这样的青春才值得。

高二升高三那个暑假把自己发配到了密云的家里闭关，一个星期不下楼，体育锻炼也会在家里，每周六妈妈送吃的东西来，东西够我吃下一个星期。这边的家离水库不过几百米，窗外就是翠绿的山，坐在书桌前可以在东边窗户里看日出西边窗户里看日落。家里只有我一个人，安静的仿佛可以凝固住时间。每天坚持喝三袋牛奶（那会儿完全不知道毒牛奶的事），早晚冲冷水澡保持精神爽健。这样下来我的心逐渐宁静了下来，开始能够一个人踏踏实实学习了。紧接着闯来的高三不见得有预想的恐怖。

我是个天生懒散的家伙，即使在高考前那个星期我也没有放弃追海贼和BLEACH的更新。老妈对我非常信任，我自己也觉得只要能够自我控制，放纵一些小癖好是有助于身心健康发展的。稍微出格的是考前三天我们夜探学校，结果不小心被锁在学校东门两道铁栅栏之间，进退两难。嗯，这段逃难的经历应该写进《四中异闻录》，教你如何在这种情况下不睡游泳馆。

最后来谈些感性的事情吧。高中三年时间不长不短，却足够发生一些改变我的事了。

11月18日是我妈的生日。我们还给她过生日呢。爷爷说前一天吃多了，长寿面不得不吃的，就少吃一点吧。他就吃了半碗。饭后他做了足底，上床睡觉。还夸了夸老爸的毛笔字练得不错。老爸再怎么练也不会有爷爷写得那么好了。凌晨的时候他慌慌张张的从卧室出来喊我爸，说他喘，没劲。我爸惊醒一看，直接把人背下楼开车送去医院。我家和医院的距离绝对够近。何况爷爷是自己走进急诊室的，还对医生说了句话呢。谁能相信这之后他立刻停止了呼吸？谁能相信这之后他要经历8个小时的漫长的抢救？谁能相信他生命的最后9个小时是要靠呼吸机维持生命特征？

奶奶有精神压迫症。她夜夜要吃两片安定喝两管安神才能勉强睡四个小时。这天她睡得极好。但当她两点多醒来、发现身边的床空了、鞋柜里放着我爸妈的拖鞋时，她就崩溃了。

我忘不了她冲进我卧室里的样子。爷爷去医院之后我也没睡，我怕的就是在没有任何结果的时候奶奶醒来。我该怎么给她解释？她万一犯了病我一个人要怎么对付？她冲进来，连鞋都没有脱。我只得将我知道的情况省略了一些告诉她。我让她放心回屋去休息。

我知道她这个心思缜密的人是不会被我骗过去的。果然等我穿好衣服到她卧室里去找她时，她已经穿好了衣服准备出去了。老天，奶奶是一个坐公交车都会转向的人。怎么能让她一个人出去？关键是怎么能让她出去呢？

老爸回信了。说爷爷很不好。在抢救。不要告诉奶奶。还有希望。但我俨然已经意识到了问题的严重性，舅舅被送去医院抢救的那个晚上我也是一样的预感，和"抢救"两个字沾边的基本没有生还的可能。

直到五点，她的情绪开始波动，开始声嘶力竭的要求我给医院里的人打电话。一夜未眠已经使我的神经很敏感了。跟班主任请了假，我说我会晚点过去。"家里出事，可能迟到。之后解释，请勿回复。"我是这样告诉袁老师的，她果然没有回复，但当我疲惫不堪的爬到学校时，她一脸担心的在教室门口等我。

很幸运后来有人回家了，带回去的是一个喜忧参半的消息，人没死，但希望不大了。

第一节英语听得索然无味，第二节物理课的时候手机开始狂震，看清楚是老妈打电话时我就哭出来了。发出短信问出了什么事的时候手已经冰凉而且颤抖了，妈只回了几个字："到医院看看爷爷"。那时离下课还有 15 分钟。我跟袁老师发短信请了假，又安排了一下桌子里的物品以便回不来好让人帮我收拾。那时候手已经不听使唤了。把卫生纸塞进兜里用了两分钟。

到医院里看到的现象我至今回忆起来还是触目惊心的。爷爷的五官已经有些畸形了。下巴好像塌进了脖子里。他的身上插满了各式各样的管子，他戴着呼吸机，完全是靠机器强迫往身体里输纯氧。他的身体随着机器的动作而一遍遍地跳动。完全是被动的跳动。那是一张没有太多生命痕迹的脸。

之后的事很显然了。叫人收拾东西，请假，回家做饭。奶奶拉着我哭，拿头撞我。死是必然的事实了。只是时间的问题。这时候意识完全就是人脑对客观存在的主观映像，我不需要想太多。物质摆在那里，我知道该怎么做。

下午病房里很安静。我爸和姑姑左右各握住爷爷的手。看着爷爷的心跳逐渐变为一条直线，他们开始着急的喊。奇迹啊，突然之间爷爷睁开了眼，看了儿子女儿一眼，然后所有数据全部归零。撒手人间。

第二天还要忙着应付亲戚。晚上我和爸妈还有姑姑把要做的事的清单列了出来。买花圈办一条龙洗照片买镜框设灵堂买黑纱买纸钱……空气冷冷的，墙上挂着爷爷狂野不羁的草书，蛐蛐儿蝈蝈儿在罐儿里翻来覆去。

高二半年间我先后失去了两位亲人，这种痛让我由一个在爷爷葬礼上大哭的小孩成长为一个可以拍着桌子告诉叶老师"我下午不能留下来开会，我要送我妹妹去比赛"的小家长。还有在成人仪式上读的那篇写给爸爸的信，字字是血，站在讲台上甚至都能听到台下压抑的啜泣声。那种煽情和文笔无关。

死与生。时间可以过去。什么都可以过去。

亲人，还有我们的朋友，老师。高中最幸福的记忆就是由这些人构成的。深夜里奋笔疾书时妈妈悄无声息端来一杯热牛奶的老桥段一遍遍重演在不同的台灯前，感动一波更似一波，谁家也没有因为它的俗套就不去理它；

考试遇到挫折同学间抱头大哭然后就一起制定了复习计划，下一次考试中双双进步；每天中午政治研讨室总是最热闹的，因为那里是我们的政治背知识串小课堂，彭老师不知疲倦的一遍一遍的重复重要知识点，她还开玩笑说："现在我给你们开小灶不要钱，出去之后再找我一节课五百啊！"平常直率凶猛的李小容老师在最后一节体育大课上像小女生表白一样脸红着念一封体育组的公开信，听得台下众生倒吸冷气热泪盈眶；李京燕老师就像我们所有人的妈妈，我们有心事就会去地理组找她倾诉希望能听到她的劝慰，而她自己的女儿却往往受到忽视，听同学说一次答疑时她的女儿发烧很严重打电话叫妈妈回家，李老师却坚持要把最后一道题讲完；在干部会上骂"刘里欧你欠殴吧"的老叶凶神恶煞了三年，毕业了我怎么这么想他，这些老师就是在那个位置上才会凶一点其实他们人都是好好的；陪了我们三年的老班阿袁是我们班的活宝，大家都和她有非同寻常的快乐回忆……

高中三年就这样过去，我还记得我们班放在床边的那朵向日葵，需要我们要手动帮它追逐太阳。

其实追逐太阳的不是花而是我们才对吧。

讲述她的成长故事

刘铭　王玉清

我要讲的这个她，是北京四中 2011 届高中毕业的学生。应届以较好的成绩考入自己理想的专业——中国人民大学金融学专业。

在北京四中——

她是个开朗、乐观的女孩，追求完美主义，做事雷厉风行，坚持自己的立场，敢于质疑与否定，善于沟通与交流。作为文学社社长，她在老师的指导下参与编辑校刊《流石》，增强了组织协调能力；参与四方游学支教，更丰富了她的精神世界；在近两年的团支书的岗位上，她组织过多次志愿者活动，与社会各界人士频繁沟通，开拓了视野，对于将来的生活有了展望；作为一名人文班的学生，她高中三年来大量阅读积累，深深感受到我国传统思想的博大精深与西方近现代思想的严谨科学，并在其中完善了自己的世界观，对于事物有了自己系统的认识。作为一位学生文学爱好者，她将生活中的所感所悟付诸笔端，记录着自己人生发展不同阶段的心路历程。在北京四中的高中三年学习生活，让她变得更加成熟稳健。

成长——

她从不会说话起就喜欢大人给她讲故事听，逐渐会讲话后就开始复述故事给大人听，识字后就喜欢看故事书，真正喜欢写东西是从三年级时获得了全国"春蕾杯"一等奖开始。到了初中后又参加了文学社并任社长，主编刊物"临风"，还兼职学校动漫社的文字编辑，那时经常看到她深夜还在看同学写的稿件。可能是以这些经历进入四中人文班，还进入了文学社做了文学社社长，初到文学社就赶上北京市重点高中文学交流会，那是个由北京市八所重点中学自主发起、由北京四中承办的文学爱好者的交流活动。由于是"首届"，没有经验可借鉴，一切都要从头开始。从进入四中人文班开始，给自己的职业规划就想学习中文，将来做编辑或记者。直到高三自己做了职业规划测试，并研究了大学要学习的专业，才感到难舍自己的数学心智，开始准备学习与数学有关的专业。我们作为家长尊重孩子的意见，选择了中国人民大学金融学专业。

爱好——

她广泛涉猎各种领域，发展各种技能。从五岁起开始学习小提琴，坚持了八年，到现在她还坚持练习小提琴，虽然她没有以小提琴为特长去学习艺术专业，但是她一有时间就会拿起琴来拉上一曲，在音乐中陶冶性情；有时她会利用家长看不到时候进行绘画创作，练习速写或PS绘图，她在初中、高中时为同学勾画的作品受到观者好评；每天进行有计划的数独训练，他说为提升思维的敏捷度；每周练习五子棋技巧，锻炼逻辑思维的严谨性；她还爱好排球，常与同学放学后去操场上打排球，解除一天学习疲惫的同时使身体得到了锻炼……

她正在不断的发展过程中，通过努力继续进步，并最终实现自己的人生价值。

作为学生家长我们感谢北京四中三年来给予孩子的教育，我们期望她身心健康地面对社会、进入社会，并对社会承担起公民义务，对人类承担起道义和责任来。

张瀚宇

Zhang han yu

北京四中 2011 届（4）班学生。曾数次获"优秀学生干部"等称号。年少时热衷于足球与天文，至今痴心不改，并意欲为之奋斗终生。高一时加入四中足球俱乐部并联合组建四中天文社，三年间虽然说不上呕心沥血，也已付出颇多。除收获亚太地区天文奥赛银牌、北京市中小学生足球联赛冠军及"941 奖学金"等若干奖项外，更收获一段难忘的青春经历，和一群志同道合的朋友与一帮并肩作战的战友。

职业生涯方向曾一直摇摆不定，后逐渐确立环境科学方向，但同时感受到将其作为职业的压力。高中后即向往北大，后受到工学院"具有理科创新思维的工科生"思想的诱惑，报考工学院。

本在学习上没有过分追求，三年间在四中的氛围中熏陶，渐入佳境。并在高考中以 637 试卷分加 20 分市体育优秀生奖励考入北京大学工学院，圆梦六月。

小人物的大生活

引言

作为一个即将迈入社会的成年人，刚刚经历了中学的时光，在四中的六年生活，有太多的话想说。于是，在这里，我说给你听。我把我的经历讲给你，其中有什么，由你来体会。哪怕对你只有一丝的触动，也是我的成功。

刚迈入四中的大门之时，曾经收到过一本小册子，这其中收录了历届优秀学长的文章，几乎各个是当届的风云人物。以致自己那时也想过在四中有一番大作为。而今，跨出了四中的门槛，再回首六年的青葱岁月，不禁感到，自己轻狂的妄想只完成了很小的部分，但这并不影响我这段青春时光的精彩。

我并不是竞赛大牛，也不是学生会干部，我甚至没有考进过年级前100名，因而，作为一个在年级中并不显山露水的普通学生，相信我的经历对大部分的高中生都更有借鉴价值。

我是张瀚宇，这是我的故事。

高一对于我来说，是有着惨痛教训的一年。

刚进入学校的时候，因为中考的成绩不错，我被分到了强手如林的实验班。这是一个机遇，当然也是一次挑战。作为最直接的教育者，我的父母一直对我的成绩没有过多要求，开学之初，他们就表明立场：哪怕你考到班里倒数第一，我们也可以接受。这样的话，对于很多人来说，将是一种压力的释放。几乎同时，听某学长介绍经验时说：高一高二，没必要学那么刻苦，要不高三干什么去。但其实，对于我这样并没有明确的追求与计划的人，这无形之中是放纵的通行证，给了我更大的自由去无视应该重点关注的课堂，而偏向本应是锦上添花的课外活动。尽管当时的我还意识不到这一点，更无法体会，这样一种态度所带来后果的严重性。

开学后，学校中的社会活动一下子把我从班里的环境——尤其是学习环境——中"勾引"了出来。源于自己对天文和足球这两个爱好的痴迷，我从入学伊始便联合了几个天文圈里的同好共同组建了学校的天文社，并且毫无迟疑地加入了学校的足球俱乐部。随后，在开学初的一段时间内，我便几乎完全投入了这二者的工作中。大约有近两个月的时间，我对课堂上的内容无法接受，"重写"更是老师在我作业中的常用批语。尤其是英语课堂，全英文授课与繁多的课外补充材料双管齐下，加之自己本身的真实英语水平并不具优势，让我往往在被叫起回答问题是手足无措。

当时对于这样的现象，我并不认为是自己的问题，我相信是老师的要求太高，不关注基础薄弱的同学。于是，我对于老师的探索性要求越来越反感。相比于其他同学热火朝天的干劲，我每每消极待之。甚于久而久之，与老师怒目而视。

似乎是必然地，天文社和足球队便成为了我自信心的唯一的避难所。作为由纯粹理想生发出来的多年的爱好，这二者在我早期的生活中是作为一种安慰剂而存在。就拿足球来说，每当在班里找不到自己位置，或因高手如林而迷失方向的时候，我总会跑到球场上，用肆意的奔跑来愉悦，或说，麻木自己。那时候，每天的生活到了下午，就变成了盼训练、训练、回味训练这三部曲。而每天的训练时间更被我认为是一天中最美好的时光。伴着缓缓落下的夕阳和队友们一起挥汗如雨，不得不说是一种美妙的享受。在上课的时候，到了课间，在一层中厅 4 班对面的窗户旁，当大家都在教室里问老师问题和同学聊天时，总有一个人挂着窗台，对着球场发呆，幻想着下午降旗时分球场上热烈的场面。

这样的状态不知持续了多久，在球队的积极环境中，凭着自己的热情和队友的互相鼓励，我总能觅得一席之地；在天文社的活动中，我也总能用远超于一般同龄人的知识，去得到大家的认可。但这原本是优势状态却不幸被我当做了一种消极的依赖。于是，在班级生活和学习成绩上找不到自信的状况，随着我对足球和天文的热衷加强而愈演愈烈。

期中考试很快就到了。大家都奋不顾身准备应战，我却一点没有被感染。在考试的那几天，我也是上午考试，下午踢球，晚上到了家还琢磨着组织观测的事。成绩下来后，我也丝毫没有落后的紧迫感，因为我根本不知道哪些东西是一定要会的。

每当我让别人猜我第一学期期中考试的成绩的时候，对方大多会半开玩笑的说：你班 45 人，你差不多 44 名吧。但当我告诉他，我考到 45 名的时候，他眼中又会闪过一丝诧异，好像在感叹我怎么把事情做的这么极端。

的确，极端这个词用在当时的我身上并不过分。

尽管意识到了问题的严重性，我却并没有采取积极的态度去调整现状，只是做了一些诸如写好作业、背好新概念、认真读鸡汤之类形式上的"保证"。而父母和老师也相信我一定有能力调整好学习和课外活动的关系。

但事实是，至少在这一阶段，我们都错了。在之后的两个月的学习中，我依旧没有找到状态。期末考试，我也是仅仅在班级排名中向上爬了 4 位而已。这也让我和父母更加感觉到问题的严重性。并且更可怕的是，在并未太多投入学习的同时，我也并没有比别人更多的享受到课余活动的快乐，反而让我的状态愈加消沉。这实在不是我所期望的生活。

就在这段时间，似乎有一个声音在告诉我，治标不治本的改造是没有意义的。

为了实际地做些什么，我在新学期开始后改变了我的学习方式。在开学初被我抛弃的那些看似过时的费力费时的方法——诸如总结、改错——又被我重新征用。

试行一段时间后，不得不承认。这些被广泛使用并得到充分肯定的方法的确是学习的有力帮手（具体方法及细则参见《从北京四中到北大清华》及《北京四中高考斑斓路》）。并且，对于我这样性格的学生来说，更大的功效在于，能够调动起我学习的兴趣，让我全新投入其中，体会到真正充实的感觉。

逐渐地，我感觉到了自己生活中学习之外的变化。由于积极投入了班级的学习环境，我跟同学之间的关系愈发紧密，并且能够有机会参与到班里的各类活动中。在大家的互相监督和促进下，每个人的状态都越来越好。

在高一的收官之战中，我以一百多名的进步幅度来到了年级 200 名的历史新高。成绩并不是全部，但成绩是一个很具参考价值的标准，尤其对于我来说，成绩是与生活态度呈正相关的。

我常常想，为什么当时自己能够做出如此根本性的改变呢？其实答案可以是很简单的，只要真正想去改变，方法总会有的。

如果说，高一的我还处在半睡半醒的状态，那么高二对于我则意味着彻底的觉醒。这一年的转变之于我的高中生涯，是革命性的。

时隔多年后，我还会想起那个早晨，那次改变我人生轨迹的谈话。

高二的秋天，注定是清冷而温暖的。

之前的三个月，因天文集训的缘故，我缺席了国庆背景表演。也因此在这段时间内与同学拉开了一些距离，十月份的亚太天文奥赛和甲型流感疫情，又让我锁闭了近半个月。11 月初的期中考，成为了我的又一次脆败。深秋的风并没有那么冷，但足以让我蜷缩在自己的角落里不停地下坠，锁闭自己，关掉寥寥的几盏阳光。

紧接着，例行的班委改选到了，很多同学都跃跃欲试。一年前，也是这个时候，大恒就跟我说，"你要当体委了"，这句话正中我的下怀。因为无论小学还是初中，我都曾担任体委。然而颇具戏剧性地，我似乎总有另一处闪光点比运动更能得到老师的肯定。五年级的时候，因为在合唱队的表现，我从班主任手里接过了文艺委员的两道杠；初一，又因为我对检查地面卫生颇有心得，被"调剂"到了生活委员的位置，一干两年半……真是令人哭笑不得的事。但毫无疑问，在我的目标中，体委一直是我最合适的归宿。但看着自己的成绩，我只有力不从心的份，尽管别人的鼓励再多，也无法打败我的怯懦，更何况，年级组长曾在年级大会上恶狠狠地说过"班委考试排名班级30名以后自动辞职"……走出回忆，突然发现，这也许是我最后的机会去实现这个多年未竟的夙愿，我是多么希望以一个体委的身份，在毕业时，骄傲地跨出班门。

眼前的现状，尤让我不忍目睹；身边的热闹，又加剧了我对自己的失望。曾经，肖老师把我和大恒叫道一起，谈论改选的事，他们俩都给予了我充分的鼓励，但我只是以"再考虑考虑"推开他们的信任，放纵自己。

终于到了那个星期一。7：45，我正忙着在早自习抽空赶回上个周末刚刚留下的作业，甚至没时间哀悼八年梦想的破灭。随后，那个并不高大的身影出现在我眼前，把我从班里叫出来。走出去的时候，心里的不安和隐约预感到的希望交杂着，让我只能勉强试图稳定住自己的情绪。

"张瀚宇呀。"

"嗯……"

"还是上次体委的那个事。"

"嗯。"

"你说可能你的犹豫在于你的成绩不让你满意。"

"嗯……"

"但是我还是觉得，就像你可能也意识到的，你在班里还是太沉闷。可能当体委对于你来说可以让你更有自信去做其他的事情，包括提高自己的成绩。所以我想请你当咱们班的体委。"

"……"

后面的事情就简单了。在下午的班会上，我还有点不相信，居然一个班同学都在听我，作为一个体委说话。第二天，又一次迈进了陌生而熟悉的体育办公室，这次是挺着胸的。

就在昨天，我才听说了这个故事的另外一部分真相。至于我身后这个伟大女人的事，其实再简单不过了。而对于肖老师，这次，我认识到了他的老练与成熟。他让一个徘徊在十字路口的孩子找到了自信的源泉，去全力以赴开向自己向往的地方。而这让一个看似普通却又意义非凡的行为，说不定对于他自己，也是他育人历史上一宗开天辟地的成就呢。

于是，在接下来的学校生活里，我开始借助自己不断增长的自信参与更多的东西。并且积极地调整着自己学习的状态。在这之间起促进作用的，还不得不提的便是我读书兴趣的暴涨。

曾经，我是一个几乎不读书的人，从经典名著到期刊杂志，几乎都不能让我对阅读产生持续热烈的兴趣。看到身边的同学谈论自己喜欢的作家作品，作为一个门外汉，我也从来都只是看看热闹，毫无参与其中的意思。这种状况一直持续到了我初中结束。高一上学期，在团支书的强烈建议以及极富热情的语文老师的支持下，班里发起了一场声势浩大的读书运动，其主要载体便为著名的图书角——四班书脉。短短两周之内，同学从家里带来共享的书就挤满了半个阳台。于是，我也蠢蠢欲动。但回家后，看着自己空闲两层的书柜，顿时感到自己早年读书经历匮乏，因而羞愧难当……从那时起，怀着一个很朴素的志向——为班里的书脉添一本自己的书——我开始了自己真正意义上的读书生涯。

我一直十分感激自己来到了这样一个班级，其中一点，便是这个班有一种极其浓厚而热情并且随着时间的推移而愈加强烈的读书氛围。它让一个曾经嗅不到书香的人，成为了文字的忠实信徒。尽管，直到进入高三，书脉结束她的历史使命之时，我也仅仅为她垒过几片瓦。但我们之间的交流却远不止于这几百万字的篇章，更不会止于那趴在窗台上读书的两年。

直至今日，我每一刻都在感受着书籍的神奇力量，而且这力量愈发强烈地影响着我。所以如果说对于高中生的课外生活有什么具有普适性的建议的话，那我的答案就是：去读书吧。真正地热爱阅读，使之成为生活的习惯。背包里总有一本书，它将使你终身受益。

当然了，在高二，我始终坚持不放的爱好：天文和足球，也开始为我的生活加入更多积极鲜活的色彩。（尽管我并不希望让这两个由于纯粹的热爱孕育生成的乐园体现出一些很实际的作用，引起读者朋友的误解。）

在我的历次奥赛经历中，我走南闯北，结识了不少各地的朋友。他们身上总有一些新的东西，打开我的视野。一个最典型的例子，即是与我在2009年亚太奥赛中相遇的"前"资深天文爱好者北泽晋。比赛过后，他开始通过短信给我发送名为"小宇宙百科"的百科知识。其内容繁杂、材料新颖、并且原创性强，很快便吸引住我。不久之后，我便开始在同学朋友中传播"小百科"精神。受此启发，学校诗社和哲学社的同学也开始通过飞信的方式推广独特的串讲栏目。数月后，此类短信"传情"的普及方式，已在学校中初具规模。如今，我已为小百科工作了近两年，这个组织的的多元化视角和发展的生命力正吸引着更多志同道合的朋友。小百科带给我的知识，和追求知识的热情，一定是传统课堂上无法得到的。

所以，生活中有很多时候，我们并没有一个明确的目标，只是认为某件事情是正确的、有意义的。这个时候，完全可以放开手脚干一阵。就像乔布斯忠告斯坦福毕业生那样。生命中的意外闪光点，或许将影响你日后几十年的奋斗历程。

于是，种种作用下，在这个激情四射的高二时节，我开始积极地做一些尝试，并且实践了很多曾经仅停留在构思阶段的想法。事实证明，在很大程度上，我还很不成熟，但至少我已经建立了一个自我更新的体制。我会在错误之后积极反思问题，在成功之后认真地总结。

高二这一年，我的生活发生了很多变化，那些看似是外在行为的变化其实都源自于自己内心的渴望与信念。因此，对于那些像当初的我一样，希望改变自己生活，却又感到力不从心的朋友，我的忠告是，首先，从改变自己做起。只有你的人改变了，你的世界才会改变。

当然，这样一篇文章决不能错过人生中刻骨铭心的高三。

高三这一年的生活对每一个人来说，都将是永生难忘的。因为这一年中汇聚了人生命中最质朴最本真的性情。

我对高三的热烈的期盼，还是由一次谈话引起的。高二将要结束的时候，我们的职业规划也将告一段落。从高二开始就一直密切关注我成绩的年级组长叶老师问到我的规划。他问我，你目标的大学是什么。我说，最好是北大的环科，不行的话同济和复旦也是可以的。但他跟我说："有什么不可以的？你怎么能在现在这个时候就开始准备自己的后路。"的确，还有一年的时间，没有什么事情是不可能发生的。那个时候起，我就开始暗自较劲，盘算未来；也是从那时起，北大的理想种子，种在了我心里。

高二下学期，在自己的努力下。我终于又冲到了年级121名的位置。这既是对我之前付出的回报，又是给高三的一计强心针。信心满满，我开始了高三前暑假的生活。

这个暑假是忙碌的，所有学生、家长都在为高三的起跑而准备。从教辅书、模拟卷到辅导课、补习班，大家都在拼劲全力不输在起跑线上。空气中不断升腾着无嗅无味的硝烟，好戏即将上演。而我自然也不能缺席。"五·三"、"龙门"……一本本参考书开始从我手中经过，一堂堂复习课不断充实

281

着我并不健全的知识网络。我用了两个月，来榨取所有可能获得的"一级初榨油"。

但开学考试的成绩就像一记闷棍把我从对未来的幻想打回现实。我必须从九月起再一次挑战自己的决心，从零反击的决心。

话说的容易，但其中的折磨与痛苦，只有经历过的人才知道。在高三的前两个月，我需要同时准备高考和即将到来的北京市中学生足球联赛。这次比赛既是我们全队三年的梦想，又是整个俱乐部十年磨一剑始终如一的目标。实际一点，它还能够为我们的高考成绩增添筹码。这两个月我们训练和比赛都格外卖力，无数次在逆境中顽强翻盘。当然，也少不了走出球场后就瘫软在凳子上的无力。当大家都在专注于如何攻克困难的题目时，我还要分心于如何攻克强大对手的球门。每当小测的卷子发下来，而我发现自己还差着不少大家都以了然于胸的内容的时候；每当我想到，去年的冬天，我们奋战在雪后的泥潭却无奈失利的时候，我都会怀疑自己所做的坚持是否正确，也许，这本身就是一个恶作剧。

但是，三年的感情和必胜的信念让我看到了甚至自己人都在怀疑的胜利曙光。就像在《基督山伯爵》中大仲马写到的那样，"人类最珍贵的美德也许就在这五个字里，'等待'和'希望'。"

终于，像每个励志故事里讲的那样，在艰苦卓绝地大战了数个礼拜之后，我们有些出乎外界意料地，第一次捧起了象征着北京市冠军的金杯。

在这两个月里，或许，我落下了可能在高考中致命的一些基础知识；但我同时得到了，足以支撑我走过高三，乃至日后数十年人生征程的精神力量，和一群曾经并将永远并肩作战的战友。

人生能有几回搏。当你面对挑战的时候，万不要因自己的胆怯而退缩，因为内心的脆弱往往是成功之前的最后一道屏障。

随着比赛的缓缓落幕，我们也迈入了高三最阴冷的三个月，没有假期，只有苦读的三个月。

这期间的日子单调得有些夸张，我们日复一日、周周循环地重复着讲义、习题、练习、改错、总结……期间夹杂着数不清的堂侧、统测。而这对我来说，尤其是一种折磨，因为我需要不断地面对自己已近长好的伤疤被又一次地揭开，将我两年的弱点暴露无遗。一开始的勇气在不断的失败之中变得有些可笑。甚至，我觉得每天最幸福的时候就是晚自习结束后和温豪走出校门后的不到十分钟的路程。可能是天生的自信，抑或是无端的自负，我重新站起来，在信念的搀扶下，走向那个曾经缔造过奇迹的阳台。

在这个寒冷的三十天中，每一天都漫长而短暂。说漫长，是因为一整天的十多个小时都被我用各科的复习挤得满满的；说短暂，是因为每一天都只是太阳从升起到落山。坐在阳台，落地窗前并没有什么特殊的景致，只有勤奋的太阳从不停歇地，跨过层层高楼，爬上空中又落下。埋头发奋的空闲，我甚至不需要看表，只要看一眼依然奔跑着的太阳，就能知道自己现在的状态究竟是好是坏。作为一个痴迷天文的人，这种景象能让我体会到真切的天体运动的感觉，这也成为我一整个假期最刻骨铭心的壮丽奇景。

30天过去了，我甚至没想起给我堆满各种复习资料的窝留张照片以作纪念，就马不停蹄地赶往了火力全开的复习阶段。

一模前的这段时间，是真正的转型阶段。这时候一个很重要的问题暴露了出来：之前大家都在跟着老师复习，内容集中；而现在，个性化的东西出现，我们要自己料理自己了。这着实让我慌了一阵。随着跟老师的交流和自己的思考，我发现，其实很重要的一点是，一定要在大家都忙于找问题的时候，首先发现自己的优点。因为优点是每个人最难能可贵的闪光点，尤其在千军万马过独木桥的时候，把握住自己的优点，就占据了信心的制高点，而后俯视地观察问题，也将更加从容而积极。

怀着这个想法，走过了传说中的"惊蛰"，我在一模中拿到了创新高的113名。取得了阶段性的小胜利。

当然，写到这里就不得不说，人总归有疲惫和消沉的时候，像我这种"邪念"颇多的人就更是如此。因而，在明确了目标之后，如何保持自己精神的振奋就成了一个必须攻克的难题。

我曾尝试与信赖的师长聊天，谈谈理想、谈谈抱负；曾逛过梦想中美丽的燕园，幻想着入学后的情景。有这样一些方法是必须的，因为在一段漫长的征程中，人们的决心往往是类似的，而人与人差距就体现在恒心的强度上。

至于志愿的问题，说来也有意思。除了我之外，几乎所有人都对我报北大提心吊胆。我能理解他们，但他们似乎不能理解我。很快，这件事随着我的坚定和时间的推移就逐渐被抛在身后了。

日历翻开了新的一页，毕其功于一役的时候到了。这个时候，决心和恒心已经不再有更多的影响，需要的只是必胜的信心。和预想的一样，我的确心情紧张，失眠、口渴接踵而至，临进考场，手上还冒着微汗。不过我始终在心里默念，暗示自己：当你真正强大的时候，外界的干扰、临场的慌张都不再能阻止你前进的脚步，哪怕是未知的敌人、陌生的招法，也不能扰乱你阵脚，因为你的身体充满了热血，你的内心已足够成熟。你的时代到了。

当英语考试交卷的铃声响起，我并没有如释重负的感觉。反倒是试卷被监考老师收走的时候，有一点不舍。终于，这个讲了三百多夜的故事来到了终章，此役之后，再也不能和这些可爱的人们，为了一个简单而共同的理想，并肩奋斗了。属于我们的高考之路就这样走到了尽头。

尽管我本身并不想在这样一篇文章中如此大篇幅地突出高考，尽管它本身也并不是合理的，但它却实在是高中三年乃至整个人生中浓墨重彩的一笔。我真心希望正在拜读此文的朋友们能够了解，这里不仅有每天早上起来边跳着给自己取暖边背英语作文的学习场景，又有课间老爷们儿们一起谈天侃地的娱乐生活，还有老师同学互相关爱的温馨场景。高三像个炼狱，要把人的潜力逼到极限，当然，也化开了作为一个人的最本真的性情。

另一个方面，高考在某种程度上是一块试金石，他能够验出人的品质成色。并且清楚地告诉你，有些东西，是会让你在日后的奋斗历程中始终受益的。

所以我想问：什么是成功？高考考得了一个好成绩，可以算得是一种表层的成功。而真正深层的成功，则是自己在拼搏的历程中所得到的人格的蜕变和升华。

真的成功，是人的成功。哪一个数字也左右不了，只有自己知道。

后记

"很多事来不及思考，就这样自然发生了。在丰富多彩的路上，注定经历风雨。"

在高考后的日子里写下这样一篇东西，既是和各位读者的一次交流，也是我自己一次难得的回顾和反思机会。真切地看到年轻时的自己，才能够继续保持好的品性，及时修正先前的不足。

现在，在这段回忆即将完成的时候，我正坐在我在燕园的书桌前，思绪中交织着对往事的留恋和对未来的期待。人生的每一步都要亲自走过，细细品味。曾经的我还在窗台望着老槐树发呆，今天的我已漫步在未名湖畔。无论对于谁来说，高中都注定是人生中精彩而难忘的三年，是成长道路上风景独特的青葱岁月。

在文章行将结束的时候，请允许我自私地说上两句。

首先，再一次地感谢教育我六年的母校，你让我从一个懵懂无知的少年变成了一个略带成熟的青年。这其中给予我的很多东西，我将终生受用。四中是独一无二的，是有独特品性与气质的学校。任何一个从这里走出的学子，都会有感于自己肩上的责任，并将带着这种使命感，去追求自己的理想、民族的理想。

同时，在这开学的本该喜悦的时候，我身边的一些最亲密的朋友，却因为高考落榜而不得不另谋出路。每一次想到你们，我总会试想，如果换成是我能否如此坚强。在这里，祝福你们，也祝福所有名落孙山的同学们。未来的路还很长，而且很宽，一次失利能够让你们更清醒地认识自己，了解这个世界。眼前看似山一样的不可跨越的艰险，走过后，也只是一次微不足道的坎坷。或许，正是这一次意外的跌落，成就了自己十八年也不曾想象的伟业。

最后，用一句被引用过无数次，却每一次读来都让人怦然心动的话与各位共勉：

永远年轻，永远热泪盈眶。

伴孩子成长

张广中　赵玲云

高三暑假，儿子要做毕业旅行。他肩背书包，拉着行李箱向我挥手说了声"拜拜，别想我"，然后转身走去。他的身影在我视线中逐渐消失，而我的心中有一种感觉越来越强烈：儿子大了，他将独自远行。

时间过得可真快啊！三年的高中生活已经结束了。那天儿子从旅行地发来短信说："让我写写他高中三年中，我作为家长的感受。"想必所有高中生的家长都会有很多很多感受，同时我也相信每个家长都有不一样的感受，在此我将三年与孩子一起成长的经历和思考写出来，送给我那将进入大学的孩子和一起经历孩子成长的家长——我们，分享给愿意了解高中家长想法的朋友们。

高一的定位。孩子从小一直不用我操太多的心，虽说不上很优秀，但也乐观开朗，积极向上。开学前，我与他交流时提到，到了高中你可能会遇到很多强人，他们在某些方面比你强很多，你要有思想准备，不过你也有很多优点。他说："我知道，就像当初我从普通小学进入四中初中一样。"

进入高中，早被四中丰富的社团活动所感染的他，与一些天文爱好者创建了四中天文社，课下可以与同学一起仰望天空了。同时他又加入了心仪已久的足球俱乐部，他曾告诉我，之所以努力考四中就是冲着足球场来的，现在终于可以在足球场上任意驰骋了。在这高兴之余，他也发现了问题：同学们知识面很广，学习能力很强。有一次，他对我说："我小时都干嘛去了，我怎么没读过几本书啊。"他发现同学读的书很多，有时与同学交流好像没有接触点。从此，我经常听到"妈，今天有××送的书"，我要做的就是付费、收书。还有一次他对我说："今天我受了一个大刺激。""咋了？""一个同学问我，假期要求预习数学内容，你看了几本，我说一本（有点夸大啊），他说7本全看了。惊！"我知道，真正感受同学的实力后，他有些担心了。我从我们之间交谈的话语中感到，他开始对自己的实力表示怀疑了，他认为自己与同学的差距很大。期中考试以前的一次随意聊天，他曾对我说："我要考不好你能接受吗？""能。哪怕你考到你班倒数第一，你仍然是我儿子。"要知道，没有一位家长希望自己的孩子成为班里的倒数第一，但是，与其确定高目标达不到颓丧，不如确定低目标超越而欣慰。我想考得再不好也不过班里倒数第一了吧。虽然他也在努力适应高中生活，但是仍然出现了不愿看到的情况，第一次期中考试班里倒数第一。由于我的态度已经表明，当成绩出来后，他很意外，但我们也要坦然面对。他曾有些埋怨的对我说："都怪你，对我要求太低。"我知道，他对自己的现状不满意，说实话我也不满意，但抱怨、起急没用。他认为自己不应该是这水平，我也不希望他是这个水平。面对这个结果，我俩进行了沟通分析了原因，希望他尽快适应高中生活。期中考试后，他努力调整自己的状态，希望在期末考试中证明自己。期末考试虽有进步，但不明显，可以说想证明自己实力的尝试以失败告终。面对再一次受挫，我认为没有期中考试那么简单，在与教师的交流中，感到原来出现频率最多的开朗、乐观、阳光、积极这些词汇有所改变。在与孩子本人交流中，他也谈到与老师同学相处时的困惑。因此我与他进行交流分析原因：

（1）你从四中初中到四中高中，没有其他同学来到新学校要积极与同学交流的动力，有点环境倦怠。

（2）不是班干部，没有主动与同学交流的外助力，加上性格特点才出现现在的感受。

（3）在自己心里天文、足球占有很重要位置，花费一定时间，而自己对剩余时间规划不好。

（4）对所学知识，有预习不够存在的原因。于是我们交流："天文放不放？""不放！""足球放不放？""不放！"那么就要针对问题解决了。

转眼进入第二学期，当憋足劲要在期中考试中证明自己时，期中考试前的外出天文比赛，让他原来有所改观的状态又松了下来，期中考试又一次惨败。但是交流中，我不断强调比赛对期中考试的影响，以坦然的态度接受这个事实，并不断传递，我相信你不是这个水平，只是状态没调整好。我们再一次一起关注存在的问题，寻找解决问题的办法。其实在我心里，如果是这水平我也接受了，只是不能这麼早就让他认了。我以平静的心态接受这一事实，在我家很少再论排名，只是强调哪些问题还没解决。功夫不负有心人，在高一的最后一次考试中迎来了曙光。有些人看来这成绩算不了什么，但这可是他一年来不放弃的结果，我看到了孩子脸上自信的笑容。

高二的坚持。期末的崛起给了他信心，他准备高二竞选班体委（高一曾自荐，没如愿）。我也盼望这一成果能坚持下去。但是好景不长，期中考试再一次出现峰低，退回到原点。再一次的失误，他将如何度过，对他会产生什么影响？在与班主任肖振龙老师的交流中，我了解到孩子存在的问题，同时就是否适合担任体委一职进行了交流，我知道，当体委是他的一个"梦想"，做好体委工作，就必须要与学生进行交流，必须进一步深度融入集体，会极大增加他的自信心，但同时也要花费一些精力，对于他现在的现状能否处理好工作与学习的关系，又是我所担心的。但我真希望通过担任体委，增加它的信心。肖老师也提出可以让上届体委在工作中给他一些帮助。但孩子由于成绩的失常，缺乏了信心，正在犹豫是否要退出竞选，这时肖老师用他的智慧坚定了他的信念。那天下学孩子非常兴奋的对我说："今天肖老师对我说，想请我担任我班体委，坚定了我竞选体委的信心。"竞选成功！从此，在老师和同学的帮助配合下，他的体委工作做得有声有色，与同学之间的关系更加密切，班级体育活动取得很多进步。高二中，还以裁判长身份组织了高二年级的足球联赛。获得首届北京四中 941 奖学金。在做好班体委、天文社和足球队的工作同时，他与老师和各位同学不断交流，反思自己的情况，调整学习状态。在此期间，虽然他又在考试中受挫，但在其他方面的取得的成绩给了他信心，看到了自己的长处，同时不断坚守自己的信念，努力调整心态，不惧困难，永不放弃。在二年级期末，成绩有了新的进步，老师给他的评语中："具有令人钦佩的领导才能"的话，更使他信心倍增。我那乐观开朗，积极向上的孩子又站在了新的起点，足球队"加油，加油，永远向前进"的口号激励着他，准备迎接新的挑战。

高三的迎战。进入高三，家长和学生在想法上，心态上都有了一些变化，如何复习，如何报志愿是高三的两个关键点。

孩子在进入高三以后，首先对自己的工作重点进行调整，开始淡出天文社，但足球队的训练比赛最少要坚持到高中联赛结束，然后最重要的就是高考复习了。能以一个什么心态进行高考复习，这受很多因素的影响，孩子自身的心理素质，学校的学习环境，家庭的生活氛围等。四中的学习环境不容置疑，我们所关注的是孩子的心态和家庭的生活氛围。由于孩子在过去的两年中成绩极不稳定，所以我们基本不谈名次，只是经常问的是又发现了哪些问题，孩子有上两年挫折垫底，好像也刻意只对我们传达他又发现的问题及改进方法，从而坚信，只要他把漏洞都不上，高考一定能出好成绩。至于如何补漏洞，相信他在过去的学习中，与老师同学的交流中会找到适合的办法的。

高三的学生在家的时间很短，但家庭氛围对孩子心态的影响却至关重要。在学习上家庭能给予的帮助很少，但在心态调整上却尤为重要。我们所要关注的是平和孩子心态，激励孩子奋进。很高兴，我们与孩子间的沟通一直保持不错。在高三这年，我们仍然没有表现过多的高考临近的紧张，即使在孩子成绩不理想的时候，我仍然相信，只要改进，努力反思调整就会取得进步，我与孩子交流告诉他，过去的差距有些是你第一遍做与其他人第二、三遍产生的，但你应该在做第八遍时达到有些人做第十遍或更多遍的水平。你一定要在与老师和同学的思维碰撞下建立你自己的知识体系和思维模式，这是别人无法给你的。他一直努力地尝试着。

高三这年，我还更加强烈的感觉到足球俱乐部带给孩子的益处。进入高三，队里组织了刚毕业的往届队员与新高三的队员之间的非常细致入微的经验交流，并随高三的不同进程进行全方位的交流。亲身观看了高中足球联赛的比赛，看到学生在不利情况下的团结、坚持、从头再来的勇气，看到了他们拼搏过后取得胜利露出的张张笑脸，看到了他们心中涌动的"加油，加油，永远向前进"的坚定信念，更是获得了 20 分的高考加分，这可不是当初进足球俱乐部时所想到的。

四中的学生可能都有"北清"情节，忘记哪天，他开始口口声声要考北大了，当时我对他实现这一目标有些含糊，因为就他目前的成绩实在是有点高了。但无所谓，还不是报考志愿的时候，只当他是一个目标罢了，有了这个目标，可以在他要松懈的时候激励他一下。有一天，他对我调侃说："高三，在学习上你也帮不了我什么了，你就保证好每餐的四菜一汤吧"。我说："这好办，四菜一汤，这是你老妈的强项，但是你得考上北大，否则……"。从此，我家经常出现"吃什么？""四菜一汤"这只有我家能明白的激励语言。

填报志愿的时间到了，他对我说："一志愿不用考虑了，你给我找几个二志愿吧""那一志愿？""北大啊！还能是哪儿？"我的妈呀，这是要玩真的了。北京的高考志愿非常重要，弄不好会跌得很惨啊。根据他现在的情况，上北大风险很大，这可不是我一个人的感觉，我的一个亲信说："报北大，感觉就是脑袋上顶个雷"。我们与孩子认真交流了一次，他对我说："他心里有感觉（不知感觉从何而起），他能上北大，即使失败，掉到北工大，我认了。"说句实话，在我心里，报北大风险真是太大了，何不退一步，上个其他学校，还会有机会来北大的。但是，孩子已经做出决定，我也只能尊重他的意愿，这毕竟是他的大事，我不能代替他做决定，我也不想在他还是青春年少时，就掐灭他为理想而冲击的火花。我所能做的只有陪伴他一起同行，复习备考；陪伴他慢慢等待，等待成绩的公布，录取的结果。还好有惊无险，最后进入北大。

家有小子要成年，一路走来，我好像看到我自己又成长了一次。幼年时，对父母的依赖，父母是他们眼中的靠山，有什么要求都会对父母提出，这时父母需要全方位的关注他们。小学，父母开始牵着他们的手进入学校，初入社会，这时父母需要帮助他们学会认识、担任社会角色。初中虽然还没有完全的能力进入社会，但他们不再需要父母牵着手，他们有摆脱羁绊的愿望，渴望自己决定一些事情，这时他们希望与父母并肩而行，既有自己的自由，又可以随时抓住父母伸出的帮助之手。高中，他们觉得自己开始成年，有更强的自我意识，父母也应该意识到他们离开你，独立进入社会是不远的事了，这时的父母最好是与孩子退后半步或一步而行，父母所要做的是给他信心和自由，关注他的前行和需要，适时的给予支持和帮助，要清楚，总有一天他会走出你臂弯所能及的范围，但他永远也不会走出你心中所想的范围。

感谢孩子在成长中带给我的一切，感谢学校和老师在孩子成长中的无私付出，愿孩子"加油，加油，永远向前进！"

金 珊 杉

J in shan shan

2011 届 (7) 班，宣传委员、校三好学生、校篮球队经理。高考成绩：592 分，少数民族加分：10 分；考入北京科技大学 经济管理系 管理工程与科学专业。

走管理层路线，个人也有往偏艺术方面发展的想法，还属于试探阶段。

如果你要找快乐，跟我来。如果你想找热情，跟我来。如果你想飞，跟我来。

我就是一只飞在天空中的小鸟，自由的翱翔，冲破云彩，划破天际，画出自己独一无二的世界。我的地盘我做主，我的生活我把握。有我在的地方就一定充满活力，我是爱闯荡的北京姑娘。

我拥有的一切

六月拼搏，七月欢乐，八月离别。如今连离别之际都要过了。

不过我还没有和四中分别，在学校的种种生活还在日夜陪伴着我。在我的毕业旅行中回荡，在我的睡梦中蜿蜒。我想我与四中，是不会再分别了。

那个夏天过后，我的生活便发生了翻天覆地的转变。

这是我见过的最美丽的校园了。

进了四中你一定会这样感慨，四中的美是要一点点慢慢体会的。第一年的我，并不能体会她全部的美。第一年在四中，我一点点的适应她。在这里，没有一天是闲下来的。我爱她的这种忙碌，爱她的这种充实。虽然当时可能会觉得累，觉得事情多的做不完。

不知道为什么，人们在回头看来时的路时，总会觉得时间匆匆，转瞬即

291

逝，可是在四中，却有太多回忆，让钟表的指针陪着我慢下来。细细品味那初来四中的时光，充满光辉与热情。而当时的我也不知道，这股热情会陪伴我整整三年。

我在四中的位置，在这个年级的位置是绝对独特的。我想我的经历大概跟大部分人不一样吧。我的爱好广泛，尤其是文体方面，这也注定了我会拥有一段多姿多彩的校园生活。爱画画的我在开学之初就选择了担任宣传委员一职，这个职务也一直陪伴着我，直至走完高三那最后一段旅程。一开始我觉得宣委就是按时间出出板报，不过在四中，工作不再是简单的出一期板报了。那不是单纯的找些资料做些装饰，而是用心的，出一些对同学们有帮助的东西。每当一期板报出来，同学们三五成群的围着黑板看的时候，我就有一种极大的满足感。还记得当我们班的板报得到年级最高分被推荐到区里的时候，那种得到很高的肯定的感觉，是多么美妙啊。到了高三，板报更成为了大家学习的工具，各科课代表的知识方法总结，语文组下发的师生共读，还有那一句句相互鼓励、彼此支持的话，我希望他们都能留在每一位同学的心中。

运动会应该算是宣委最繁忙的一段时间了，从班牌开始，班徽、班板、班旗以及给运动员加油打气的各种装备，其实学校要求的并不多，大多数工作都是我们主动加进去的，就是为了给班里增光，那是一种很单纯的付出。晚自习的时候，几个同学牺牲自习时间陪着我这个宣委一起画班牌，七只小手围在一张大画纸上，涂画着属于七班的独一无二的七彩虹，那个时候的我们大概也如彩虹一般吧。之后的每一年，每当这个时刻——运动会来临之际，我们就开始构思，寻找灵感，绞尽脑汁就是想做出个独特的东西来体现我美丽班级的美好形象。当我们在周五的下午，当其他同学都回家后，留在空空的教室里；当我们趴在地板上用大刷子画着巨幅班旗，高呼着过瘾；当我们第一次用羽毛和棉花粘翅膀，惊叹着我们的创意。我感动了，感动于同学之间的无私与真诚，也感动于四中给予我的这些经历。

是的，我要感谢四中的这份给予。因为并不是每个学校都可以做到给一个班级自主建设展示的平台，很多学校都是草草了事，只是空有一个职责、任务，却并没有机会去落实，或者说，并不要求你落实的多好。而在四中，无论做什么，就都要负起责任把它做好。只有所有细节都完美了，才算完工。正是这些小完美，拼接出我们无与伦比的校园生活。我有很多在其他学校的老同学，他们经常跟我反映他们学校生活有多么的空虚多么的不精彩，批评学校的种种做法。每当此时，我就无比骄傲的跟他们炫耀身在四中的我的生活。身为四中人，我就总会拥有这种骄傲，也是这种骄傲，让我更加爱四中，更加爱护四中。

其实在四中做宣传工作的我是很受阻的，阻力的来源便是我的母亲。身为家长，她认为学习就是高中生活最主要的部分，这也是理所应当的。所以每当她看到我为了宣传工作或兴趣爱好跑前跑后牺牲学习时间，她就特别着急，甚至冲我发火。我是比较反感她指导我的个人生活，尤其是在学生工作方面。我觉得为班级做事是应该的，应该抢着做，哪儿有为了个人利益而撒手不管的？而且学生工作与学习其实并不矛盾，只要有合理的安排，这些工作只会提高我的效率，而不是无畏的占用时间。学习我是绝对不会忘的，身为学生怎么可能忘了本？确实有些同学对班级事务再三推托，可是我就是做不到，这应该是性格使然吧。我就是心浮气躁，热情过头，一天闲不下来，能给自己找事做就绝对不闲着。只有工作满满，"忙里偷闲"的时刻才是最美妙的。很多事可能在大人眼里是多余的，不必尽心尽力的，可是我们就是这样一群"傻孩子"，在这个"冒傻气"的年龄，做着让大人干着急的事儿。我觉得青春就是要做些奋不顾身的事情。比如在"爱心奔腾"的活动里，冒着雨围着操场跑二十圈，只为了给贫困的山区多捐出几块钱。若是告诉母亲，她一定又要唠叨我不懂量力而行，胡乱用劲了。

我热爱运动，这个能是遗传了我妈曾经身为小学体育老师的基因。如果你也热爱运动，那么我告诉你，来了四中就幸福去吧。我跟外校生聊天时，最骄傲的就是说四中学校的体育教育。每天的课间操，三个年级小两千人，那么安静、整齐，跟我在初中时候的感受全然不同。偷懒的的人很少，因为每个人的动作都那么标准。我觉得人是会有从众心理的，四中的"众"便是积极向上的认真锻炼身体。曾经参加过武术队，课间操的时候要在小天台上练习舞刀，从天台望下去正好可以俯瞰整个年级的课间操。这真是一场盛大的"表演"。黑白相间的校服穿在同学们的身上，把同学们 都变成了一只只"小企鹅"。整齐的队伍和着整齐的节奏，横平竖直好看极了。又或是冬天的冬煅跑步，一个个红着小脸却又努力地跟着队伍。虽然我也喊过累，可是脚底下却从来没有停过。体育组的胡老师总说："我们的课间操是四中一道亮丽的风景。"我想这是因为有着每一位同学的努力，而令我开心的是，这三年的课间操因为我的认真参加，更加亮丽了。还记得我上台为大家学习太极拳做示范的紧张心情，地方很小，可是我尽量把每一个动作都做到标准，因为台下有人在看我，我也生怕做错了，不停的回想每一个动作。我周围的示范同学，应该都跟我一样紧张吧。

在四中每周有五节体育课，没有一天空缺，这让我们的身体永远保持在健康的状态。四中的伟大口号是："每天锻炼一小时，幸福工作五十年"。就是这种对于运动的执着，即使是在高三，当别的学校陆陆续续停掉了体育课、停掉了课间操，四中依旧如平日，坚持着那份执着。好的身体让我无论奋斗什么都拥有好的心情与好的精神。当我从紧张的复习中退出来，全心全意的投入到一项运动中时，我的身心都得到了充分的放松，这也是我缓解压力的好方法。

高一的我参加了女篮俱乐部，一开始只是出于对篮球的喜爱。俱乐部每星期一、三、五活动，我还记得无数个大风天，操场上几个弱弱小小的女生顶着风传球、投篮，喜爱渐渐变成了执着，而这份执着也成了日后我们拼搏坚持的动力与源泉。升入高二，学业变紧张了，我渐渐脱离了这支队伍。有时候从走廊经过，远远的看到篮球场上晃动的身影，不禁感慨，内心也有想要飞过去投个篮的冲动。可是毕竟学习为重，多少次我按捺住了自己的这种心情，告诉自己再坚持一下。打球需要坚持，不打球同样需要坚持。打球时为了能打的更好而坚持，不打球时为了成绩更好而坚持。二者同样伟大，因此我暗自佩服当时的自己。

高二有一段时间，我迷上了跑步，其实也是想减减肥，我跟一个好朋友抱着同样的目的，相互为伴，每天放学都到操场集合。我们是热衷于锻炼耐力的慢跑，四十分钟，十几圈。跑步是可以让一个人的心沉静下来的，我就经常在跑步的时候思考一些问题，小到刚刚的考试或者当天的练习题，大到自己的人生、未来的道路。据说人在运动的时候记忆力特别的好，我们就边跑边拿着自己亲笔书写的单词本，相互提问，然后一起记单词，短短一个月边牢牢的记下了一千多个。细细想一下，高中三年，单词本几乎每天都陪伴我半小时以上，我能找到的有满满四本，每个本子都能记一千多个词，想想也还是蛮有收获的。操场上跑步的我们并不孤独，经常能看到别的同学，也跟我们一样在跑步。他们之中也有一些是十分熟悉的面孔，每天都在坚持。甚至当我们两个因为期末考试的来临而暂时放弃跑步计划之后还能看到他们的坚持。甚至是高三的紧张时刻，当我已经彻底不考虑规律的跑步，我们还是能看到他们的坚持。那个时候不得不佩服，但自己却又真的有些力不从心。

关于我三年来的学习生活，我的成绩并不是那么优秀，不过我的优点在于我有一个良好的心态。我一直相信，只要我不断的努力，稳步向前，我一定会有突破自己的那一天。让我感动的是，不是只有我没有放弃，周围的同学、老师也都不离不弃的帮助我。在四中的几年学习，我学会了向他人请教。一开始，我总是怕我的问题太小太尴尬，因而总憋在心里头。可高中的学习是那么的紧张而快节奏。一旦错过了解除疑问的机会，这个问题恐怕就会一直烂在肚子里，直到连自己也忘了。如此几番之后，大的问题便出现了。尤其在高三总复习的阶段，很多旧知识出现了漏洞，当时没有学懂学透，到了高三就要付出更多的时间去填补。我觉得我的洞就漏的足够大，足够深，以至于填补之初无从下手。可是，再无从下手也不能就把洞扔在那里不管。不知道从什么时候，我下定决心，不求结果，只是执着地一点一点前进，不管洞能不能彻底被填满，也要尽力做到最好。于是我的成绩开始回转了。人的进步很有趣，总是台阶式的：一段平平的走，一下又猛地升上去。在平地的时候，就像在为提升储备力量。第一次好成绩，我在想也许是这次运气好，直到我能平稳的保持一段时间了，我才真正相信自己是真的进步了。于是我看到了坚持不放弃的力量。虽然我是绕了一大圈才找到属于自己的学习方法，不过我仍要感谢，感谢上天让我体会到从失败到崛起的过程。我想无论在这个轻狂的年纪做了什么，唯一的要求就是不要留下遗憾。我就这么无悔的，无论对与错，也大步大步的坚决的走过来了。

曾经在备考期间看过张爱玲一篇短篇小说。

在青春的路口，曾经有那么一条小路若隐若现，召唤着我。

母亲拦住我："那条路走不得。"我不信。

"我就是从那条路走过来的，你还有什么不信？"

"既然你能从那条路上走过来，我为什么不能？"

"我不想让你走弯路。"

"但是我喜欢，而且我不怕。"

母亲心疼地看我好久，然后叹口气："好吧，你这个倔强的孩子，那条路很难走，一路小心。"

上路后，我发现母亲没有骗我，那的确是条弯路，我碰壁，摔跟头，有时碰得头破血流，但我不停地走，终于走过来了。

坐下来喘息的时候，我看见一个朋友，自然很年轻，正站在我当年的路口，我忍不住喊："那路走不得。"她不信。

"我母亲就是从那条路走过来的，我也是。"

"既然你们都从那条路上走过来了，我为什么不能？"

"我不想让你走同样的弯路。"

"但是我喜欢。"我看了看她，看了看自己，然后笑了："一路小心。"

在人生的路上，有一条路每一个人非走不可，那就是年轻时候的弯路。不摔跟头，不碰壁，不碰个头破血流，怎能炼出钢筋铁骨，怎能长大呢？

我现在仍然年轻着，还有不少弯路要走，不过刚刚开始的这小段我已经走过来了。回头看来时的路，有的是汗水与欢乐。我想接下来的路会更艰辛，不过那也是我想要的。我不懂四川人追求安逸的心，我和很多人一样，是个爱闯荡的北方姑娘。

那个夏天，篮球闯入了我的生活。

做学校篮球队的经理，是完全出乎我意料的。

属于高二的六月，是让同学们最为兴奋的一个时间，因为我们全年级要一起去日本进行修学旅行。而在旅行中，我第一次好好地认识了学校篮球队的教练——李冰老师。作为我们班九洲团小组长的我，与负责在这次旅行中带我们班的李冰老师自然变成了好朋友。由于我对各种工作的认真负责，李冰老师对我的印象很好（这是担任经理之后，球队的一个队员告诉我的）。

回到北京之后，我便经常到体育馆里去看望老师。很偶然的一次，一个队员问老师我是不是新来的经理，我和李冰老师你看看我，我看看你，没想到还没等我解释，老师便肯定的回答了。自那之后，我就变成了球队的小经理，而我也跟队员们一样亲切的称呼老师"李指"。其实对于球队经理，一开始我是一无所知的，不知道有什么工作可以做。我的心愿就只有一个，帮助李指，为球队做点贡献。其实我一直因为队徽征集的事情没有进行到底而郁闷，希望之后的学弟学妹们有朝一日可以完成这项工作。

跟运动员在一起，人就会自然而然地变得有活力，而我又是极容易被感染的那种人，所以待在球队自然是我最开心的事情。在球队，你会完全领略到另一个世界。在这个世界里，充满了兄弟之间的情谊，比赛场上的激烈竞争，队伍的团结。在这里，我得到了太多的感动。

　　记得那是我第一次做"技术指导"，我也不知道为什么叫这个名字，听起来很华丽，其实就是对比赛队员们的表现做记录。一张大表格，里面有场地，还有各种栏目，分别写着投篮抢断过人盖帽等等。场上五个队员，他们做出了什么我就相应的记录下来。这是一个看似简单的任务，可是做起来就不那么容易了。我第一次发现看比赛原来这么累，眼睛要一刻不停地盯着快速移动的队员，手又要快速准确的记录，还好有周围的小队员帮助我，提醒我该记些什么。比赛一开始，我的心跳便跟着比赛的节奏变快变慢，我还是第一次体会这种心情。如果你想体会，最好还是亲身观看一场比赛，要认认真真的看。

　　队员们的生活是很辛苦的，他们每天放学后都要参加训练，一直到七点多。当其他学生都在进行晚自习时，他们才刚刚到食堂吃晚饭。我曾经跟他们一起吃过几回，他们说说笑笑、打打闹闹，是一群如此活泼的大男孩。我真的好爱这个队伍，他们彼此总是那么友爱，凑在一起总有说不完的欢乐。球队的队长总爱在饭后定定食，等休息好了再回教室参加晚自习。他们的学习时间真的很短，不过这位队长的学习特别好，我因此一直暗暗佩服他，还曾因此质疑过自己学习的能力，其他队员也都佩服着这一点。还记得是坐在车里去其他学校打比赛的路上，队员们一个个慢慢都睡着了，我偷偷地拿相机照下了他们每一个人的睡姿，怎么睡的都有，还有的在打呼噜，我当时突然觉得这些一米八九，甚至两米的大男孩像小孩子一样。我喜欢看他们互相调侃、逗乐，喜欢看他们彼此鼓舞、关心，喜欢看着场下的队伍整齐的喊着口号为场上队员助阵，喜欢全队手搭着手高喊"one two three team"，喜欢赢得比赛的胜利后队员们在车里开心地唱着跑调的歌。我想球队的队员们一定是最铁的兄弟了，而我也特别想融入这个彼此不离不弃的集体。虽然不知道我算不算融入了，但是我确实在这里认识了很多朋友。当比我小却比我高的队员叫我姐姐时；当有人开玩笑叫我"金总"时；当在校园里遇见，相互打招呼时，我都会发自内心的笑出来。于是当主场比赛来临之际，我主动的给队里做了海报，号召学校的同学在放学后到体育馆观赛。

　　那天是全高三年级统练的日子，可是从前一晚上我就因为球赛而兴奋。我躺在床上，让自己慢慢静下来。我开始了我的思想斗争。虽然每个星期都有统练，可是已经临近高考了，任何一次练习都不能怠慢，老师常说："只有把每次统练都当成正式的考试，才能在最后的战斗中取得胜利"，而我也是这样认为的。于是我坚定的告诉自己要暂时忘记比赛的事情，专心参加统练。一觉醒来，我发现自己的兴奋全部转移到学习上了。那天的我上课异常的专注，似乎前几天积累的困倦和疲劳全部不见了，整个人突然充满了干劲。这大概是心理作用吧，我一直告诉自己，要好好听讲，认真考试，不然就惩罚自己不去看比赛。没想到这个想法对自己这么有效，我把所有放松的心情都放在了考试后，而注意力就集中在一整天的课程中。这真是一件神奇的事情，就像每个暑假的开始，我会告诉自己要抓紧时间完成作业，这样才能空出更多的时间出去玩一样。疲劳之后的奖励成为了我极大的动力。那天的篮球馆热闹极了，高一高二的同学们拿着充气棒打着节奏给球队加油助威，还有拉拉队在中场休息的时候进行表演。我看到很多高三的同学在统练完安安静静地走进了篮球馆，又看到他们在比赛没结束时就又静悄悄的走掉，放松了片刻，处于高三这个特殊时期的我们继续向梦想出发，不过我的内心很充实也很满足。在高三的时候，看一场球赛就是我最豪华的放松方式，每次都能让我的精神焕然一新。大概是队员们的热情感染了我吧，他们在场上拼搏的劲头感染了我，让我也能继续我的拼搏。

队员们的另一部分生活是在力量房度过的，每个星期四，训练内容都是练力量。有一次我也跑到了力量房，看他们举杠铃，操作着各种沉重的器械。我也来了兴致，拿着两小片哑铃开始练臂力，不过这应该不是女孩子的锻炼方法吧。在地下室的深处，我发现了一架旧钢琴，是废弃在楼梯间不用的，这下我更兴奋了，立马弹起琴来。跟我同来的好朋友还唱起歌，学美声的她嗓音实在是太美妙了。这算是我在四中发现的一个秘密基地，这样充满乐趣的地方还很多呢。我真的拥有很多缓解压力的方法，篮球队是，弹钢琴也是。

还记得高三之初，年级给我们放了一部电影《入殓师》，片子中的男主角曾是一位大提琴演奏者。片中一曲提琴与钢琴演奏的 memory 深深的印在我的心中。正好音乐课有才艺展示，我与好友商量了一下，决定配合演奏。那几天，我们有事没事就跑到琴房里练习，那是多么美妙的时光啊。阳光洒在钢琴上，我们笑着，一遍遍听着还不成形的录音。音乐课上，其他同学都安静极了，我从微妙的紧张到之后的释然。我找到了，也可以说是创造了属于自己的松紧适度的学习生活，一段段生活中的小插曲让我充满活力。我觉得这也是四中让我学会的，也是只有在四中才能学会。

其实我精彩的生活远不止这些，我会继续坚持，把这些精彩带入我的大学生活，带入我未来的人生。假期了，从德国回来的第二天我便扔下时差，早早起床兴冲冲地跑到了东单体育馆，是呀，又一场新的比赛开始了，我一定要加油。

再一次回到母校，四中变得更加美丽了。我还记得十年之后要回来取我们的许愿瓶，不知道我的愿望会不会实现。我只希望我能继续坚定的走下去。

自从离开四中，我就拥有了她的一切。

能力培养最重要

金磊　李正立

结束即开始。爱没有结束的时候。时光留下了爱的影子。这份爱会跟随孩子的一生。这是对四中的爱，对三年在四中日日夜夜生活过的爱，对四中老师同学的爱。

我们还记得在中考填志愿时的忐忑，是留在自己熟悉的二中还是挑战一下自己报考四中？为了让孩子有更明确的目标，我们带着她到四中门口去看看学校的环境，也让她更坚定自己的想法。因为我们知道那才是她理想中的高中。当时只是隔着铁门向里张望。没想到这次参观使孩子心中只有一个念头——我要上四中。此后我们看到了她的努力，看到了她离自己的目标越来越近，中考的成绩出来了。奇迹出现了。孩子超水平发挥取得了优异的成绩和区里排名，毫无悬念地被四中录取。这次是被命运选到了四中。

刚开始上学由于学校住宿条件有限我们只好走读。开学不久孩子当了宣传委员。这让她的事情更多了，在四中所以班委里宣委的工作最为繁忙，每年的运动会，定期的板报，班徽的设计，新年晚会等，尤其是四中文娱活动极为丰富多彩，也让所有的宣传委员的工作格外繁忙。经常是下学了还没回家，而是在教室编排板报。有时要妈妈帮忙做复印打印工作。然后回来给我们讲她的构思。我们也帮着触摸画册。但做好宣传工作真不那么容易，你要付出很多业余的时间，尤其是在学习很紧张的时候，是很难找到其他同学帮

299

你的。珊杉又是一个认真好强的孩子，所以更是付出了更多的精力。我几次都想让她把宣传委员的工作让给别人做，好腾出时间来好好学习。因为在四中竞争极为激烈，一群优秀的孩子在一起，大家从接受能力，学习方法等硬性的差距都不大，要想考出更优异的成绩只有在刻苦上分高低了。而学习的时间就是一个基本的保障。人的精力是有限的，我希望她能节省出时间好好地抓一下学习。但孩子还是一直坚持着，并不停地改变自己的工作方法，把现场的工作化简成一些事先准备好让后进行粘贴。大大地节约了课后出板报的时间，而且充分利用午休的时间，把工作化整为零，并且学会了发动群众。让更多的同学参与进来，也减轻了自己的负担还增进了同学的友谊。我被孩子的执着，认真的工作态度和良好的处理方法和善于改变和创新精神而感动。这些是与四中的教育理念和四中宽松的环境分不开的。我们觉得孩子在四中做任何事都很认真，并力求完美。因为老师做事的严谨，同学们一丝不苟地学习态度潜移默化地影响着她。这种氛围使她不敢懈怠。这群孩子对自己班集体的荣誉，对四中的荣誉非常看重。非常骄傲自己是四中的孩子。因为刚开学四中就教导她们做杰出的中国人。这一目标使孩子的视野不再只是学习的分数上而是自己能力的培养。

珊杉是体质不错的孩子，在校期间她参加各种文体活动。我想四中的文体活动是真的落实到位，每天的体育课孩子都会认真的锻炼。跑步，游泳，武术。锻炼了孩子意志也锻炼了孩子吃苦耐劳的精神。四中在身体上让孩子感受到严谨，吃苦，并以苦为乐的精神。杉杉出门从不叫苦叫累。体力充沛。也通过锻炼找到了解压方法和背单词的方法。这就是体育的收获。

在篮球队当经理期间，出海报，搞活动，当场记，孩子干的不亦乐乎。和高大的队员当哥们，是李兵老师的小帮手。她在篮球队能感受团队的友谊。体育带给人的团结拼搏的精神。篮球使孩子学会了友谊。

在高一孩子和两个韩国孩子一起在新年晚会上表演了舞蹈 nonbody。那是一首后来在国内都知道的歌曲。几个小女生跳时给我们的感觉是现代和国际。孩子学会了和国际其他文化融合。学习看世界。从其他中文化学习。高二孩子去日本出国修学。自己带着小组成员去座日本的地铁。体验当地风土人情，培养独立外出的能力。今年当高三毕业后。杉杉自己去德国旅游，当了回背包客。这是四中人特意培养的独闯能力的体现。也是四中人自信的表现。这在课堂的书本上是学不会的。只有有意培养国际视野。鼓励孩子看世界，学世界的四中人才能做到的。

珊杉在四中学会了感恩，学会了关爱他人。对我们她就像是天使派给我们的欢乐。有了杉杉在，家里时时都是欢声笑语。她也把自己的爱给了同学、老师和其他的孩子。为了募捐善款，她和学校的同学们冒雨在操场跑步。每跑一圈多一份善款。杉杉自己在雨中跑了 20 多圈，8000 多米。回来我心疼地问她累不累，因为怕过度劳累会引起哮喘。她说当时就想坚持着多募些款。这种学会帮助他人回报社会的精神也是四中人特有的，他们以此为荣。

在国庆 60 周年天安门广场的表演上，四中的孩子都完成相当好，她们放弃了暑期，盯着烈日，完成一个个规定动作。笑脸晒的黝黑换来的。但没有孩子叫苦叫累。她们在活动中知道了祖国，并热爱祖国。

高二结束后的暑假珊杉就进入了高考的紧张阶段。我们看到孩子没有了休息日。每天都是学习。心疼孩子。就开始每天接送。每天到晚上，四中门口都是接学生的家长。这些家长默默的等候孩子出校门。也是默默等着一丝希望。为自己而战，为学校荣誉而战。早听周围的家长讲高考阶段如何的煎熬，有的甚至于家里气氛很差，谁都不能提高考。而我们真正的体验和经历下来觉得也并没有那么可怕。只要有一颗平常心，千万别把孩子的命运只拴在高考上，你就会轻松起来。往往人的情绪能决定你最后的发挥。另外就是要正确地自我定位，别一味地不太现实地追求清华、北大。给孩子灌输非清华、北大不上的思想，清华、北大也不是神，其实能在四中学习的孩子都是优秀的，孩子的路很宽，我们可以给孩子多几种选择，让他们轻松上阵。因为我们深知今后的成功要看综合能力，所以在高中阶段能力的培养才是最重要的。

四中的智是学习智慧的培养。不是知识简单的堆积。在四中孩子学会了认真，学会了思考。学会了与人为善。培养了远大目标。宽阔了视野。并有爱的情操。这在今后的人生，在对社会的贡献上都是收益非浅。所以对四中的爱是孩子发自内心的，这份爱永远跟着孩子今后的成长。也希望四中是常青藤。能培养更多的孩子，为下一代，为社会带来更多的优秀学生。

祝四中老师、同学们身体健康！学业进步！

彭 永 胜

Peng yong sheng

2011 届（6）班；游泳特长生。国家一级运动员。以 545 分，加分 20 分考入清华大学社会人文科学学院外文系英语专业。

英语专业将为我跨学科考研奠定坚实的基础。我的职业兴趣是当国家公务员。我希望自己将来有一份稳定体面的工作，而公务员无疑是最佳选择，我的个性比较温和，有耐心，有极强的责任心，我认为，无论从事什么职业，最重要的一点是喜欢并可以胜任这份工作。

心 路 历 程

高考后的闲暇之时，偶然翻动久未碰触的一摞书籍，一张熟悉的"面孔"映入我眼中，那个封面是那么熟悉，看到这个本时那种亲切之感从心底油然而生，无与伦比。这便是陪伴我两年半之久的《训练日记》。慢慢地翻开这厚厚的一本，看着高中期间自己在训练课后记下的训练计划和训练心得，以及每隔半个月后王老师在日记后面写下的鼓励与教导……一切的一切都那么熟悉。

三年的高中生活是那么短暂，却又那么充实。高中三年，经历了太多的感动，这一切仿佛发生在昨日，现在想起，依旧那么亲切，那么动人。

高一时，我带着略显天真的眼神，望着游泳队里的师哥师姐，听着众人谈论着上大学的话题，从他们的言语与表情中我能强烈的感受到对于清华大学的渴望与梦想。此时，一个刚刚将四中食堂、操场、实验楼、总务处……的位置搞清楚的我才明白，上清华似乎并不是想象中那样简单，那样唾手可得。而这个关于清华的梦，却在我心中悄然播下了种子。

那时的我，似乎并不是对自已很上心，只是每天将学习训练凑合过去便草草了事，上课时因为听不懂课堂内容而发呆，甚至望向窗外，晚自习也因为训练的疲劳时常开小差，平时的体育课并不是那么抓紧，经常上课小憩一会儿……这些现在看来是那么不可饶恕的错误在当时的我的身上表现得淋漓尽致。直到有一天，年级组长叶老师在年级会上说出那句著名的"三年后你们将何去何从！"我顿悟了，懂得了天上不会掉馅饼，明白了不是每个进入四中的体特生都能上清华，进入高中的我要更好的处理学习与训练的关系，在完成学业的基础上全力提高游泳水平。如果没有学习成绩，比赛成绩，一切都是空谈。

但是此时的我，能拿出手的成绩却又是那么的少，更谈不上丝毫的竞争力……

从那以后，我明白了什么是付出才能有回报，什么是一分耕耘一分收获。上课时我听课变得格外认真，再也不会走神，更不可能望着窗外发呆；无论训练多么累，我都会在晚自习 100% 的投入，抓紧自习的时间学习，而不再像以前那样无所事事，随便开小差；体育课更不能荒废，我把每节体育课都安排的很充实，把不同的学科分派到每节体育课上，使我的学习变得更有效率，更让我感到兴奋与高兴的是每位老师都很愿意在体育课为我答疑解惑，无论问题多么简单，甚至幼稚。就这样，我给每一阶段的学习和训练确立了目标，并全力以赴完成。无论再苦再难，我始终想着三年之后我何去何从。而这清华大学的梦，已然慢慢地在我心中发芽，成长。

高一这一年很快就过去了，高二可以说是高中三年最忙的一年，文理分科，学校新年舞会，卡拉 ok 大赛……各项活动的组织、筹划与积极的参与，都少不了高二的同学的身影。作为特长生的我也曾憧憬在各项活动中一展身手，但是，人的精力毕竟是有限的，在学习之余最重要的还是训练，不能再在别的方面投入太多了，就这样，那些丰富多彩的活动时间被训练占去了不少。虽然我当时对此很是不解，但是现在想想，却是值得的。毕竟特长生和普通学生是不一样的，我们有着和学习同等重要的任务——训练。高二这一年虽然很忙碌，很辛苦，看似很单调，不像同学那样过的丰富多彩，但是让我收获颇丰。我已经从一个什么也不懂的小孩，成长为一个成年人了，已经从二级运动员成长为一个多项达到一级标准的运动员了，已经从一个空怀梦想的妄想家成长为一个懂得如何付出，如何将梦想实现的现实的人了……而对于藏在心中的那个梦，此时愈发的渴望了。

常言道经历是人生的宝贵财富，收集的人是你，获得的人也是你。在四中前两年的学习生活，我收集了很多，更重要的是，获得了很多。

步入高三时，我早已养成了一些好的学习习惯，找到了属于我的学习生活节奏。有人害怕高三，但我以一个过来人的角度讲，高三，是高中三年中对学习，训练，生活最专注的一年，也是对自己最负责的一年。我觉得人生中没有别的任何时候会像高三时那么心无旁骛，那么用心地去做好每一件事情。在我早已习惯的节奏下，我很好地完成了高三上半学期的学习和训练，并在2011年1月8日至11日参加了清华大学的特长生冬令营，获得了仰泳项目的第一名，蝶泳项目的第二名。在1月22日，我正式收到了清华大学的签约。自己的付出初见成效，而那最初的梦想也渐渐清晰了。

接下来的目标便是那"一本线"。也曾有过彷徨与紧张，害怕自己的学习成绩达不到标准。但是，我实在不愿放弃这个绝佳的机会而选择别的学校，我放弃了复旦大学的专项测试，安心学习。高三的那个寒假以及整个高三下半学期，数不清的卷子扑面而来，曾经那个无比厌烦试卷的我，怀着一颗极平静的心面对着一大沓纸，开始了无边的征程。我相信：没有最好，只有更好。全力以赴，认真对待每一次作业，每一次课堂练习，每一张讲义上的题目，以及每一次考试。

然而理想与现实有时候也是有差距的，专注于学习的我也曾有过付出之后未得回报的伤感，也曾有过考试不如意的彷徨，也曾怀疑过自己，也曾对那些签约二本线的同学产生羡慕。但我没有后悔我自己做出的选择，更没有自我放弃，因为我始终没有忘记叶老师的那句"三年之后你何去何从"。

此时此刻，一只脚已然迈进清华大学的我实在不愿把另一只脚留在外面。无数次的考试磨去了我心中不平静的棱角，再大的风也无法在我心湖中泛起涟漪。怀着一颗极为平静的心，我走过了一模，二模，以及高考。可以说，平静二字充盈在我高考冲刺的每一寸光阴里。最后的最后，学术水平早已不那么重要，心中的每一丝微小的改变，都会在成绩上有着巨大的体现。真的到了高考的考场时，我已经释然了。因为我早已习惯了面对困难时的心如止水，早已将老师的叮嘱流淌在了血液之中，早已将过去考试的好与坏抛在脑后，因为你所面对的每一次新的考试，都是全新的，未知的，与前面的任何一次考试毫无关联。一个学期的充分复习让我对自己更有把握，无数次的练习早已将知识熟稔于我心中。可以说，在最后的复习阶段，我没有留下任何遗憾。

从考场出来，面对爸爸妈妈的问长问短，我的回答只有四个字："发挥正常。"这也是我在考前给自己定下的目标，把自己水平正常发挥出来，无论成绩如何，我无怨无悔。

成为一名清华学子，是我的梦想。如今，梦想已经成为现实。而对于即将面临的大学生活，我依旧会像高中时一样努力，因为我已经明白了付出才有回报，我知道考虑大学毕业后的将何去何从。

清华是个放飞理想的摇篮，我要在这样一个摇篮中全力汲取养分，让自己的生活过得充实而有意义，不给自己的青春留下遗憾！

一样的世界，不一样的精彩

彭健　王静

北京四中是多少人向往的学校，为什么？"终生进取、追求卓越、服务社会，报效国家"是百年四中精神的重要内涵，它不仅鞭策着四中每一位学生，同样也鞭策着四中每一位老师。彭永胜就是在这样的理念教育下成长。当高考成绩出来的那一刻，我真的从心里感谢每一位教过彭永胜的老师，感谢每一位带过彭永胜的教练。

作为一名体育特长生，彭永胜的十二年学生时代，真的很不容易，付出了太多太多。无论春夏秋冬，刮风、下雨、顶着火红的太阳、脚踩厚厚的积雪，牺牲了很多玩的时间，在完成课业、保持学习成绩的同时，坚持每天大运动量的训练。初中阶段的那场病并没有打消对游泳的执著。身体刚刚恢复，就又开始恢复训练，时间不长，游泳成绩就有了很大的飞跃。国家一级运动员的标准，一次次的被超越。高中的学习任务更加艰巨，时间更加紧张，他坚持着，没有松懈。这期间有太多太多的故事，太多太多的感叹，太多太多的酸甜苦辣。下面我就和大家分享一些我所了解的彭永胜。

一、懂得爱

做事得先做人，人格的魅力胜过任何地位和金钱，所以首先注重的是对孩子人格的培养，做人要大气，不要太计较利益，对人要有爱心，善待别人，做个情商丰富的人；取得成绩不要骄傲，碰到困难不要气馁，树立与人为善，以诚取胜，乐观向上的人格。这是我们教育彭永胜的准则。刘长铭校长说过：四中的很多老师都是带着病坚持上课，他们舍弃了陪伴孩子和家人的时间为学生备课、答疑，他们牺牲了无法计算的生命时光为学生们准备各种资料。老师的言传身教，感动着彭永胜，使他学会尊重。记得国庆60周年的背景训练，有数次的夜间合练，虽然学校都给准备食物，但彭永胜每次都要多带几块巧克力，我问他带那么多，吃得了吗？他说：分给老师和同学们，他们的体力没有我们好。点点滴滴的小事，体现着孩子的内心，懂得感恩，懂得爱。

二、不怕挫折，摆正位置

特长生在学校中是一个相对特殊群体，他们由于每天都要进行大运动量的训练，必然要分散一部分体力、精力，特别是在每次临近比赛的时候，都会与期中、期末考试紧张的复习相冲突，使得在文化课的学习上与其他同学出现了差距。但是这些决对不是成绩差的理由。彭永胜也出现过同样地问题，考试排名靠后，有时作业写不完，专注了学习，未见到成绩的提高等等。每当孩子回家说起这些，我们都会对他说：不要怕，人总是会遇到困难的，要学会面对现实，你已经很努力了，只要坚持，没有过不去的坎，珍惜课堂上的四十分钟，珍惜四中的每一位老师。我们一直鼓励孩子提高学习效率，要求他上课认真听讲，跟紧老师的思路，集中精力，及时掌握课堂知识，不存疑问，从而形成良性循环。平时彭永胜利用每天的一节体育课的时间，找老师答疑，分析试卷，查找弱点，这种做法从高一坚持到高考放假回家前。按照老师的要求，按部就班，一步一个脚印，扎扎实实弄懂每个知识点。老师的耐心传授，使彭永胜逐渐的学会有计划的分配时间，制定每科的学习目标，按照目标自我管理，以达到高效学习、提高学习成绩的目的，真正做到训练学习两不误。

三、确立目标，增强自信

一切成功都源于理想，有理想的人才会有追求，有追求的人才会有进步。我尤其喜欢用现实生活中那些他所认识或者知道的鲜活的人和事来不断加强"将相本无种，男儿当自强"、"少壮不努力，老大徒伤悲"等理念，激发他发挥潜能去为实现自己的目标而努力。

国家一级运动员、通过报考院校的特长测试、文化课考试、参加全国统一高等学校的入学考试，达到当地的一批次重点线。这就是报考清华大学的标准，也就是彭永胜的目标。有了明确的目标，才会用心地去做好每一件事情。每天刻苦训练，改进技术，虚心求教，不断提高成绩，保持状态，随着清华大学测试的一天天临近，训练成绩的一点点提高，彭永胜的自信心在逐渐的增强。2011年初，彭永胜顺利通过了清华大学招收高水平运动员的冬令营特长生测试。这时彭永胜非常平静的告诉我们，测试结束了，下个目标就是高考了，目前需要我加倍努力，好好复习，我有信心。

从那以后，彭永胜又开始了对文化课的冲刺。面对数不清的卷子，我看到曾经那个无比厌烦试卷的他，极平静面对着一大沓纸，毫无怨言地写着。每一次作业，每一次课堂练习，每一张讲义上的题目，以及每一次考试，他对于这一切的态度始终没有丝毫的改变。经过五个月的努力，最后，彭永胜以高出重点分数线81分的成绩，被清华大学录取。我觉得，彭永胜就是有了一种执着追求梦想的精神，有了这种精神，充满了自信，就能够实现梦想。

当然，最重要的：是必须要有梦想。

四、舒缓压力，快乐成长

高中三年的学习压力是有目共睹的，它来自于社会、学校、家庭、个人，不同的压力都汇集到学生的个体身上，这些压力是无形的，是家长们感受不到的。这时候，孩子们需要的是从家长这里得到呵护、关爱，而不是琐碎的唠叨。有人曾经问我：彭永胜逆反吗？我说：什么叫逆反？我理解：逆反就是在孩子不理解的前提下，对事件的一种反抗。

彭永胜不光喜欢游泳，而且酷爱打篮球，有时也会因此得到教练的处罚。我曾经对他说：你要分清什么是特长，什么是爱好。你的特长是游泳，爱好是篮球。你要凭借你的游泳成绩，实现你的大学梦想，而并非打篮球。游泳运动员的肢体、关节的力量远远比不了篮球运动员。因此，你会在不经意当中，扭伤肢体、关节。导致不能正常训练，影响比赛成绩，到那时，你会后悔的。有了这样沟通之后，彭永胜减少了在篮球场上拼抢的次数，更多见的是场边运动器械上的力量训练。

我们非常注意培养孩子积极乐观进取的生活态度。三年的高中生活，虽说学习压力很大，但放松也是十分必要的。比如：赴日本修学游、国庆60周年庆典活动、参加全国青少年游泳锦标赛、代表四中参加北京市龙舟比赛、到香港高校参观学习等等一系列活动，我们都会提供齐备的后勤保障。这些活动都能够很好的缓解学习上的压力，提升了他的学习效率，达到了事半功倍的效果。

如今的彭永胜，已经是清华大学社会人文科学学院外文系英语专业的学生了。他的成功，得益于四中的优良学风，授课老师的敬业精神。正向刘长铭校长在2011年高三毕业生大会上《人生就是不断爬坡的历程》的讲话中所说的：路还很长，还很曲折，还很艰难，甚至还很艰险，而我们已经没有机会和能力再去帮助你们实现今后的梦想了，因为你们即将离开母校，离开我们，开始自己独立爬坡的历程。你们要勇敢地走自己的路，走与众不同的路，不畏艰险，勇于爬坡，这样，才能在你人生历程中欣赏到别人不曾见到的绮丽风景。

融融兮师生　浩浩兮前程

　　教育本身就是对人自然属性的修正和改造，所以必然带有强制性和艰苦性！然而优秀学生的修正和改造，也是那么的强制和艰苦吗？

　　北京四中 2011 届毕业生共计 400 余人，其中考入北大清华的学生有 120 人左右，考入香港大学、澳门大学等港澳高校的有 30 人左右，考入像耶鲁等世界知名大学的有 60 人左右，其余的同学进入了像复旦、人大等高校。

　　回顾与借鉴这些优秀学子对成长的思考与抉择是本书编写的主要目的。他们从小到大的心理历程是什么？尤其是在决定其命运的高中三年的心理变化是什么？三年来这些学子经历的最大困难是什么，过程是什么，困难是如何解决的，反思和启发是什么？三年来这些学子解决最好的问题是什么？过程怎么样？三年来这些学子最大的遗憾是什么？为什么？三年来这些学子在四中最大的收获是什么？他们的人生规划是什么？三年之中的最大特色是什么？……总之，我想让这些优秀学子充分展现他们的选择、设计、挣扎、努力、痛苦与快乐，当然还有他们的优秀与杰出！再具体地说，就是在四中这三年的每一天里，他们的所见所闻所感，他们如何取舍、如何成长，在这过程中他们为什么变得如此优秀！

　　不仅如此，在书中，我们还邀请了这些优秀学子的父母来讲述他们成长过程中的事例，一方面展示孩子的成长轨迹，另一方面也反映了父母的教育理念和教育行为。

　　为什么写这些？

　　首先，作为这一届的年级组长，回首三年来的心理路程，他们的变化与成长我都看在眼里，踏入四中时他们踌躇满志，第一次期中考试时他们失落彷徨，我看到了他们的反思和取舍，看到了他们在自习室的苦读、在课堂上的精彩回答，看到了他们在期末的成功，看到了他们的起起伏伏，看到了

"模联"中他们的不卑不亢、看到了军训中他们挺拔的身姿和汗水、看到了国庆训练时他们翻书的背影和桃花丛中的笑脸、看到了日本游学归来后他们献身祖国的决心、更看到了他们职业理想的调查和高三时对志愿的慎重选择。我看到了每一个孩子都有一股痴迷于学习的动力，继承四中"优、苦、严"的作风，在入学时就做的生涯规划，自主学习、自主管理的习惯，以及"做杰出的中国人"的追求！说真的，提到他们我就抑制不住的想表扬他们，他们对老师、对同学、对学校、对家庭和对国家的爱和责任，体现在他们生活和学习的方方面面；说真的，我为什么表扬他们？因为我和这一届所有孩子的父母一样，我爱他们！

其次，作为一名从事教育的教师，我有责任和义务把这些优秀学子和他们家长的经验展现出来。事实上，到目前为止，大规模、全方位的同时介绍一个群体的学生和家长的教育理念在中国还没有。展现就是为了让中国的高中生借鉴他们的优秀经验以指导自己高中生活，展现就是为了让中国的学生家长借鉴他们家长的优秀经验以指导自己孩子成长！

为全国的孩子和父母带来一点思考，这是我们出版此书的目的！

在毕业典礼上，我问了他们两个问题：

第一：三年来，四中在你的生命中留下了什么样的印记？

第二：三年来，四中给于你的能否让你从容面对日后更为艰巨的任务，包括面对苦难时，是否依然能够面带微笑、勇敢淡定？

从他们坚定的目光里我读出了答案：四中给了他们所需要的一切，给了他们自主学习的能力，更给了他们改变自己命运乃至祖国命运的动力！

融融兮师生，浩浩兮前程，读书即革命，前哲是先声！

谨向所有为本书做出贡献的老师、家长、同学和中国言实出版社的编辑们致以深深的谢意！

叶长军